PUHUA BOOKS

我们一起解决问题

敏捷转型

打造VUCA时代的高效能组织

王明兰◎著

人民邮电出版社
北京

图书在版编目（CIP）数据

敏捷转型 ：打造VUCA时代的高效能组织 / 王明兰著
. -- 北京 ：人民邮电出版社，2018.10（2023.3重印）
ISBN 978-7-115-49231-9

Ⅰ. ①敏… Ⅱ. ①王… Ⅲ. ①企业管理—组织管理学
Ⅳ. ①F272.9

中国版本图书馆CIP数据核字(2018)第195530号

内容提要

在这样一个充满着不确定性的VUCA时代，企业进行敏捷转型已是必然趋势。很多企业已经尝试过敏捷或者正在敏捷转型的路上，它们在这个过程中也遇到了层层阻碍和各种挑战。

为了帮助更多期待转型或者处于转型过程中的企业走出误区、突破阻碍，本书作者将自己多年来在数家企业推动企业级敏捷转型的经验和教训进行了系统梳理和总结，重点阐述了敏捷转型的步骤、方法和策略，介绍了大量真实的案例、敏捷转型容易走入的误区，以及企业在转型过程中常见的疑惑。

本书可以帮助中国本土企业取得敏捷转型的成功，适合来自不同行业的企业管理者、产品经理、项目经理、敏捷教练阅读。

◆ 著 王明兰
责任编辑 杨佳凝
责任印制 焦志炜
◆人民邮电出版社出版发行 北京市丰台区成寿寺路11号
邮编 100164 电子邮件 315@ptpress.com.cn
网址 http://www.ptpress.com.cn
北京虎彩文化传播有限公司印刷
◆开本：700×1000 1/16
印张：20 2018年10月第1版
字数：300千字 2023年3月北京第16次印刷

定 价：79.00元
读者服务热线：（010）81055656 印装质量热线：（010）81055316
反盗版热线：（010）81055315
广告经营许可证：京东市监广登字20170147号

推荐序一

大卫·安德森
（David J.Anderson）
看板方法创始人

明兰是中国精益产品开发与看板方法的先驱人物。很多年前，她在诺基亚的指导成果就给我留下了深刻的印象。她领导了诺基亚手机的看板实施项目，并且实践了看板方法的高级应用，如风险评估、使用产能分配进行风险管理等。这些应用在我今年发布的看板成熟度模型里能够达到四级的成熟度。

第一次认识明兰是在国际精益看板的在线论坛里，我相信那时在她的国家很少有人能跟她探讨精益和看板方法的尝试经历。她很高兴在论坛里能与世界各地的专家互动，讨论她面临的挑战。当我得知我的思想在遥远的中国被一位素未谋面的专家应用时，我感到惊奇和兴奋。第一次与明兰线下相遇是在挪威，她参加了我的高端看板课程。之后我受邀参加了中国敏捷大会，并在中国首次开设看板公开课，我邀请明兰与我一同讲解这个课程。后来我访问中国多次，都与明兰有机会碰面，让我逐渐了解了她。我发现明兰是一个充满热情而又很有影响力的人，这让我明白，为什么她在过去十几年里都能使人们相信并愿意尝试新的理念和工作方式。

这几年我曾受邀去华为做咨询，看到明兰在设计华为企业级精益看板和精益分析工具，并指导许多大型项目团队理解精益思想和应用看板方法。明兰在华为的精益实践给我留下了深刻的印象。为了领导这样巨大的企业向精益转型，她不断地挑战自我，拓展自己的知识边界。我相信她在超大规模的企业里领导变革的经历不但让她收获了很多经验，而且她的思想和见地都得到了升级，这些都会在本书中得以体现。

关于“看板是通往企业敏捷性的另一条途径”这个话题，我曾经在世界各地做过多次主题分享。我很欣慰地看到，看板方法在明兰的这本书中有足够的分量，涵盖了价值流、多层看板、服务类型、看板可视化、限制在制品以实现拉动式生产、反馈环等内容。明兰在这本书中不仅讲述了敏捷转型的方法，而且还介绍了许多真实的案例，让人们知道如何实践落地，这让我更加欣慰，相信在书中你会发现与你的企业相类似的情况。另外，明兰根据她在很多企业的实践经验，指出了敏捷转型中人们常犯的错误，从而使人们避免再犯类似的错误。

我很高兴明兰在一本单独的小电子手册里（与本书一起出版）介绍看板方法的高级应用，包括如何动态地管理价值流、处理阻塞、处理缺陷、识别和管理约束、用累积流图识别改进机会。我相信这些话题将帮助企业在业务敏捷性上更上一层楼。

除了看板之外，我也喜欢她讲述领导力的方式，即通过系统化的步骤引导组织变革，使每一个人都参与其中。我相信这些领导变革的主题会给领导者、管理者和教练带来新的洞察和思考。

这本书的广度和深度给我留下了深刻的印象。作为一个作家，我知道创作一本涵盖如此多的中国本土敏捷实施经验，并凝聚了 27 位中国敏捷专家智慧的书需要付出极大的热情、精力和努力。我从第一次见到明兰，就知道她是一个了不起的业界领袖。随着这本书的出版，她会继续发挥领袖的作用，给中国的读者带来新的思想和方法，帮助中国的本土企业获得成功。

作为明兰的老师，我很为她感到骄傲。我相信作为读者的你会从本书中学到很多，从而将更好的工作方式引入企业，提升企业的敏捷性。

推荐序二

肖然

ThoughtWorks 咨询负责人、创新总监

人类社会正在经历从第三次工业革命到第四次工业革命的转变，不确定性是这个时代最显著的标签。为了应对不确定性带来的挑战和机遇，企业必须建立更敏捷的组织机制和开发方法，从而能够通过自身的线性发展获取对外界来说非线性的创新与竞争优势。

王明兰老师和我开始敏捷之旅的时间相近，都是在敏捷宣言刚刚提出后。最初和明兰老师相识时，她已经是中国最先拥有精益看板国际认证培训师资质的专家。之后我发现明兰老师一直在敏捷的路上不停地探索。记得去年明兰老师还在大会上分享领导华为精益开发的经验，今年又听到她分享华为云 DevOps 的实践和平台产品。所以，我印象中的明兰老师是一个喜欢在这个充满不确定性的时代中不断寻求创新和挑战的人，因此她是写敏捷转型的故事和实战经历的最合适的人选之一。在写作本书的过程中，明兰老师更是凝聚了业界 27 位专家对敏捷转型的洞察，形成了系统化的方法论，如此开创性的尝试在中国是第一次。

敏捷发展至今，各个企业或者已经在深度转型的路上，或者正在践行但是

遇到了各种挑战，或者想转型却顾虑重重。我虽然亲自参与了很多企业的转型历程，但阅读本书后依然感触良多。本书总结的方法、经验和教训值得正在转型和准备转型的每一个企业学习，本书能够让中国本土企业看到经典的转型实施路径，避免知易行难的困境，并帮助企业绕过其他人曾经踩过的坑。

敏捷在价值观上推崇以人为本，通过建立统一愿景来打造一个响应力强的高效能组织。正如本书所述，企业开展敏捷转型首先需要做人的工作，既要组织内部的全员参与，又要打造组织自身转型的中坚力量。

明兰老师介绍了转型的三个阶段和企业转型路线图，从而为企业转型指明了道路。敏捷转型从本质上讲是一次文化的重塑，而在这个过程中最重要的一点就是如何打动和激活组织各级决策者，让他们投身其中，以身作则。明兰老师详细介绍了领导组织转型的八个步骤，让企业各级领导者一步步有章可循。

明兰老师在书中谈到了经典的 Scrum 框架和看板方法。这两种方法之间的争论在业界仍旧时有发生，但很多讨论都停留在了理论批判的层面。相比之下，本书从头到尾都是聚焦于团队转型的实操经验和误区。那些纠结于采用哪种方法更好的企业不妨借鉴此思路，让团队自己从实践经验中去伪存真。

敏捷转型进入深水区后举步维艰是很多企业的共同感受，深水区不但意味着组织级推广的覆盖面扩大，也意味着从产品视角去重新梳理组织里各个机构之间的协作。很高兴看到本书介绍了精益产品开发的方法和实践，可以帮助企业从产品研发的源头消除和减少浪费；敏捷与精益数据分析框架，这部分内容能够帮助组织利用数据作为镜子，照到转型过程中的问题和现状；最后一章更是触达了转型的最核心角色——领导者，这部分内容可以启发领导者改变现有的领导思维和方式，从而打造持续成长的高效能敏捷组织。

读完本书，我不禁反思自己所经历的各大组织的转型路径。毫无疑问，我经历了与书中介绍的团队实践、组织推广和文化改造这些相似的阶段。我相信本书能够帮助正在策划和实施敏捷转型的组织更加深刻地认识转型这个系统性的变革工程，特别是当企业在转型过程中感到迷茫时，他们可以从本书浓缩的经验中得到启发。

前言

随着移动互联网、大数据、云计算、人工智能、区块链等诸多创新科技的不断涌现和广泛应用，商业社会迎来了前所未有的新机遇和新挑战，客户和市场的易变性（Volatility）、不确定性（Uncertainty）、复杂性（Complexity）以及模糊性（Ambiguity）呈现出急速上升的趋势，我们迎来了乌卡（VUCA）时代。为了应对这个时代的各种特征，拥抱变化、应对复杂、迭代进化、快速交付成为了企业发展的必然要求，而这些恰好是敏捷所倡导和推进的。

我与敏捷的第一次亲密接触发生在 2006 年，当时我任职于诺基亚手机的合作伙伴——芬兰企业 Elektrobit（现名为 Bittium）。作为亚洲区质量部经理，我负责建立和维护公司的项目和质量管理体系。当时诺基亚要求我们对一个重要项目采用其正在全公司范围内推广使用的敏捷开发流程，这样诺基亚才会对进度放心。于是，迫不得已，我带领这个项目的骨干开始学习敏捷，蹒跚学步，按照书上写的做。

第一个敏捷项目做得很痛苦。当时在中国还没有多少人知道敏捷，遇到问题时我们只能从网上查资料，因此在磕磕绊绊的过程中我们总结出的是大量的教训而不是成功的经验。但从最后的结果来看，客户非常满意，因为产品如期上市，客户可以每隔两周来验收软件，项目的透明度给了他们极大的信心。

于是，这个项目结束后，我决心在公司内全面推广应用敏捷。推广初期异常艰难，我试图让每个项目、每个管理者理解和接受敏捷，而大多数人的反应跟我当初听客户说“敏捷”时一样，充满了怀疑和排斥。那个时候的我，完全没有推动企业级敏捷转型的经验，也没有任何可以参考的书籍和资料。而在不断试错的过程中，我坚持了下来。多个项目的成功让公司高管看到了敏捷的价值，在他们的支持下，我领导了公司管理体系的革新升级，实现了全公司范围的敏捷转型。

从那以后，我分别以产品负责人、敏捷教练、敏捷和精益转型顾问等身份，在数家企业深度指导了企业级敏捷转型。在这个过程中，我发现它们虽然是来自不同行业、不同规模的组织，但都经历着我曾经遇到的各种困难和问题，也像我当年一样无助。很多企业面对敏捷仍有困惑和顾虑，不敢转型；还有很多企业在敏捷转型过程中遇到了层层阻碍和挑战，但无处寻找解决方案；有些企业在敏捷转型的中途放弃，浪费了大量的人力和财力；更有一些企业经历了转型失败的痛苦，一蹶不振，对新方法不再信任……尽管近些年有很多国外的敏捷书籍被翻译成中文版，给中国的本土企业提供了很好的理论知识，但是实战案例很少，而贴近中国国情的企业转型实战类书籍更是稀缺。

为了帮助更多期待转型或者处于转型过程中的企业打消顾虑、突破阻碍，我将多年来自己在数家企业推动企业级敏捷转型的经验和教训，进行了系统总结和归纳，辅以大量真实的案例，完成了这本贴近中国国情的企业敏捷转型实战书，希望能够帮助中国本土企业突破层层阻碍，应对挑战，最终取得敏捷转型的成功。

本书主要内容包括以下几个部分。

- 转型的意义与困难：为什么要实施敏捷转型，以及转型会遇到哪些挑战（第 1 章）
- 转型的核心：以人为本（第 2 章）
- 转型的策略：如何开展敏捷转型（第 3 章至第 4 章）
- 转型的方法与流程：如何将敏捷与精益实践落地（第 5 章至第 8 章）
- 转型的数据反馈：敏捷与精益数据分析（第 9 章）
- 转型的基础：敏捷领导力（第 10 章）

本书采用了如下三个标识。

本书共囊括了近100个真实的敏捷转型案例。

本书介绍了近50个敏捷转型容易走入的误区。

本书解答了每个企业在转型过程中必问的近30个问题。

在本书的撰写过程中，我与27位业界资深敏捷专家及知名企业里卓越的敏捷带头人进行了深度交流。在此，我对以下参与书稿交流和审校的各位专家表示由衷的感谢。

Odd-e咨询师吕毅、敏捷变革中心创始人姜信宝、前平安敏捷中心负责人林伟丹、百度资深敏捷教练姜丽芬、华为敏捷教练徐静珠、未来邦科技CEO侯伯薇、京东敏捷教练何留留、京东研发效能部资深解决方案架构师张乐、京东开放平台高级架构师王栋、敏捷咨询师王威、腾讯高级产品经理刘峰、招商银行网络PMO余强、三星通信研究院徐永士博士、原用友开发管理部负责人罗涛、广联达PMO经理张鹏峰、东软敏捷教练孟繁强、Odd-e咨询师王晶、思源云PMO总监郭正元、挖财公司PMO负责人郭池、中兴开发部部长祁建胜、中兴PMO总监苏春山、中交兴路质量部负责人廖君仪、敏捷教练翁云锋、北京农科院信息中心刘鹏飞、杨瑞、欧兰辉、斜杠青年王洪亮。

希望我与这27位专家共同总结的经验能够帮助中国众多企业转型成功，为中国本土企业实现企业级敏捷转型贡献一己之力。

看板方法的高级应用

目录

第 4 章
领导组织转型的八个步骤

第 5 章
Scrum 还是看板：选择适合自己的敏捷方法

第 6 章
如何带领 Scrum 团队

第 9 章
敏捷与精益数据分析

第 10 章
敏捷领导力

第 1 章

敏捷转型不易，但它是必走之路

世界潮流浩浩荡荡，顺之则昌，逆之则亡。

——孙中山

1.1 为什么一定要实施敏捷转型

1.1.1 敏捷给企业带来的收益

自 2001 年敏捷宣言诞生，至今已有近二十年的时间，敏捷已经在全球范围内得到非常广泛的应用。在很多企业里，敏捷已经成为日常的工作方式。

在 2016 年《VersionOne[①] 敏捷开发状态调查报告》中，上千人参与了反馈，98% 的受访者在敏捷项目中获得收益（如图 1-1 所示），其中占比最大的三个收益如下：

- 增强了应对需求变更的能力；
- 提高了团队的交付效率；
- 提升了项目的可视化程度。

① VersionOne 是一家软件公司，每年开展敏捷开发调查。

实施敏捷带来的改进效果

	收益	变好	没有变化	变差	不知道
连续五年排前三名	增强了应对需求变更的能力	87%	3%	1%	9%
连续五年排前三名	提高了团队的交付效率	85%	3%	1%	11%
连续五年排前三名	提升了项目的可视化程度	84%	3%	1%	12%
	提升了团队士气	81%	5%	3%	11%
	更加可预测的交付	81%	6%	2%	11%
	缩短了上市时间	80%	7%	1%	13%
	提高了产品质量	79%	6%	2%	14%
	降低了项目风险	78%	6%	1%	15%
	增进了业务与IT部门的协作	77%	6%	1%	16%
	加强了软件工程纪律	73%	7%	2%	19%
	改善了软件的可维护性	70%	8%	2%	21%
	更容易管理跨地域团队	62%	11%	2%	25%

图 1-1　VersionOne 开展的敏捷对组织收益的调研统计

资料来源：《VersionOne 敏捷开发状态调查报告》，2016 年 4 月

1.1.2　敏捷是必然趋势

回顾软件工程的发展历程，大致可分为如下几个阶段。

1. 软件作坊

20 世纪 60—70 年代，在生产制造业中，普遍应用的是工业大型主机，软件只占一小部分。当时的软件开发处于小作坊模式，没有明确的方法与流程，软件开发主要依靠个人的能力。

2. 软件工程化

随着软件规模越来越庞大，人们开始认识到，软件开发也是需要流程的。于是人们尝试用瀑布模型来控制软件的每个研发阶段。这是软件工程化的开端。

20 世纪 80 年代后，随着 PC 机的广泛普及，软件企业如雨后春笋般地蓬勃发展，它们开发的软件走入了千家万户。人们开始思考如何通过规范软件企业的流程来控制软件的研发过程和软件质量。后来被广泛用于能力评估和过程改进的能力成熟度模型（Capability Maturity Model，简称 CMM）在 1991 年由美

国卡内基梅隆大学软件工程研究所（CMU/SEI）发布，该模型极大地推进了软件工程化在全球范围的进程。

3. 敏捷和精益

进入 20 世纪 90 年代后，随着互联网时代的到来，人们越来越认识到以下软件交付问题的严重性，而这正是现有的软件工程方法所没有解决的。

- 缺点 1：耗时长，但是最终交付的产品与客户的期望偏差很大。
- 缺点 2：无法根据市场的变化动态地调整产品。
- 缺点 3：质量反馈严重滞后，软件的变更成本高。

于是人们开始探索更加轻量化的、能够快速响应变化的工程方法。在这样的背景下，软件工程迎来了第二次浪潮：敏捷软件开发。极限编程（XP）、Scrum 等各种敏捷方法相继出现。2001 年，敏捷宣言诞生。2003 年，精益软件大师玛丽·帕彭迪克（Mary Poppendieck）将精益思想融入软件工程中，诞生了精益软件开发原则①。

随着近几年移动互联网的快速发展，服务提供商为了抓住市场上稍纵即逝的商机，满足其不断增长的业务需求和用户体验，对软件产品有了更高的期望和要求：不仅能够在短周期内迭代交付，而且能够持续不断地按需部署到生产环境。DevOps 的概念和技术正是在这个背景下诞生。

从以上历史发展进程可以看出，软件工程方法的演进是个自然的过程，其背后是技术的驱动和时代的演进。当我们从大型主机一步一步发展到移动互联网时代，必然会演变出新的工程方法和技术来适配时代的进步，以便更加快速、灵活地响应客户和用户的需求，在竞争极其残酷的时代占得先机。所以，敏捷

① 精益软件开发原则由玛丽·帕彭迪克提出，这八个原则是：优化全局、以客户为中心、赋能工作者、减少浪费、增强学习、加速流动、质量内建、持续改善。

转型是一个必然的趋势。

1.2 敏捷转型是一项艰巨的工作

1.2.1 典型的失败模式：船货膜拜

一家互联网企业 A 开展敏捷转型时，曾走过这样一段弯路。首席技术官（CTO）听闻敏捷很流行，可以提升研发效率，意识到这是一个趋势。更为关键的是，友商在做敏捷！迫于竞争的压力，于是 CTO 下令："搞敏捷！"

可为什么搞，怎么搞，谁知道呢？！领导日理万机，怎么可能亲自抓？于是，CTO 安排项目管理办公室（PMO）专门负责敏捷工作，目标只有一个：通过敏捷来提升研发效率。

PMO 得到这个差事之后很有热情，正愁没有抓手驱动组织改进，这是个千载难逢的好机会。不过，总得先对敏捷有所了解。于是，PMO 安排专人去参加了 Scrum 公开课。培训归来，PMO 召集各部门主管，花了 2 个多小时，介绍了敏捷的概念，宣传了领导希望通过敏捷来提升效率的愿景，并要求大家积极响应。部门主管们一头雾水，没人愿意拿自己的团队做实验。但是，这个事情得继续推进，于是，PMO 在领导的支持下，指定了一个部门开始试点。

接下来，在任命了 Scrum Master 和产品负责人（Product Owner，简称 PO）后，试点部门的几个团队变成了"Scrum 团队"。PMO 为了固化敏捷，制作了检查表，监督团队每天开站会，以及每个 Sprint 都召开了计划会议和评审会议。在检查表中，开了这些会的团队打"√"，没开的打"×"，PMO 定期将检查表上报给 CTO。

就这样，试点部门的团队们开始了他们的“敏捷”之旅。懵懵懂懂地，几个团队坚持了三个月。PMO 对团队进行了访谈：效果咋样？团队纷纷反馈，每天对着任务板沟通，感觉协作效率提升了。

CTO 听取了 PMO 的汇报，加之对提高研发效率的渴望，立即决定在公司范围内全面推行敏捷。于是，在试点团队还没有完全理解 Scrum，并且在没有定量数据证明效果的情况下，Scrum 就被仓促地大范围铺开了。一夜之间，产生了大量的 Scrum Master 和产品负责人。PMO 则忙得不可开交，因为有太多的团队需要指导、检查和监督。

当我应邀去这家企业提供顾问服务的时候，发现该企业做了整整一年敏捷，不仅在数据上没有证明其有效地提升了研发效率，而且从团队的主观感受上也没有什么明显的效果。于是，很多部门主管开始抵制敏捷。CTO 向我抱怨道：“说实话，我也开始怀疑敏捷了，这大大低于我们的预期啊！”

而当我深入团队后发现，没有一个团队对敏捷的理解是正确而又深入的，大家的敏捷实践还都只停留在简单的召开 Scrum 会议的层面。这家公司的问题可以归纳为如下几个方面。

首先是团队的组织结构问题。虽然每个团队都被称作 Scrum 团队，但其仍旧是职能团队，即按照工作职能进行划分的前台团队、后台团队、底层驱动团队等。在没有组建“特性团队”的情况下，很多部门主管不知道敏捷团队的组织架构应该是什么样子，而个别对其有些了解的主管则认为，那样的架构不符合组织的现实情况，所以不应该也不需要调整。

其次是团队的角色划分问题。虽然每个团队都任命了 Scrum Master 和产品负责人，但是团队仍然保持着传统项目经理式的管控方式，完全没有自组织，Scrum Master 也不知道自己与项目经理有什么区别。产品负责人不是来自于业务团队，而是由研发部门的业务分析员担任。产品负责人并没有与业务团队、用户密切合作，而仍旧是关起门来自己创造并分析需求。

最后是 Scrum 里常见的几个会议问题。在每日站会上，团队成员给 Scrum Master 汇报自己的工作状态，Scrum Master 则负责给每个人安排任务——今天该做什么，怎么做。在迭代计划（Sprint Planning）会议上，团队将用户故事拆分为前台开发、后台开发、架构设计、代码评审等任务；在 Sprint 评审会议上，Scrum Master 使用幻灯片来对团队的迭代工作进行总结，包括完成了哪些用户故事，解决了哪些 Bug。在 Sprint 的回顾会议上，鲜有团队成员发言，多数情况都是在 Scrum Master 安排好任务后便草草结束。

除此之外，还有个别团队开展了一些零星的工程实践，例如“有空做，没空不做的”持续集成、自动化测试等。

这是一个在业界非常典型而且普遍发生的转型失败案例，我将其总结为“船货膜拜”（Cargo Cult）[①]，即肤浅地应用实践，但没有深入理解敏捷原则和实践的意图，因而也就没有达到敏捷应有的效果。

令人惊讶的是，很多企业都在做这种船货膜拜式敏捷：

- 每天召开站会，但却没有进行密切协作和自组织；
- 每个迭代都有计划会议和评审会议，但在迭代结束时没有可交付的产品增量；
- 每个迭代都有回顾会议，但团队的流程、效率质量、协作等却没有实质的改进；
- 各种 Scrum 角色也都存在，但没有行使 Scrum 赋予他们的职能；
- 开展的各种工程实践属于应付差事，没有起到实质性作用。

因此，敏捷转型不是一件说做就做、照猫画虎的事情。相反，它是一场艰

① 船货膜拜（Cargo cult）由理查德 · P. 费曼（Richard P. Feynman）提出，指的是那些浮于科学调查和研究的表面形式，却丧失科学本质的伪科学。

巨的变革运动。

1.2.2 敏捷转型会遇到哪些困难

在《VersionOne 敏捷开发状态调查报告》中，有 83% 的受访者表示他们曾经经历过敏捷转型的困难，只有 17% 的受访者表示没有遇到过障碍。如图 1-2 所示，在组织应用敏捷所遇到的障碍中，排在前三位的是：改变组织文化的能力；人们对组织变革的抵制；组织现有的瀑布式流程。

迈克·科恩（Mike Cohn）对企业进行敏捷转型做了这样的比喻：敏捷转型就像发射一枚火箭，让火箭飞上天的力量源自引擎，而地球的引力会把火箭往回拉。如果火箭能够飞得足够远，就可以进入轨道而脱离地球的重力作用。如果火箭飞得不够远，那么不可避免会发射失败，摔到地球上。在敏捷转型过程中，如果组织重力（包括现有的文化、制度、流程）与敏捷相左，不要说等到敏捷转型这枚火箭进入轨道，哪怕在起飞的路上都可能随时被组织重力牵引回来。

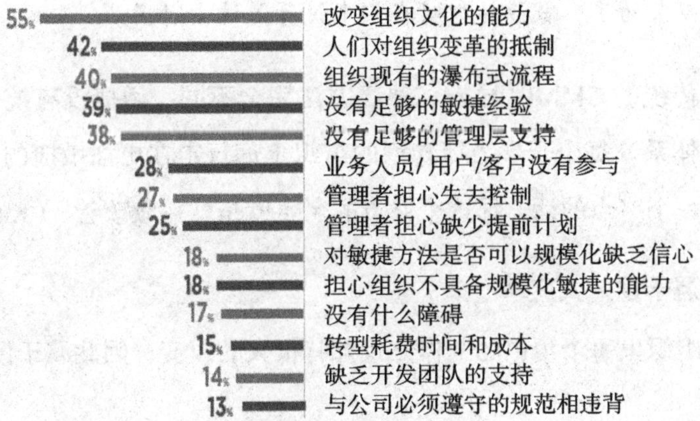

图 1-2 敏捷转型障碍调查统计

资料来源：《VersionOne 敏捷开发状态调查报告》，2016 年 4 月

由此可见，敏捷转型是个系统性的变革工程。很多人以为应用 Scrum、看板一类的方法，或者自动化测试、持续集成之类的技术实践，就是敏捷转型了。

其实，这只是冰山的一角，在企业里引入任何一项新事物都不是一件容易的事情，更不用说像敏捷这样对思想和行为、管理方式和理念、流程、制度以及文化都会产生重大冲击的变革了。

1.2.3 敏捷转型不是一场普通的变革

任何变革都是艰巨的。任何没有把敏捷转型当作一场变革来小心管理的企业，最终都难逃失败或停滞不前、悄无声息地结束的结局。此外，敏捷转型不是一场普通的变革，它有其特殊性，需要组织用敏捷的方式来领导敏捷转型，任何采用传统的计划驱动方式的敏捷转型，最终都不会成功，原因有以下几点。

1. 敏捷是没有终点的

常踩的坑！

很多公司的管理层都表示："我们公司已经做敏捷好几年了，各方面做得还挺好的，敏捷的各种实践我们多少都有去做，现在没有什么可以做的了，敏捷转型对我们来说算是过去时了。"

敏捷与传统的 CMMI[①] 导入和评级方法完全不同，敏捷没有统一的成熟度模型或评价体系。每个开展敏捷转型的组织永远行走在更加敏捷的道路上，如果需要存在一个终点的话，那这个终点的名字就是"持续改善"（Kaizen）[②]。

2. 敏捷属于侵入式变革

敏捷对组织里每个角色的工作方式都有很大的改变，因此属于侵入式变革。

常踩的坑！

很多开展敏捷转型的企业让团队有了这样的认识：敏捷只是大家围着白板开会，就是比从前多开了 Scrum 的那几个会。

---

① CMMI：软件能力成熟度集成模型（Capability Maturity Model Integration）。

② Kaizen 是一个日语词汇，意指小的、连续的、渐进的改善。Kaizen 是精益生产系统的核心基础。

通常，组织的变化可能有很多种，有的只是改变了流程中的某个环节，例如，服务器环境的审批权限从高层管理者下放到部门主管。这样的变化只是改变了准备服务器环境的等待时间，间接减少了客户的等待时间，但这种改变还不能称之为变革。只有那些使组织的流程、制度、文化发生本质变化的改变，才能称之为变革。

从瀑布开发方式转型为敏捷开发方式，每个工程师需要学会将需求拆分成小粒度的用户故事，即从最后一次性提交代码到每天都提交代码的转变。而且每次提交都要编写自动化测试脚本，如果提交的代码没有通过测试，则需要马上修改代码。对于引入测试驱动开发（Test Driven Development，简称 TDD）的团队来说，他们还需要学会测试先行，并且持续重构已有的设计和代码。这些都与他们之前的工作方式完全不同。

3. 敏捷转型具有不可预测性

由于敏捷转型最终是对人以及人与人之间交互方式的改变，这决定了转型过程具有不可预测性。

常踩的坑！

很多企业做了敏捷转型的长期路线图，规划了未来 3~5 年内组织的转型路线图。然后，这些企业每年都会设定转型的目标，以及每个月的执行计划，并严格按照这个目标和计划执行。

首先，从来没有一家企业完全按照当初规划的 3~5 年路线图实施下去。当今世界变化太快，等不到 3 年的时间，组织的战略方向就已经调整，组织架构也会跟着调整，比如，上次做长期路线图的决策者已经换作他人。

其次，从来没有一家企业完全按照每年设定的敏捷转型目标和计划实施下去。在转型的过程中，总是有与计划不一致的新发现，原来做的计划已不符合实际需求。

尤尔根·阿佩洛（Jurgen Appelo）在其著作《管理 3.0：培养和提升敏捷领导力》（*Management 3.0*：*Leading Agile Developers*，*Developing Agile Leaders*）中介绍过，所有的组织实质上都是网络，这个网络由人以及人与人之间的互动与关系构成。尽管人们用组织的层级关系绘制组织结构图，但是这改变不了组织是网络这一事实。这个网络不会完全按照你的计划方式执行，因为它是一个复杂的自适应系统。在你触碰它后，它会有所反应，而通过它的反应，你才知道下一步该怎么做。这决定了敏捷转型不能用传统的计划驱动方式来控制执行。

4. 敏捷没有标准的模板，也没有最佳实践。

常踩的坑!

很多组织喜欢了解其他公司的案例或业界最佳实践，拿回来照着做。

也许你学过一些 Scrum 或 TDD 的课程，然后回到公司信心饱满地开干。但很快你就会发现，将课堂上很完美的实践拿到自己团队里应用却会碰到各种问题和困难。这是因为以你团队里现有的组织结构、流程、团队能力和实践习惯，生搬硬套一定不可行。

同行的敏捷实践只具有参考价值，不具有复制价值，因为每个公司都有其自身的特殊性。即便在同一个公司里，不同的部门和不同的团队，它们的情况也会有所不同。团队需要探索适合自己的敏捷，其他团队的敏捷虽具备学习和参考价值，但是不能直接复用。

1.3 如何系统化地转型

1.3.1 敏捷转型的三个阶段

敏捷转型有三个阶段：实践敏捷（Doing Agile）、思想敏捷（Thinking

Agile）和文化敏捷（Being Agile）。

第一阶段：实践敏捷（Doing Agile）

从图 1-3 各种敏捷方法论应用的比例来看，Scrum 的应用最为广泛，其次是多种方法混合应用、Scrumban、Scrum 与极限编程（XP）混合应用、看板等。

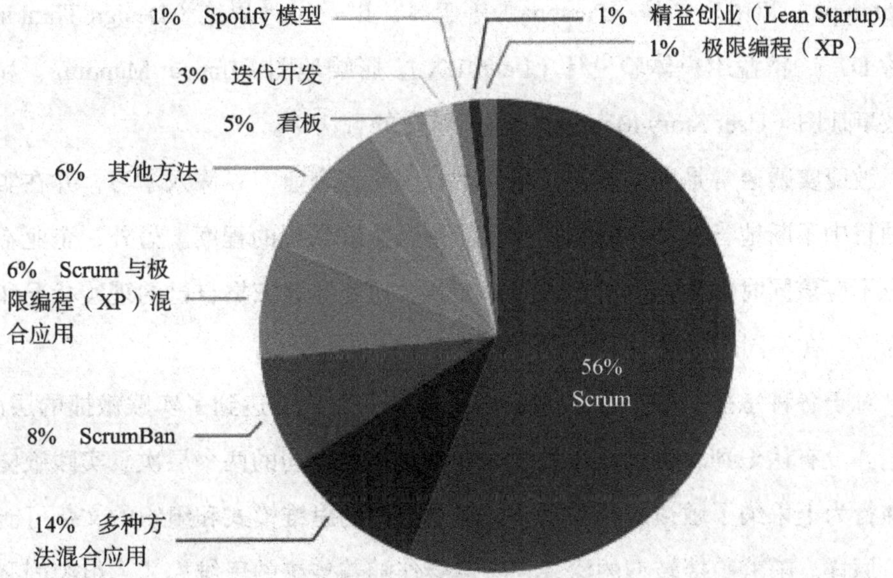

图 1-3 敏捷方法家族

资料来源：《VersionOne 敏捷开发状态调查报告》，2018 年 4 月

1. 敏捷管理实践

目前，被业界广泛应用的管理实践是 Scrum 框架和精益看板方法。而对于大型组织转型来说，则有 SAFe（Scaled Agile Framework）、LeSS（Large-Scale Scrum）和 DAD（Disciplined Agile Delivery）等规模化敏捷框架。

2. 敏捷工程实践

在工程领域相关的实践有很多，例如 TDD、结对编程、行为驱动开发（Behavior Driven Development，简称 BDD）、涌现式架构、架构重构、持续集成、敏捷测试、持续交付（Continuous Delivery，简称 CD）、DevOps 等。

3. 敏捷产品实践

在产品管理领域，常见的敏捷实践包括：精益创业（Lean Startup）、原型（Prototype）和用户画像（Persona）等工具，以及设计思维（Design Thinking，简称 DT）、精益用户体验设计（Lean UX）、影响地图（Impact Mapping）和用户故事地图（User Story Mapping）等系统化的方法论。

敏捷实践通常是上手容易，精通难。因此，企业需要深入学习，并在实际的项目中不断地尝试和实践，才有可能达到熟练掌握的程度。另外，企业不需要也不应该同时尝试以上所有的敏捷实践，而是应该依据自己的现实状况和业务痛点，在不同的时机引入相应的实践。

对于各种敏捷实践的引入和应用，很多企业只是达到了实践敏捷的层次。它们并没有认识到，实践敏捷和敏捷转型是完全不同的两个层次。实践敏捷只是在行为上采纳了敏捷的相关实践，但是人们的思维模式和组织的文化可能还保持原样。随着敏捷转型的深入，必然会伴随着传统的思维模式、组织固有文化与敏捷之间的碰撞。如果思维模式不调整、组织文化不改变，敏捷转型的每一步都会异常艰难。

第二阶段：思想敏捷（Thinking Agile）

2001 年，17 位轻量级软件工程方法的代表人物（其中包括 Scrum 框架和极限编程的几位发明人）齐聚美国犹他州的雪鸟滑雪胜地，经过两天的研讨会议之后，他们共同签署了对软件行业产生巨大影响的敏捷软件开发宣言（也叫作敏捷宣言）。如图 1-4 所示，敏捷宣言陈述了他们共同认同的软件开发方法的价值观。同时，他们用“敏捷”这个词来总领这些理念。

敏捷软件开发宣言

我们一直在实践中探寻更好的软件开发方法，
身体力行的同时也帮助他人。由此我们建立了如下价值观：

个体和互动高于流程和工具；
可工作的软件高于详尽的文档；
客户合作高于合同谈判；
响应变化高于遵循计划。

也就是说，尽管右项有其价值，
但我们更重视左项的价值。

图 1-4　敏捷宣言

资料来源：敏捷软件开发宣言

从敏捷的价值观中可以看出以下内涵。

1. 敏捷以“人”为中心

敏捷崇尚尊重团队的每一个个体的作用，这与传统的软件开发模式不同。但是，这不代表敏捷要抛弃流程，摒弃工具。由于软件开发是典型的创新型工作，每一个个体是创造价值的单位，所以只有发动每一个个体的主观能动性，才能创造最大的价值。

2. 敏捷以“价值”为驱动

敏捷与 IPD[①]、CMMI 等崇尚过程和文档的管理模型是两种理念。但是，这并不代表敏捷不需要文档，而是更加强调敏捷为用户或客户解决了什么问题，

① IPD：集成产品开发（Integrated Product Development，简称 IPD）是一套产品开发的模式、理念与方法，在 IBM、华为等企业被广泛应用。

给他们提供了什么价值。

3. 敏捷鼓励与客户密切合作

合同、项目章程等传统管理实践定义了双方工作的边界条件，但是，只有与客户保持持续的沟通和协作，我们才能有效地了解客户的真实想法和意图。

4. 敏捷积极地拥抱变化

在互联网时代，我们所处的世界越来越不可预测。从前，业务和市场的变化以年为单位，而现在是以周、天甚至小时为单位。我们曾经完美地执行了计划，但是那个计划已经过时了，市场已经不再需要过去计划中的产品，所以这是个“完美的失败”。

为了进一步阐述以上敏捷价值观，敏捷宣言给出了企业需要遵循的 12 条敏捷原则。

（1）我们最重要的目标，是通过持续不断地及早交付有价值的软件使客户满意。

（2）欣然面对需求变化，即使在开发后期也一样。为了客户的竞争优势，敏捷过程掌控变化。

（3）经常地交付可工作的软件，相隔几星期或一两个月，倾向于采取较短的周期。

（4）业务人员和开发人员必须相互合作，项目中的每一天都不例外。

（5）激发个体的斗志，以他们为核心搭建项目。提供所需的环境和支援，辅以信任，从而达成目标。

（6）不论团队内外，传递信息效果最好、效率也最高的方式是面对面地交谈。

（7）可工作的软件是进度的首要度量标准。

（8）敏捷过程倡导可持续开发。责任人、开发人员和用户要能够共同维持其步调稳定延续。

（9）坚持不懈地追求技术卓越和良好设计，敏捷能力由此增强。

（10）以简洁为本，它是极力减少不必要工作量的艺术。

（11）最好的架构、需求和设计出自自组织团队。

（12）团队定期地反思如何能提高成效，并依此调整自身的举止表现。

如果团队理解并接纳了敏捷宣言中的价值观及其需要遵循的 12 条原则，并且以此作为思考和行动的准则，说明团队已经开始具备了敏捷思想。敏捷思想不是参加几个敏捷培训就可以掌握的，也不是墙上打着标语就能进入大家的脑袋里的，而是在实践的过程中被逐步理解、接受、置换固有的传统思维模式，并不断加强的。

常踩的坑！

很多人喜欢所谓的干货，喜欢直接被告诉“该怎么做”。于是很多企业开展的敏捷转型很少从敏捷思想和理念开始，因为企业管理者觉得不应该务“虚”，而应该务“实”，所以干脆让团队直接动手做。

没有思想的铺垫就直接应用敏捷实践，相当于团队将非敏捷的脑袋套在了敏捷的框架里。这样的话，他们的每个行为、决定以及团队之间的每个交互一定是伪敏捷，不会产生敏捷应有的价值。

第三阶段：文化敏捷（Being Agile）

实践敏捷与文化敏捷所获得的收益差距很大。如果团队只是应用了敏捷实践，会得到 20%~30% 的收益，比如：

- 能够应对优先级的变化；
- 提高项目的透明度；
- 提高产品质量；
- 减少项目风险。

那么何为文化敏捷呢？如果团队不只是实践敏捷，而且掌握了敏捷思想，学会了用敏捷的价值观和原则思考，逐步达到知行合一，养成了敏捷的思维和行为习惯，这时敏捷已成为团队的默认状态，我们称之为文化敏捷。达到文化敏捷的团队会得到很大的收益，比如：

- 客户满意；
- 工作开心；
- 团队凝聚力增强；
- 创新和创造力提高；
- 持续学习。

但是，从实践敏捷到思想敏捷，再到文化敏捷不是一蹴而就的过程。在 2018 年《VersionOne 敏捷开发状态报告》中，据那些经历过敏捷项目失败的受访者反馈，失败原因中占据首位的是企业文化与敏捷的核心价值观相左。

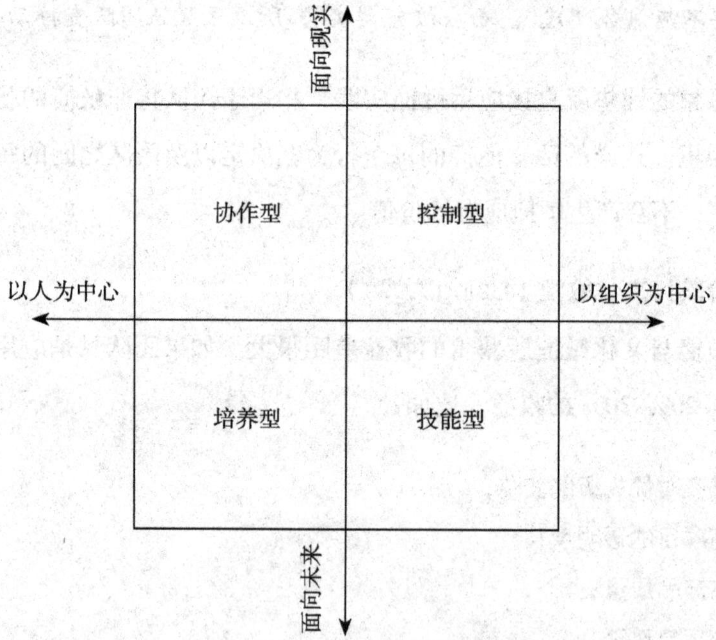

图 1-5　组织文化模型[①]

① 本图改编自威廉·施奈德（William Schneider）的组织文化模型。

在威廉·施奈德（William Schneider）提出的组织文化模型（如图1-5所示）中有四种文化类型：协作型、控制型、技能型、培养型。每一种文化都有其优势和劣势，不能说哪种更好，只是对于某些类型的工作，或当下所处的时代背景，一种文化也许比其他文化更适用。大部分企业都有一个主导的文化类型，并以其他三种文化的元素为辅。即便在同一家企业的不同部门，也有不同类型的子文化。

迈克尔·斯贝德（Michael Spayd）做过敏捷社区的调研，120位敏捷实践者参与了文化调研，其调研结果反映出以下几个事实。

- 敏捷文化没有被均匀地分布到四种类型的文化里，而是分布得非常集中。因此，敏捷有很强的文化特征。
- 敏捷最核心的文化是协作型文化，其次是培养型文化。
- 敏捷是以人为中心的文化。

常见疑惑

问：很多传统企业里的组织是典型的控制型文化，那是不是就意味着这些企业不适合敏捷转型了呢？

答：控制型文化的企业不是不适合敏捷转型，而是在这样的文化里，敏捷转型可能会碰到更多的文化摩擦，转型需要更长的时间。

常见疑惑

问：这样说来，每个组织都要抛弃现有的控制型或技能型文化，全面转向协作或培养型文化，才算是向敏捷文化转型？

答：文化转型不是极左或极右，每个组织的文化都是几种文化在一起的平衡。

如果一种文化极强，强大到在每日的工作中你感觉不到其他文化的存在，这时就需要引入其他的文化元素来补充。比如，在控制型组织的转型过程中，敏捷的文化与现有的控制型文化会不断地产生摩擦和冲突，这不是一件坏事。

在摩擦过程中，组织自然地引入协作并培养出新鲜的文化元素，从而让组织的文化保持一定的活力和平衡。

1.3.2 敏捷转型系统思考屋

敏捷转型是一项系统工程。依据多年在数家企业指导敏捷转型的经验，我总结并形成了敏捷转型系统思考屋（如图 1-6 所示）。这个思考屋的设计思想来源于精益思考屋[①]，它为企业实施敏捷转型提供了一个系统化的思考框架。本书各个章节的内容便是按照这个系统思考屋的结构依次展开。

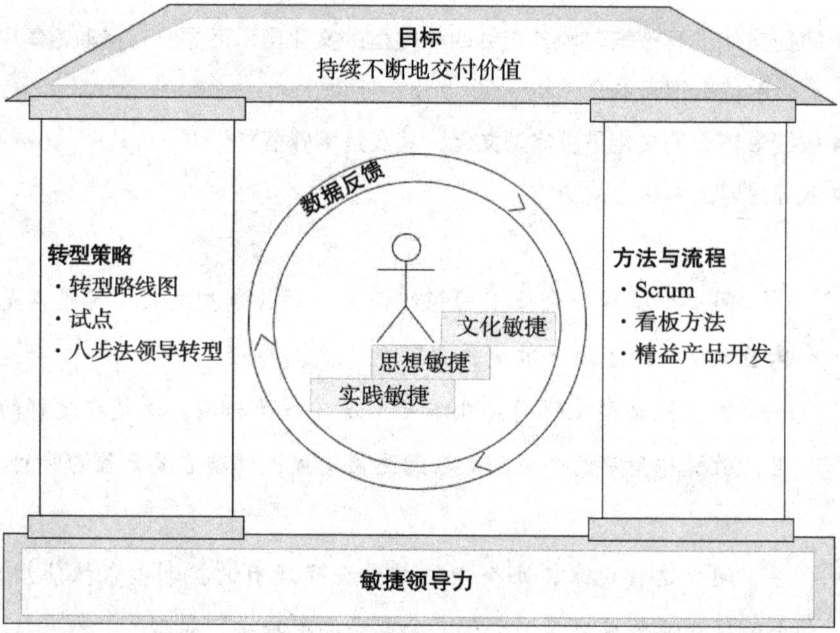

图 1-6 敏捷转型系统思考屋

1. 转型目标：为什么要实施敏捷转型

敏捷转型系统思考屋的顶部是敏捷转型的目标。通过敏捷转型，企业可以

① 精益思考屋是精益生产的思想体系，来源于丰田生产系统。

持续不断地在短周期内以低成本为客户交付高质量的产品和服务。在敏捷转型开展之前，企业领导者需要向每一名员工清楚地描述：我们为什么要实施敏捷，实施敏捷转型后企业要达到什么样的状态。

2. 转型核心：以人为本

敏捷转型系统思考屋的中央是人，是敏捷转型过程中涉及的所有员工。企业员工需要一步步经历实践敏捷、思想敏捷和文化敏捷这三个阶段，学会用敏捷思想来思考，让敏捷自然而然地成为自己的行为方式。因此，敏捷转型要以人为本，企业需要识别出对转型至关重要的角色，哪些人会起到排头兵的作用，哪些人可能会拖后腿，并围绕这些人展开转型工作。本书第 2 章会重点介绍这部分内容。

3. 转型策略：如何开展敏捷转型

敏捷转型系统思考屋的第一个支柱是转型策略。企业在开启敏捷转型之旅之前需要制定转型策略，包括设计企业敏捷转型的路线图，思考如何选择试点团队，何时引入技术实践。本书第 3 章将论述这部分内容。

企业领导者需要策划如何一步步带领全员实施敏捷转型，如何巩固敏捷转型成果并最终将敏捷融入企业文化。本书第 4 章会详细介绍这部分内容。

4. 转型方法与流程：将敏捷与精益实践落地

敏捷转型系统思考屋的第二个支柱是转型的方法与流程。团队需要掌握敏捷的实践流程和方法，并结合企业的现状和业务特点将其落地实施。

本书第 5 章至第 7 章以流程为主线，详细介绍了主流的 Scrum 框架和看板方法的理论和实践，以及如何针对不同的情况选择合适的方法。

本书第 8 章以产品为主线，着重论述了如何使用精益思想进行产品开发，包括挖掘产品的商业模式、建立产品的愿景、制订产品规划、管理产品需求以及设计产品用户体验等。

5. 转型数据反馈：敏捷与精益数据分析框架

敏捷转型系统思考屋的核心循环是数据反馈。敏捷转型系统思考屋的任何一个组成部分都不是静态或一成不变的，而是需要依据数据的反馈不断地进行动态调整的。不论是团队试点敏捷，还是企业开展敏捷转型，都需要通过数据来量化并展示敏捷转型的进展和当前的问题，因此，组织需要掌握精益数据分析框架，并在实操层面学会对重要的度量数据进行分析，才能采取有针对性的改进措施。本书第 9 章将详细介绍这部分内容。

6. 转型基础：敏捷领导力

敏捷转型系统思考屋的地基是敏捷领导力。在多数组织里，敏捷转型中途失败的根本原因是领导方式没有改变。领导者不只限于那些处于管理位置的人，例如项目经理、职能经理、中层管理者、高层管理者及 CXO 等，还应该包括那些不在管理者位置却实际承担管理者作用的人，例如 Scrum Master、产品负责人等，这些人都需要清晰地理解敏捷对于传统领导方式提出的全新的挑战。每个领导者都需要努力向敏捷领导方式转型，才能打造持续成长的高效能敏捷团队 / 企业。本书第 10 章将详细介绍这部分内容。

第 2 章

变革要以人为本

人们并不抵制改变，他们抵制的只是被改变。

——琳达·赖斯

2.1 敏捷需要全员参与

2.1.1 不同角色参与者对敏捷的误解

很多企业刚开始导入敏捷的时候，大部分人都以为敏捷转型与自己无关；而感觉跟自己可能有点关系的人则认为，变革就是一阵风，过去后一切照旧。

1. 高管

敏捷是一种项目管理方法，让下面的职能经理以及项目经理们搞敏捷就可以了。

2. 职能经理

我们经理层都懂敏捷，但我们不干具体的活，团队自己搞就可以了。

3. 开发工程师

领导怎么搞，跟我们没关系，我干我的活。领导让干的时候，咱再动。

4. 产品经理、用户体验（User Experience，简称 UX）设计师

敏捷是研发团队的游戏，我们该咋干还咋干。

5. 测试工程师

敏捷只在开发团队里转，咱们该怎么测就怎么测。

2.1.2 不同角色参与者都需要做出改变

如果大家都以为不关他们的事，那么敏捷转型到底关谁的事呢？其实，敏捷转型是一场涉及所有人的变革，所有角色都需要做出改变。

1. 高管

高管不但是需要深入理解敏捷的人，更是组织转型的领导者和最终负责人。如果你不懂，或者懂了又不关心，那么敏捷转型就无法继续，因为每个员工都在看你的眼色行事。

2. 职能经理

职能经理以为自己懂敏捷，但实际上在很多企业里成为转型障碍的往往就是职能经理层。为什么会这样？因为很多职能经理其实不懂敏捷或者只对敏捷有肤浅的理解，但是他们却自以为很懂。此外，即使他们懂了也很难自我转变，因为改变自己比改变别人要难得多。如果你心里不服，那么说说看，如果作为职能经理的你真的懂了，为什么还吆五喝六地指挥团队怎么工作，还向团队要周报、日报，还用那些旧的度量体系衡量团队的工作进展？

3. 开发工程师

你是产品每一行代码的真正交付者。你的交付方式、沟通和协作方式将会彻底改变。你闷着头，憋了好几天提交了一次代码，自己没测就直接扔给测试工程师，测试工程师提交了 Bug 后你也不着急解决。这种方式将一去不复返。

4. 产品经理

产品经理的需求提供方式必须改变，不能再把几十页的需求文档扔给研发团队，然后就再也见不到人。你需要与团队一起梳理产品需求，并对它们进行拆分和优先级排序，更重要的是，你需要每天都能让研发团队找到你。

5. UX 设计师

你花了一个月的时间做了那么完美的设计，但这样的效率跟不上团队的开发速度。所以你必须快起来，你的设计节奏要跟随团队的迭代节奏而快速迭代。

6. 测试工程师

如果你还在过着每日闷头用手测试、提交 Bug 单的生活，那么你已经彻底被淘汰了。

7. 测试经理

你不要因为自己有个庞大的测试部门而骄傲，你的部门越大，你越应该检讨为什么你的部门需要这么多测试工程师。如果你所在的企业里，测试工程人员与开发人员所占比例越高，说明你们企业的产品测试自动化成熟度越低。测试活动一定要逐步在团队里完成，而不是单靠测试部门来把质量关。敏捷发展到最终的境界，就是测试部门逐渐消亡。

2.1.3 敏捷对不同角色参与者的价值

每一个参与转型的人要的不是变革本身，而是变革给他们带来的价值。

1. 高管

如果你和你的管理团队领导转型比较成功，你的企业就会获得前面讲述的敏捷转型的收益，从而实现你的变革愿景。

2. 职能经理

如果你领导的部门转型比较成功，你的部门就会得到相应的收益。此外，如果你学会运用敏捷领导力，就能够逐渐感觉到团队的改变，他们再也不是以你为中心，一切等着你来监督才会使项目顺利推进。相反，团队会通过自我管理、主动协作来解决问题，并且他们会在自己的职责范围内敢于决定和承担结果。总之，你会发现由团队逐渐产生的由内而外的驱动力在激励他们工作。

3. 开发工程师

你会发现自己的工程技能得到了极大的提高，即从前可能只是做模块的后端代码，现在可以不止做架构设计、编程，还能有机会在前端和后端都得到锻炼，还可以做自动化测试。你还会发现你的工作效率得到了极大的提升，即从前全手工做编译、集成、测试、部署，现在可以用学习到的各种自动化工具完成这些工作。这为一名开发工程师的职业发展打下了坚实的基础。

4. 产品经理

你可以看到自己提的需求在每个迭代产品中落地，而不需要等到最后一刻。你可以在每个迭代结束后变更需求或提出新的需求，团队便可以马上将其落实到产品中，从而让你的产品与市场或用户当下的需要更加匹配。你还会发现，团队跟你的协作更加紧密，团队更懂需求、更懂你，也更懂用户。从市场方面来看，如果你采用了本书第 8 章介绍的精益方法做产品，你会发现现在做的无价值或低价值的需求比从前少了很多，而商业价值更高的需求占比高了很多。

5.UX 设计师

如果采用敏捷用户体验的设计方法，你会减少大量虽然精致、美丽却没有在团队中落地而浪费的设计稿。你会为能够频繁获取到用户对你的设计的反馈而兴奋。

6. 测试工程师

你的测试工作会大大提前，你不再只是在项目后半段验证，而是全程参与需求的讨论，这增加了测试工程师对产品的话语权，以及对自身工作的自豪感。同时，你的工作效率会得到极大提升，因为你的工作从以手工为主转变为全部以自动化为主。因此，你不会再继续做大量重复、枯燥的手工操作性测试，而是将精力放在测试的设计、需求的反馈，以及自动化测试的开发上。这有助于测试工程师的职业发展。

2.2 识别敏捷转型的中坚力量

敏捷转型是一场漫长、艰苦的变革。在这场变革中，识别出那些中坚力量，并将其纳入转型的同盟军中，会为转型的成功打下很好的基础。敏捷转型的中间力量有：

- 部门主管；
- 项目经理、项目组组长；
- PMO、质量与流程部门人员；
- 产品管理团队。

1. 部门主管

首先，在企业里开展敏捷转型，不是一蹴而就，第一天就全面铺开的。企业会在不同的阶段设定转型的范围，在此范围内的全体员工都会涉及敏捷的导入和变革。每个部门主管作为各部门的最高领导层，如果不理解敏捷，不拥抱敏捷思想，不改变管理模式，而只在下属团队中开展敏捷活动，那么敏捷转型一定会遇到来自上层的阻碍。

其次，虽然部门主管可以对敏捷转型的具体事项进行授权，但他 / 她仍是敏捷转型的首要领导者。因此，如何系统化地为自己的组织策划敏捷转型，并建立强有力的变革团队来实施组织转型，是部门主管必须要掌握的本领。所以，部门主管实际上也承担了敏捷“管理教练”的职责。

最后，如果企业想要敏捷转型成功，从基层、中层到高层的各级领导力都需要转变。传统的命令控制式的领导方式与敏捷思想相抵触，这会阻碍团队的敏捷性，在敏捷转型过程中会不断产生碰撞摩擦。部门主管需要自己转型，实施敏捷领导力，并牵引、影响下级部门主管实现领导力的转型。很多企业意识到了领导在敏捷转型中的关键作用，派遣所有的部门主管学习敏捷和教练知识，并在日常的管理活动中运用敏捷和教练技术，向敏捷领导力转型。

2. 项目经理、项目组组长

传统项目经理在项目管理的思想和方式上与敏捷项目管理有着本质的区别。传统项目经理采用计划驱动的方式，即项目的范围是固定的，依据项目范围计划人力和进度。但是在互联网、移动互联网的时代，业务变化迅速，项目的范围是无法确定的。传统的项目管理方式越来越经受不住这些现实的挑战。敏捷项目管理的核心之一是采用价值驱动的方式定义产品的愿景，然后形成产品待办事项列表（Product Backlog），再依据商业价值为产品待办事项列表排序。在做产品的过程中，依据市场的最新动向来随时调整产品待办事项列表，从而确保团队在任何时候做的都是与市场最适配的产品。

从流程的角度看，项目经理、项目组组长需要打通整个产品线，让产品经理、UX 设计师、开发工程师、测试工程师、运维工程师等，打破上下游不同职能之间的壁垒，应用敏捷的方法密切协作，从而实现整个产品线聚焦产品价值、快速交付的目的。因此，项目经理自然成为了敏捷转型的关键力量。如果组织采用 Scrum 框架，那么项目经理、项目组长需要转型为新的角色，比如 Scrum Master，这对他们来说是一个很大的挑战。但是让这些角色顺利转型是组织应用 Scrum 方法成功的必要条件。

3. PMO、质量与流程部门人员

从业界来看，除了初创公司以外，大部分企业都有 PMO 或者质量与流程部门，他们负责公司的流程体系建设、项目流程运作、新型研发能力的培养、工程效率的提升等工作。这些企业原有的流程、体系、项目管理方式需要调整，向敏捷转型。因此，这些部门的人员自然应该成为敏捷队伍的排头兵。

然而，如果这些人没有深入参与到敏捷转型的活动中，他们自然会守护固有的流程而抵制变化，成为转型的障碍。因此，这个群体非友即敌，在敏捷转型中必须充分发挥其正面作用。

4. 产品管理团队

很多企业里敏捷转型只在研发组织内开展，而产品管理团队作为研发组织的上游，仍然以瀑布的方式提供产品需求和设计上的输入，与研发组织之间仍旧有着很深的壁垒，结果他们成了敏捷转型的拖累者。如果可能的话，敏捷转型一开始就将他们纳入，从产品价值流的源头开始敏捷起来，会让转型事半功倍。如果组织采用 Scrum 框架，产品管理团队的成员应该转型为 Scrum 里的产品负责人。

2.3 培养敏捷转型的催化师：敏捷教练

2.3.1 为什么需要敏捷教练

常踩的坑！

很多企业以为敏捷转型很简单，培训几次大家就会了，但做起来才发现水很深。

企业引入敏捷后，其原有的文化、流程、人的思维和做事方式可能会有很大改变。所以，一个企业应用敏捷，远不只是一些实践，更是一场思想、方法甚至是文化的变革。一次培训能唤起人的认知，导入基本知识，但是从知到行还有很长的距离，如果要实现文化转型更是万里征途。

常踩的坑！

一些企业聘请外部顾问到公司传播敏捷的思想和方法，但是企业对该怎么做还是一头雾水，得靠组织自己摸索，于是走了很多不必要走的弯路。

不可辩驳，唤醒组织的变革意识，以及传播敏捷的思想和方法，确实是必要的。但传播只是第一步，需要专业的外部或内部敏捷教练帮助组织将敏捷的理念和方法落地。

2.3.2 敏捷教练的职责

一些企业开始认识到敏捷教练的必要性，设置了专职敏捷教练的职位，这是一个好的开端。但是，在全球范围内，敏捷教练的职责并没有特别被规范化。有的企业也任命了一些兼职敏捷教练，他们在做本职工作的同时承担起了教练的职责。不论是专职教练还是兼职教练，在各企业中他们实际上承担的具体职责五花八门，有的企业对这一职位的理解和定位并不正确。

常踩的坑！

很多团队以为敏捷教练就是帮我们做敏捷的，告诉我们怎么做，我们就怎么做。

你也许会吃惊我把这项列为“坑”。“做敏捷”还只是停留在实践层面。当组织经历实践敏捷→思想敏捷→文化敏捷这三个阶段，当每个人真正用敏捷的思维方式来思考，那时候怎么做敏捷已经变得不那么重要，因为团队会自己找到最适合自己的实践之路。

如果只是开展敏捷实践，从 0 到 1，这样的团队或组织不少。但是若能够学会用敏捷思维思考，逐步形成敏捷文化，并持续长久地保持卓越和自我创新，做到这些的团队就不多了。而这正是敏捷教练承担的更大使命，正如瑞秋·戴维斯（Rachel Davies）定义的敏捷教练的目标：打造自我思考，不依赖你发号施令的高效能敏捷团队。

2.3.3 敏捷教练的能力模型

敏捷教练需要发展哪些能力，在业界并没有规范的定义。一位敏捷思想领袖丽莎·阿德金斯（Lyssa Adkins）创立了敏捷教练能力框架（如图2-1所示），定义了敏捷教练需要具备的能力。

1. 掌握敏捷与精益实践

由于敏捷教练的本职是指导企业敏捷转型，因此，精通敏捷和精益实践是最基础的硬实力。

2. 引导技能和专业教练技能

敏捷教练需要引导各个团队及其成员凝聚组织目标，并激发每个人的潜能，为实现组织目标积极贡献自己的想法和力量。敏捷教练需要连接不同角色、不同成员的智慧，收集大家的各种意见，并在大家有意见分歧的时候引导大家高效地达成共识。因此，敏捷教练需要具备一定的引导技能。

此外，敏捷教练需要具备专业教练的技能，他们要像足球教练一样深入团队中，观察团队的运作和成员之间的协作，及时给团队提出反馈意见。

3. 指导和讲授能力

敏捷教练需要具备传道授业的能力，为企业各个团队乃至全员培训敏捷知识，并能够针对团队的特点和不同角色，结合团队运行的敏捷流程指导团队自我成长。

4. 企业转型能力

敏捷教练需要帮助企业识别敏捷转型涉及的关键角色，策划敏捷转型的路线图，选择敏捷试点团队，辅助管理层领导并推进敏捷转型，辅导团队开展敏捷实践，帮助组织分析敏捷转型数据并制定改进措施，辅导领导者向敏捷领导力转型。

5. 精通产品和业务

如果敏捷教练具备组织的产品和业务领域知识会让他与团队有共同语言，便于开展工作，但这不是必备能力，因为当敏捷教练深入团队工作后，自然会逐渐熟悉团队所开发的产品和业务的相关知识。

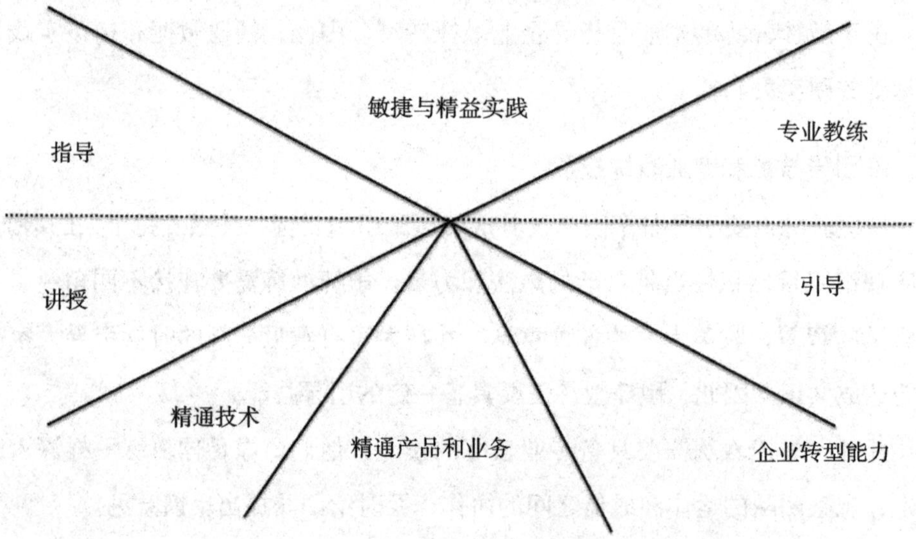

图 2-1 敏捷教练能力框架

资料来源：Agile Coaching Institute，2011 年

除了图 2-1 中提到的这几项能力，丽莎还强调敏捷教练要有强有力的教练职业立场。

1. 保持中立

敏捷教练在引导团队会议以及给团队提供专业指导的时候，需要保持中立，不受别人的牵制和影响。此外，在组织不适合引入敏捷时，作为敏捷教练不应该因为自己是干这行的，而给组织引入敏捷。

2. 服务客户的议程

敏捷教练的客户包括个人、团队、组织，甚至整个企业。因为客户更理解自己所处的环境，所以敏捷教练要尊重客户自己的选择和决定。

3. 减少客户对你的依赖

敏捷教练所做的一切是为了将敏捷的实践、技能、思想和价值转移给客户，努力帮助客户创建一个自我监督、自我纠正和自我持续成长的敏捷型组织。

4. 不粉饰问题

敏捷教练不应该帮助客户粉饰组织的问题。也就是说，如果客户不敏捷，敏捷教练不能帮助客户假装说自己敏捷。

5. 有自己的声音

敏捷教练要提出自己独到的见解，表明自己的真实立场，不跟风。

第 3 章

万里征途，如何迈出转型第一步

千里之行，始于足下。

——老子

3.1 设计敏捷转型的路线图

很多企业没有设计明确的敏捷转型路线图，而是走一步看一步，这样很容易导致在前进的道路上方向不明确、动力不足，因为在任何时候人们都可能认为企业已经敏捷了，转型结束了。而有了明确的路线图，人们可以非常清楚当前企业处于哪个阶段。不要对已经取得的转型效果满足，因为你的使命没有完成，你还需要迈向下一个阶段。

对于只有几个团队的小型创业公司，也许不需要设计组织转型路线图，这几个团队沿着实践敏捷→思想敏捷→文化敏捷三个阶段走就可以了。但是对于大中型规模的企业，由于团队数量多，组织结构复杂，所有团队不可能齐步走，因此除了这三步之外，还需要有个大致的方向路线，牵引整个企业向前迈进。一般来说，企业所经历的敏捷转型大致遵循这样的路线（如图 3-1 所示）。

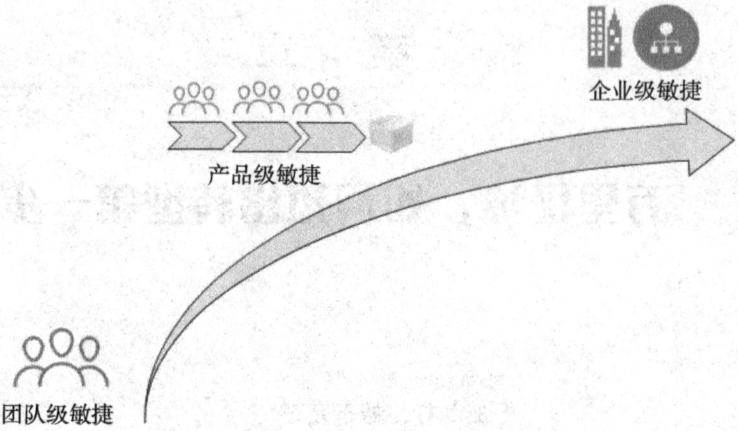

图 3-1　敏捷转型路线图

3.1.1　第一阶段：团队级敏捷

团队级敏捷，指的是以 5~9 人的小团队为单位开展敏捷转型。一般来说，大部分企业想尝试敏捷转型，都从选择一个或几个团队开始试点。每个团队各自独立交付产品，彼此之间不一定需要有关联。当试点有效果后，组织往往会继续拓展敏捷转型的范围，鼓励更多的团队加入敏捷的阵营。

团队级敏捷的实践一般包括：

- Scrum 或看板方法；
- 持续集成；
- 涌现式架构设计；
- 领域驱动开发；
- 行为驱动开发；
- 自动化测试；
- 结对编程；
- 测试驱动开发。

如果单个敏捷团队可以独立发布产品，他们可能会进一步尝试一些工程技术实践，比如：

- 微服务；
- 持续交付流水线；
- 自动化运维。

但是，对于那些由多个团队协作交付的大型项目来说，即使每个团队都在开展敏捷实践，也未必能够看到整个项目明显的收益和效果。因为大型项目关乎的是整个版本、产品的交付效率和质量，团队与团队之间需要互相配合才能交付整个产品。

同时，对于每一个团队来说，在他们尝试敏捷的过程中，必然会碰到一些与敏捷相抵触的项目流程、管理和协作方式，这对团队的效率是一层枷锁，而这又是团队很难改变的。

案例 case story

一家通信企业B的一个产品线的底层协议通信部门共有3个Scrum团队，每个团队都已经实践Scrum一年的时间，每个团队都搭建了持续集成（Continuous Integration，简称CI）系统，开始了自动化测试。

此外，处于该产品系统架构上层的单板软件层，由另一个部门交付。他们有6个Scrum团队，每个团队尝试Scrum也有几个月的时间，也在进行CI持续集成、自动化测试、TDD测试驱动开发、结对编程等技术实践。这6个Scrum团队从底层协议通信的3个Scrum团队获得协议通信代码后，与自己的单板软件代码集成后，作为单板软件整体发布出去。

由于这6个Scrum团队依赖那3个底层协议通信团队，所以若要交付出对客户有价值的产品，在整个产品线的项目组织结构里，这9个团队缺一不可。单独任何一个Scrum团队交付的内容都不能产生价值。

而这几个团队虽然自己都在运行Scrum，但是没有确保彼此之间用步调一致的机制来运作。每个 Sprint 都出现上层单板的 A 团队在等待底层协议 B 团队的一个组件就绪的情况，导致 A 团队交付延期。

该产品线度量了 Scrum 试点前后的上市周期时间（Time To Market，简称 TTM），虽然每个团队都在做敏捷转型，但是整个产品的 TTM 没有明显缩短。

对于这样的组织，就需要发展到更上一层的敏捷：产品级敏捷。

3.1.2 第二阶段：产品级敏捷

在一般的大中型规模企业，一个产品的创意从无到有，再到上市为止，可能需要经历几个阶段（如图 3-2 所示）。

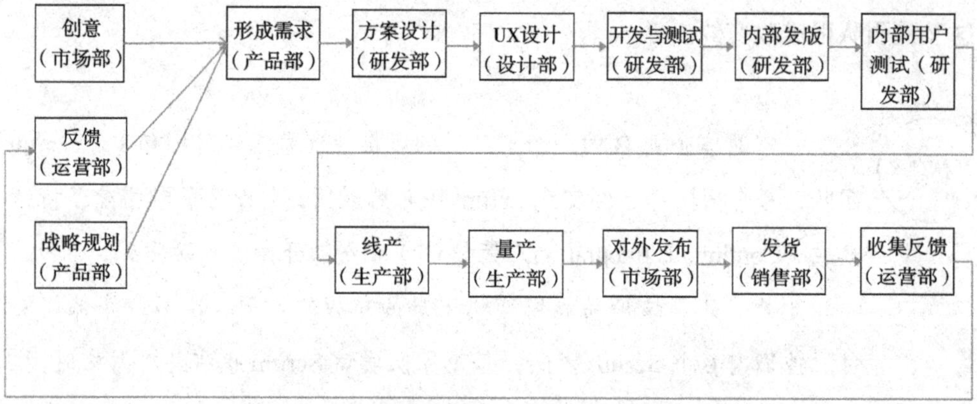

图 3-2 价值创造过程

这个过程跨越了市场、产品、研发、设计、生产、销售、运营等多个部门。对于那些由软件和硬件集成的产品，还需要将软件项目（或软件项目群）与硬件团队拉通，对齐交付节奏才能确保整个产品的成功。

精益软件大师玛丽·帕彭迪克提出了八个精益软件开发原则，其中之一是全局优化原则：只有将整个价值的创造过程进行改革，消除浪费环节，优化全价值流[①]，提升整体价值流动的效率，才能最大化地提升组织的效率。因此，只有从团队级敏捷上升到产品级敏捷，才能够从客户的视角来观察：如何加速从提出一个创意或者反馈开始，到交付给客户为止的整个循环的过程。

产品级敏捷，是以整个产品的价值流为单位开展敏捷转型。产品级敏捷与团队级敏捷关注的视角有很大不同。团队级敏捷关注单个团队的效率、质量和士气等。而产品级敏捷所关注的是一个产品或产品每个版本的TTM，旨在拉通产品价值流的上下游，将相互依赖的团队纳入同一个敏捷框架里，在需要的情况下调整组织结构，让价值流上的每个团队协同交付，最大限度地减少交接、等待，去除价值流动过程中的浪费，从而达到缩短TTM，并通过缩短产品的质量反馈时间来快速提高产品质量，最终提升客户满意度。

案例 case story

通信企业B在开展产品级敏捷后，应用规模化敏捷框架SAFe，将底层协议团队打散，与上层单板团队重新整合，成立真正的特性团队，从而最大化地去除彼此之间的依赖。然后，该通信企业应用SAFe的敏捷发布火车（Agile Release Train，简称ART）机制，将各Scrum团队纳入ART敏捷活动，Scrum团队协同计划、对齐节奏、密切协作，再也不是每个Scrum团队孤军奋战了。

团队级敏捷的基本实践为产品级敏捷打下了良好的基础。进入产品级敏捷后，团队级敏捷的实践仍然需要继续夯实。除此之外，在整个产品范围内，团队一般会尝试一些规模化敏捷和精益实践，以及工程技术实践。

规模化敏捷和精益实践包括：

- 价值流映射（Value Stream Mapping，简称VSM）；
- 精益看板方法（Lean Kanban）；

① 价值流：由价值流动的一系列步骤构成的流程。

- 投资组合规划和管理（Portfolio Planning and Management）；
- ART 的组织架构及其流程；
- Scrum of Scrums。

工程技术实践包括：

- 主干开发；
- 微服务；
- 持续交付流水线；
- 自动化运维。

在很多企业里，更严重的浪费不是制造产品所产生的浪费，而是大量产品或其特性本身就没有价值或是价值很低。也就是说，这些产品或特性压根就不该走到图 3-2 中的第二步“形成需求”，而应在创意阶段就被杀死。但是，很多企业做产品的方式仍然是秉承着功能“越多越好”的思想，导致大量低价值的产品和无价值的需求产生。因此，产品部和市场部的工作方式也需要拥抱精益的思想，向“更少的需求，更大的价值”的方向转型。本书第 8 章专门介绍这个话题。

需要说明的是，不是每个企业都需要经过团队级敏捷→产品级敏捷这两个阶段。在很多初创企业，一个 Scrum 团队就可以涵盖价值创造的整个过程，这样的企业就不需要经过这两个阶段。但是对于那些几百人、上千人甚至上万人的大型产品线，完成一个产品的价值创造过程需要多个部门或多个团队的配合，这时一般都需要经历团队级敏捷→产品级敏捷阶段。

即使对于非初创公司，也可以采用另一种转型策略：不经过团队级敏捷，直接从产品级敏捷开始自上而下转型。具体来说，企业以整个产品为单位试点转型，需要从转型的第一天开始，将产品价值流涉及的上下游团队都纳入敏捷转型范围，调整组织结构，组建 Scrum 团队，导入敏捷思想和实践。这样做的优点是速度快。从产品级敏捷直接切入，涉及范围广，能够让管理层看到立竿见影的变化。但是采取这样的策略，需要保证的先决条件是：领导需要有足够的魄力决定在整个产品级组织范围内转型。此外，企业要配备足够的敏捷教练，教练既要深入每一个试点团队辅导，又要对整个产品级团队进行辅导和推动，否则整个产品级的所有团队在不知道如何做的情况下，全部同时启动敏捷，那么将会导致混乱的局面，且混乱波及的范围大、时间长，难以产生效果。

3.1.3 第三阶段：企业级敏捷

经历了团队级敏捷→产品级敏捷，产品从无到有，直到产品发布的整个过程都已纳入了敏捷范围，但是这还不够。那些支持部门，如人事、行政、财务、市场、销售等部门也应该被纳入敏捷转型的范畴。并不是说这些部门自身需要开展敏捷活动，而是说，它们现有的流程不能与敏捷相抵触，否则会成为组织转型的重力，拖累组织转型的步伐。

某企业一个产品线的一台服务器需要扩容。申请一台大容量的服务器，采购需要七级审批流程，审批流程走完后，采购还需要至少 3 个月的时间。因此，从提交申请到得到这台服务器，至少需要半年的时间。这样的效率严重拖累了产品交付效率。

如果企业存在类似的情况，就必须对这些支持部门进行改革，把业务团队当成它们的客户，以客户的视角来审视支持部门的效率和工作方式，考虑如何提升这些支持部门的敏捷性。这一阶段被称之为企业级敏捷。

3.2 先试点后全面铺开

根据埃弗雷特·罗杰斯（Everett Rogers）的创新接纳曲线，不同人群对创新接纳的时间不同。根据接纳速度的快慢，顾客可以分为技术爱好者、产品尝鲜者、早期大众、晚期大众和怀疑主义者五种类型。技术爱好者和产品尝鲜者构成早期市场，早期大众和晚期大众构成主流市场。理论上，市场随时间变化的分布图像一口挂钟，早期市场规模较小，随后逐步增长形成主流市场（如图 3-3 所示）。

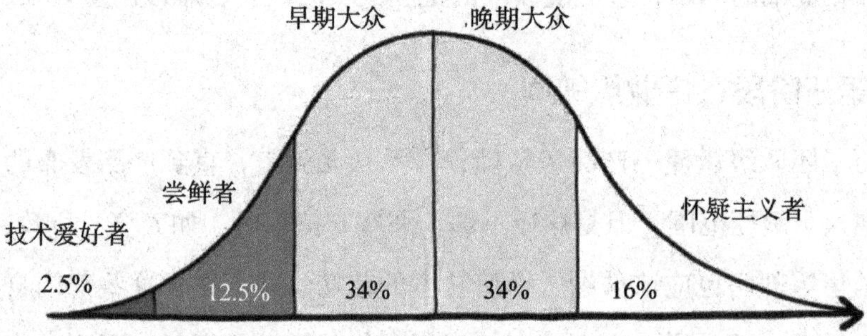

图 3-3　创新接纳曲线

这个创新接纳曲线适合任何新方法、新产品和新思想。从一个企业的范围来看，敏捷是一种新事物，刚被引入一家企业的时候，大部分人会持有怀疑、审慎甚至否定的态度。因此，企业需要选择合适的试点团队，进入“早期市场”做出效果证明给那些实用主义者和保守主义者，才能吸引“主流市场”，拥抱敏捷。

此外，敏捷不是一个通用的标准，在不同的企业里甚至在同一家企业的不同组织，落地的实践方法都可能会不同。通过试点，我们可以探索出敏捷在本企业、本组织如何应用，从而为后续开展敏捷的团队提供参考。

3.2.1　如何选择试点

企业选择什么样的团队做试点比较合适呢？迈克·科恩提出了一个试点团队的选择模型，选择试点团队可以从以下几个维度考虑（如图 3-4 所示）。

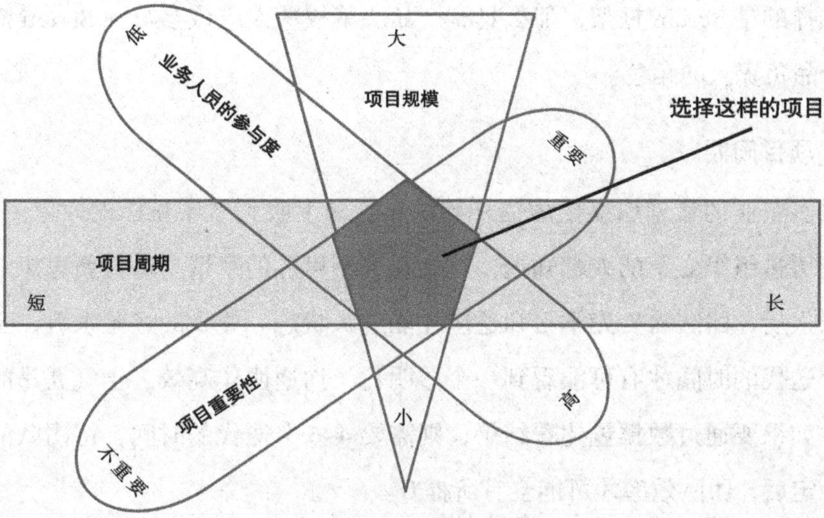

图 3-4　试点团队选择模型

资料来源：《Scrum 敏捷软件开发》(*Succeeding with Agile*：*Software Development Using Scrum*)，2010 年

1. 项目规模

企业最好选择那些独立的，规模在 5~9 人的试点团队。第一个试点不要选择规模大的团队，比如几十人规模的团队不适合做团队级敏捷的试点。试点的目标虽然是探索敏捷在企业里如何落地，但是全公司的人都在关注试点团队实施敏捷的效果。因此对于第一个试点来说，企业应尽量避免选择团队之间交织依赖的项目，避开不必要的复杂性，增加试点成功的概率。需要多个团队协作的大型项目，则适合在企业开展产品级敏捷的时候做试点。

如果企业里没有小规模的项目，那么退而求其次，企业可以选择大项目中的一个小团队做试点。

2. 业务人员的参与度

如果缺少具有业务决策权的人参与试点，那就只能在研发范围内开展敏捷，但是业务人员在价值流的最上游，没有他们的参与就无法开展真正的敏捷。如果你选择的是 Scrum 框架，那么具有产品决策权的人应该参与到 Scrum 流程中承担产品负责人的角色。

3. 项目周期

很多企业的管理层期望敏捷开始试点后马上收到立竿见影的效果。但是，凡是经历过组织变革的人都知道，这是几乎不可能的事情。一种新思想、新方法被引入后，团队需要先学习和适应才能进入状态。凭我的经验来看，至少需要一个迭代的时间才有可能看到一个透明化、沟通协作高效、士气高昂的敏捷团队。如果要通过数据量化看结果，则需要 4~6 个迭代的时间，待团队的迭代速率稳定后，团队效率才可能会有所提升。

因此，项目的周期不能太短。有些公司的一些项目，团队人员不固定，每个迭代都是临时组队，交付完规划的产品特性后，人员解散，下个周期重新组建团队，这样就没有办法看到持续的效果。但是，项目的周期也不需要太长，因为那些长到 1~2 年的项目往往节奏缓慢，缺乏变革的紧迫感。

4. 项目重要性

常踩的坑！

一些企业的管理层担心敏捷转型会影响项目的进度，因此喜欢选择那些内部产品，原因是内部产品的进度可松可紧，没有外部客户和市场的压力；或者倾向于选择那些不在公司主航道上的项目，原因是如果这些项目失败或延期，对公司的核心业务没有影响。但是，这样的项目即使试点成功，对公司的主航道项目人员也没有说服力，因为他们会觉得这些项目不重要。

因此，企业要选择那些在业务主航道上的项目做试点。但是，不要选择那些最关键的项目，比如对企业生死攸关的项目，或处于救火状态的项目，因为抛开敏捷转型因素不谈，一旦这些项目自身运作有了问题，大家就会认为“都是敏捷的错”。所以，企业要选择那些在主航道上重要程度为中等的项目。

除了图 3-4 的模型里提到的几个因素外，企业还需要从以下几个角度考虑。

1. 物理距离

企业要尽量选择团队能够在一起的项目，尽量不要选择那些团队分布在不同的地区甚至国家的项目，除非这些团队是企业的主流团队。

2. 项目类型

维护类型的项目往往不能够引入太多的变化，比如，你无法用敏捷的方式实践新的想法从诞生到上线的整个过程。此外，一般来说，维护类型的项目遗留代码的包袱比较重，在遗留代码上尝试敏捷工程实践尤为困难。因此，企业最好选择新产品开发的项目，而不是维护类型的项目。

3. 优选项

如果企业有软件、硬件集成的项目，要先选择纯软件项目来做试点，试点见效后再考虑硬件项目。虽然有很多报道、案例证实敏捷完全可以应用在硬件项目中，我也做过硬件项目的敏捷辅导，但是相对来说，软件的本质决定了软件项目更加适合敏捷，也更容易让企业看到变化。

如果你找不到以上条件都满足的项目，那么要权衡利弊，结合企业自身情况选择最合适的项目。

3.2.2 试点团队何时引入技术实践

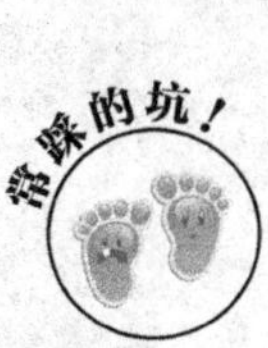

在很多企业里，试点团队有时会尝试在第一个迭代就引入 Scrum、测试驱动开发、持续集成、测试自动化等各种实践，甚至想尝试 DevOps，因为 DevOps 现在比较火。结果没有一个实践做得好，每个实践都是做了一点，又浅尝辄止。

如果单学习 Scrum 框架，团队在启动敏捷的前几个迭代就需要花很多时间才能掌握；如果同时还要掌握其他的工程实践，团队的学习成本会陡然上升很多倍。此外，在团队还没有认识到引入技术实践的必要性的时候，强行引入会让工程师产生心理上的抵触。如果工程师带着抵触情绪尝试技术实践，那么一定不会产生敏捷该有的效果。

我推荐渐进式引入新事物的方式，即第一个迭代，不尝试任何技术实践，只引入 Scrum 或者看板方法。在第一个迭代结束的回顾会议上，引导团队自己总结哪些问题可以改进。一般来说，第一个迭代就会暴露出由于团队缺乏技术实践而导致的问题，比如，为什么测试工程师在迭代最后一天加班到半夜，结果还是没有测完？为什么需求转到测试人员的手里就阻碍了测试？为什么迭代启动一周后大家才开始合代码，又待所有代码集成后才转测试？而这将会导致测试开始的时间很晚，那么测试人员在迭代的第一周是否无事可做？

团队一般会总结出需要开展的很多技术实践，才能确保下一个迭代成功达成目标。但是我们还是要遵循渐进式的原则，引入一个技术实践，让大家深入掌握后，再引入下一个技术实践。

第4章

领导组织转型的八个步骤

人们已经尽他们最大的努力工作了。问题在于系统本身，只有管理者才能够改变系统。

——爱德华·戴明

约翰·P. 科特（John P. Kotter）阐述了变革的八个步骤，这个方法适用于企业的任何重大变革，不仅限于敏捷转型。

- 第一步：建立变革的紧迫感。
- 第二步：组建强大的领导联盟。
- 第三步：树立愿景。
- 第四步：沟通愿景。
- 第五步：移除障碍。
- 第六步：计划并获得短期成功。
- 第七步：巩固成果，持续深入开展变革。
- 第八步：植入组织文化。

科特认为这八个步骤既不可以颠倒顺序，也不能前一步没有做扎实就开始下一个步骤。我认为，这八个步骤可以作为一套系统化的变革策略，非常实用，并且具有普适性，但是完全依照顺序执行每个步骤并不可取。约翰的八步变革法诞生于十几年前，而我们现在的时代已经大不相同，瞬息万变的世界需要我们在最短的时间内完成变革，否则无法在残酷的市场环境中立于不败之地。因此，这八个步骤中，在建立变革的紧迫感、组建强大的领导联盟、树立愿景这三个步骤完成后，其他五个步骤都可以是迭代、并行的，不是一个步骤彻底完成才能够进入下一个步骤。此外，企业不需要一个严格的标准来定义怎么才算完成一个步骤。在实际的敏捷转型中，组织往往是在后一个步骤进行中发现需要返回上一个步骤夯实，这种反复是一个自然的过程。

采用这八个步骤实施敏捷转型的先决条件是：组织的最高领导者具有敏捷转型的决心，并且具有自上而下的强大领导力。对于任何企业，如果这个先决条件不具备，敏捷转型之路就不会走得太远。本章围绕八步法详细展开，介绍如何领导敏捷转型的整体实施。

4.1 建立变革的紧迫感

4.1.1 从唤醒领导的变革意识开始

组织的最高层领导是敏捷转型的决策者，如果最高管理层没有认识到变革的需要，那么转型根本没戏。因此，唤醒组织的意识首先要从最高领导层着手。

1. 与企业的竞争对手对比

分析竞争对手是最直接的唤醒方法，因为组织的领导层一般对竞争对手都持有警惕态度。如果有一份数据报告显示，我们与竞争对手相比，我们产品的交付周期更长，竞争对手的产品用户留存率更高，或者我们产品的返修率更高，这些都会直接触到最高管理层的神经。

2. 分析业界趋势

如果企业持续跟踪业界先进的研发方法，就会发现敏捷与精益是大势所趋。企业要让组织的最高领导层看到这个趋势，让他们知道为什么组织必须转型。

4.1.2 导入认知

唤醒了最高管理层需要转型的意识后，接着就需要让大家知道敏捷是什么，怎么做。企业可以采取以下的知识导入方法。

1. 知识赋能

培训通常是每个企业想要导入知识或能力时所采取的首要方法。企业可以委派敏捷转型的核心人员参加公开课，或者邀请敏捷讲师到企业内部做内训。需要注意的是，如果选择了敏捷试点团队，那么试点团队的全员都要参加培训，不止限于管理层人员。

2. 他山之石

人们总是认为企业以外的人比自己企业内的人更具有权威性。因此，我们可以考虑邀请业界知名的敏捷专家到企业里做专场分享。一般来说，外来专家的分享所产生的信服力远大于企业内部员工所做的分享。

此外，我们可以邀请业界同行业的其他公司到自己企业里做分享，当人们看到同行都开展敏捷转型了，效果不错，就容易产生“我不能落后”的进取心。

3. 走出去，打开眼界

如果你是一名敏捷转型的推动者，可以引导组织的管理层、试点团队等经常参加业界各种与软件工程、敏捷和精益、DevOps 相关的会议。这些会议会触动大家思考：别家已经比我们先走了一步，我们为什么还固步自封呢？走出去，在触动大家思考的同时，还会获得其他企业一手的实战经验，在自己的企业里可以借鉴应用。

4.1.3 让管理层产生危机感

在管理层意识到企业需要转型，以及为企业导入了敏捷的认知后，不一定会马上决定采取行动。只有危机感才能让人采取行动。

管理层的待办事项列表（Backlog）里有很多既重要又紧急的工作，需要做的事情不计其数。如果转型工作没有被排在 Backlog 的首位，那就一定会被无限期地拖延下去，因为人的自然反应一般都是“少折腾，能不变就不变”。如果没有产生“不变就没有活路的危机感”，组织转型就会像被推到半山腰的巨石一样，又会顺着重力滚下去。

因此，企业需要让管理层认识到转型迫在眉睫，刻不容缓。那么，如何让人产生危机感呢？

一份数据报告、一个讲座或培训都可以唤醒人们的理性意识，认识到我们需要转型。但是如果要转化为行动，还需要触及人的感性层面。因为人的行为是受左脑的理性评估和右脑的感性认识共同影响的结果。

案例 case story

我曾经做过一个大型 SaaS[①] 产品的子产品经理，在集中拜访了多家企业客户后，我收到很多客户对产品体验的吐槽，吐槽的范围远远超出了我自己负责的子产品。客户的沮丧情绪让我感受到了产品改进的必要性。于是我将用户的反馈数据形成了客观的用户调研报告，向产品管理部汇报。产品管理部总监和各产品经理听了我的汇报，认识到了产品需要改进。但是，鉴于新特性上线、商业推广等日常工作的压力，各产品经理跟平时收到用户反馈的反应一样，将体验优化排在了 Backlog 的后面。虽然产品总监强调，大家要重视用户体验，但是，由于他没有亲自调研过用户，即便我将用户的吐槽通过我的数据报告

① SaaS 是软件即服务（Software-as-a-Service）的简称，它是随着互联网技术的发展和应用软件的成熟，在 21 世纪开始兴起的一种完全创新的软件应用模式。

来呈现后，大家依然没有感受到用户的沮丧情绪。

思考过后，我决定换一个方法。在又一次产品管理部的会议上，我播放了一些客户访谈的视频，让产品总监和每个产品经理亲耳听到客户对他们的产品的差评，亲眼看到客户对产品的失望表情。产品总监亲耳听到客户沮丧地说："我们都快崩溃了，再也不想用了。""太烂了，简直无法忍受。""你们有用户体验设计师吗？一群工程师闷在屋里自己琢磨的吧？"

产品总监在会上当即决定：成立用户体验专项小组，集中一段时间专攻用户体验问题；每个产品 Backlog 里的新特性逐一评审，不是马上需要做的特性一律推迟。会后，大家都纷纷将用户体验问题排在了 Backlog 的首位。此外，产品总监要求每个产品经理都要定期拜访企业用户，亲自获得第一手的反馈信息，将其作为改进产品的输入。产品总监本人也决定自己带头做起。

一段段市场一线的视频，一个个生动的故事，加上企业与友商和业界差距的客观数据，以及业界发展趋势的分析，它们合在一起构成了强有力的催化剂，足以让领导层产生危机感：我们必须要改变，而且马上开始行动。

4.2 组建强大的转型领导联盟

很多企业只任命了一个人来牵头负责敏捷转型，一般这个责任名义上落在了首席技术官（CTO）或首席运营官（COO）身上，而他们自己一般不会亲自做这件事，他们一般会任命 PMO 总监牵头做。当然，PMO 总监自己也不会亲自做，他 / 她一般会任命团队里的一位项目经理来兼职做。但是这种非正式的、单靠个人的努力来实施的组织转型，从一开始就注定了失败的结局。

4.2.1 什么是敏捷转型委员会

敏捷转型需要各个角色的参与，因此，只有建立强大、广泛的转型领导联盟，覆盖组织的各个部分才有成功的希望。企业典型的领导联盟是“敏捷转型委员会”。每个组织从决定转型的第一天起，就应该成立“敏捷转型委员会”，由高层领导作为发起人任命委员会成员。当然，在你的企业里不一定叫“敏捷转型委员会”这个名字，但是一定要有相应的组织来承担以下职责。

- 设定敏捷转型的目标，并为敏捷转型的结果负责。
- 向全员沟通敏捷转型的愿景，确保全体员工理解转型的紧迫性。
- 成立敏捷教练团队，为管理层、试点团队提供敏捷知识的导入和实践能力的辅导。
- 为各个敏捷团队提供障碍解决通道，即团队暴露出来的超出自己控制范围的组织层面的障碍，将上升到敏捷转型委员会解决。
- 设计敏捷转型的路线图，推广敏捷转型的成果，扩大转型的范围。

常踩的坑!

虽然在很多企业里有类似企业转型小组的机构。但遗憾的是，在很多企业里，这样的机构缺乏最高管理层的参与，从而难以推动变革。在另外一些企业里，这样的机构不但没有有效地帮助敏捷团队移除组织的桎梏，反而成为监督团队实施敏捷的“警察”。

4.2.2 敏捷转型委员会的构成

敏捷转型委员会的发起人是组织的高层领导，他 / 她需要对组织转型的结果、投资回报率负责。

发起人需要对敏捷转型高度支持。这种支持不只是表现在口头上说“敏捷很重要，大家都要支持”这类空话，而是身体力行地在行为中得以体现，以影响组织中的所有人。比如，他 / 她需要有时间参与转型委员会的例行会议，并在需要的时候提供资源、做出决定以支持转型的开展。

敏捷转型委员会一般任命一位负责人来推动日常敏捷实施并移除组织转型的障碍。这个人就像 Scrum 团队里的 Scrum Master，因此人选至关重要，理想的情况下他 / 她需要具备以下条件：

- 对新思想、新方法有很大的学习和尝试的热情；
- 具有强烈的紧迫感；
- 人脉广泛，在组织里具备强大的影响力；
- 坚韧不拔，有耐心，遇到阻碍不妥协，遭到批评和指责不气馁；
- 自身的领导风格属于教练型领导，而不是命令控制型领导；
- 拥抱敏捷领导力的理念，在行动上实践敏捷领导力，是其他管理者学习的典范。

敏捷转型委员会要小而精，保证每个人都是合适的人选，且高效自组织运作。那么应该找什么样的人来组建这个团队呢？

- 对企业或所在组织以外的情况有一定了解的人，不是那些只埋头关注自己组织的人。对外界保持关注的人，一般比较开放，知道自己组织与外界的差距，对业界的新技术、新方法愿意尝试。
- 在组织内部具有一定的可信度、社会关系和权力地位的人。如果敏捷转型委员会的每个人都是具备这样影响力的人，那么转型的愿景就会比较容易传播到整个组织的每一个角落、每一个员工。这样的人也更容易影响那些自己所能触及的团队，并使其发生改变。
- 熟悉企业内部运作机制和研发流程的人。只有这样的人才能根据企业的现状将转型愿景落地实施。否则，再伟大的愿景恐怕也将成为空中楼阁。
- 具备正式权威的人。这些具有正式权威的人在推行一项新事物的时候，所受到的阻力会小一些。即便遇到阻力，也会比那些没有权威的人更容易消除阻力。正式权威，不一定是那些有“硬权力”的人，还可以是那些有“软权力”的人，比如专家、教练等。如果一位员工被企业内部公认为具有权威的知识和经验，那么即便他没有职权上的权威，也比较容易被大家信服。

■ 具备沟通愿景和激励团队等领导技能的人。这样的人，能够在自己所能触及的范围内将转型愿景沟通清楚，被每个员工所理解。并且，在日常工作中，能够以身作则，让大家看到榜样的力量。他们能够设计有效的激励措施，或者提供指导建议，从而促进大家支持转型。

如果发起人能够找到这样一些人组建领导联盟，那一定是坚不可摧的。但遗憾的是，这样的人不多。企业里总是有一些占据权威地位的职能经理不情愿将敏捷转型放到日程上。这时候，发起人应该采取以下措施。

■ 对这些职能经理做危机意识的教育。
■ 充分利用那些对转型有热情的职能经理层，并且将那些保持开放心态愿意尝试转型的经理层纳入敏捷转型委员会。
■ 对于那些拖后腿的阻碍型职能经理，暂时不要将其纳入敏捷转型委员会，而要让他们感受到，高层领导在从事一项非常重要的工作，但这项工作中没有他。然后，逐步让其他管理者感染这些人。

敏捷转型委员会不仅限于由高管构成。并且，对于一个大型企业来说，敏捷转型委员会可以包含多个团队。

案例 case story

一家大型通信企业 C 有一个 800 人左右的业务线，在一开始决定敏捷转型的时候，业务线的总裁李总就成立了敏捷转型委员会。他任命一位开发部经理作为敏捷转型的一线负责人，负责组建敏捷转型委员会以及主持敏捷转型的日常工作。业务线总裁每周亲自参加敏捷转型委员会的例会，对敏捷转型委员会的每一个 Backlog 给出建议。

被任命为转型负责人的这位开发部经理，本身负责一个 200 人规模的部门，他本人多年在探索和尝试新型研发，经历了 IPD[①]、CMMI、瀑布等方法的洗礼。他曾经担任过产品经理、项目经理、测试部经理等，对企业的研发流程非常熟悉，人脉关系非常广泛。在他知道世上有“敏捷”之前，他本人的领导力风格就属于教练式领导，因此深受大家的爱戴。虽然他对敏捷了解得不多，但他欣然受命。由他组建的敏捷转型委员会，其成员除了业务线总裁和他自己外，还包括以下成员。

■ 每个职能部门的经理

由于敏捷转型需要逐步打破职能部门分工的壁垒，重新组建 Scrum 团队，因此需要得到各部门的支持。所以，各部门经理需要在敏捷转型委员会里。

■ 产品部总监

产品经理需要转型，深入参与敏捷团队的运作。因此，产品部总监作为产品经理的最高领导需要进入转型委员会。

■ 项目总监

项目经理是转型的中坚力量之一。因此，项目总监作为项目经理的最高领导者自然成为转型委员会的成员。

■ PMO 总监

PMO 工作人员一般是在企业中推动和指导敏捷实施的人。因此 PMO 总监自然要加入转型委员会。

■ 试点团队的 Scrum Master 或团队领导者

他们在转型委员会中的作用是反馈自己的团队在实施敏捷过程中遇到的阻碍，需要组织级的流程和制度做哪些改变，以及需要哪些资源上的支持。

---

① IPD：集成产品开发（Integrated Product Development，简称 IPD），它是一套产品开发的模式、理念与方法。IPD 的思想来源于 1996 年美国 PRTM 公司出版的《产品及生命周期优化法》（*Setting the PACE in Product Development：A Guide to Product and Cycle-time Excellence*），在 IBM、华为等企业应用。

所有这些成员并不完全满足上面列出的转型委员会人选的那些条件。其实大部分人一开始都是处于懵懂地“走一步看一步”的状态。但是这位开发部经理亲自参加培训、阅读大量的敏捷书籍，并深入试点团队去理解敏捷，观察敏捷给团队带来的变化。他还带动敏捷转型委员会成员一起深入试点团队做“现场管理”（Gemba walk①），逐渐感染了其他管理者开始拥抱敏捷，并积极加入敏捷转型活动中。

4.2.3 敏捷转型委员会的运作方式

敏捷转型委员会维护组织转型的 Backlog，并定期会晤，跟踪 Backlog 的进展。Backlog 内容范围不受限制，凡是与转型有关的一切事情都可以列出，由转型委员会排优先级。

案例 case story

表 4-1 是某企业在启动敏捷转型后列出的 Backlog 的部分内容。

表 4-1 转型委员会 Backlog 示例

待办事项	责任人
培育一批 Scrum Master	Tommy
收集团队的敏捷经验，做成宣传案例	Grace
试点团队实施敏捷后，部门要求的各项周报、日报、月报是否可以取消	Tony
目前试点团队的成员不坐在一起，需要解决工位问题	Tony
组建第一个敏捷实践社区	Grace
与工具部门沟通讲解敏捷，获取他们的支持配合	Jessica

敏捷转型委员会也需要像一个敏捷团队一样迭代式运作，持续改进。敏捷

① 现场管理（Gemba walk）是精益生产的实践方法，需要管理者在实际的工作场所中进行观察、寻找问题，将潜在的问题可视化，从而提升工作效率，杜绝问题再次发生。

转型没有终点，敏捷转型也不能用传统的计划驱动方式。由于每一个组织都是一个复杂的反应式系统，因此转型应该用敏捷的方式来领导。敏捷转型委员会的运作方式正像一个 Scrum 团队一样，建立企业转型的 Backlog，迭代式发展，持续检视和调整转型过程。

4.3 树立转型的愿景和战略

4.3.1 为什么要树立愿景

敏捷转型的发起人需要向企业的管理层以及企业的每一个员工清晰地描绘出开展敏捷转型的愿景是什么，即为什么要搞敏捷，通过敏捷，未来想达到什么样的状态。

常踩的坑！

任其自由发展

绝大多数企业并没有明确的愿景，而是摸着石头过河，走一步看一步。在一个试点团队也许可以这样自由探索，但是对整个组织的转型来说，如果没有一个清晰的愿景就无法凝聚很多部门、很多团队持续地推进一场变革。

常踩的坑！

发号施令

一些企业采取简单地发号施令的方法开展敏捷转型，即“最高领导说了，咱们要转型，做吧”。然后一级一级传递下来。事实是，逐级发号施令不太可能冲破阻力，产生改变。命令传递到每一级，总是有人没有行动，并且越向下传递，命令的威力越会逐级衰减，到了基层员工这一层的时候，几乎是只能听到声音却不产生任何威力了。

微观监督控制

还有一些企业采取微观控制的方法开展敏捷转型。比如，派 PMO 检查每个试点团队是否按时召开了早会，没开早会的记录下来列入黑名单，并将此记录以邮件形式每周发给管理层。这种方法虽然显得很初级，但是却比上一个纯粹发号施令要好，至少可以固化团队的行为，冲破一些阻碍。但是这种强制手段易招人厌恶，不可持续。

约翰·P. 科特介绍了发号施令、微观管理和强有力的愿景对组织变革的抵制力量有不同的冲破作用（如图 4-1 所示）。

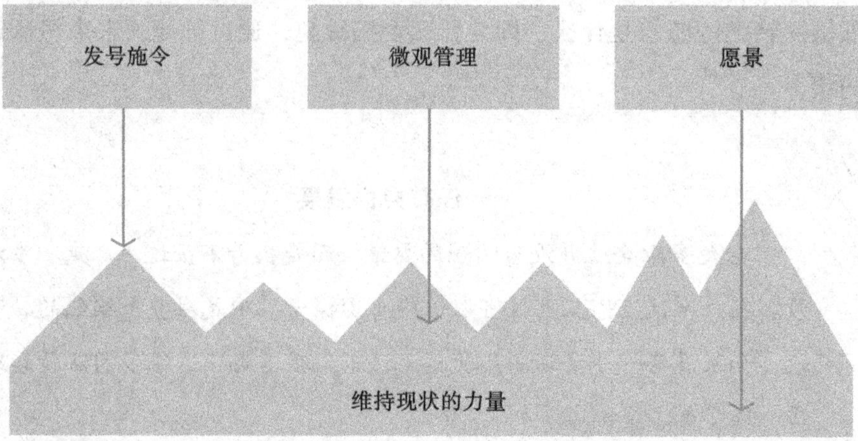

图 4-1　愿景可能冲破维持现状的力量

资料来源：《领导变革》（*Leading Changes*），2014 年 7 月

愿景描述了一幅企业未来的画面，揭示出人们应该为这样的未来努力的理由。一个好的愿景会让每个员工知道转型的整体方向，激励人们行动起来，哪怕路上会有痛苦和波折。此外，在转型过程中决定一件事情是否做、怎么做的时候，只要领导者引导大家思考此决定是否符合愿景，就可以化解很多无休止的争论。

4.3.2 如何制定转型愿景

那么敏捷转型的愿景该如何制定呢？不论是做什么变革，有效的愿景都符合以下几个特点。

- 可想象的：描述了未来是什么样的美好画面。
- 值得做的：以员工、客户、股东等公司的利益相关者的长期利益为诉求。
- 可行的：现实的、可实现的目标。
- 聚焦的：对于决策制定起到清晰的指导作用。
- 灵活的：允许在条件变化的情况下，推行个性化的创新计划以及采取不同的应对措施。
- 易于沟通的：能够在 5 分钟之内解释清楚。

有的时候，敏捷转型被当作企业一个大的变革项目中的一个子项目来实施。因此，企业可以为这个大的变革设计一个愿景。

一家世界 500 强企业 D，在敏捷转型之初设立的转型愿景是：打造全球领先的品牌，三年内市场份额达到全球前三名，研发能力超过国外某知名 IT 企业（世界 100 强），并持续提升。

基于这个愿景，企业设立了一个非常宏观的量化目标：三年内实现研发效率翻倍。

敏捷会给企业带来很多价值，为什么这家企业单单以提升研发效率作为目标呢？原因有两个。

- 这家企业就效率、质量、客户满意度三个维度与竞争对手做了对比分析，其中交付效率与竞争对手的差距最大。
- 企业需要找到一个切合实际的、让人可以感知的目标，每个员工看到这个目标会知道自己该干什么。而一个看似高尚却又虚无缥缈的目标，会让员工无法抓到重点，无所适从。

4.4 沟通转型的愿景

敏捷转型委员会成立后，需要决议如何对组织内的管理层和全体员工沟通敏捷转型这个决定，以及转型的愿景。有的企业采取召开敏捷启动会的方式告知全员，自此敏捷转型正式拉开序幕。当然，有很多企业不喜欢让大家知道变革即将来临，希望在试点后看效果再决定是否正式开展。如果试点失败了，就当一切没有发生过。那么，企业应该正式宣告全员，还是非正式地进行试点？没有绝对正确的答案，这取决于组织的文化以及组织在当下所处的环境。

4.4.1 保守型企业选择的沟通策略

案例 case story

一家银行企业 E，其科技部门决定开展敏捷转型，但是该企业的文化属于谨小慎微型，企业员工也希望安安稳稳地工作直到退休领取退休金，安度晚年。因此，企业管理层决定选择两个试点团队作为起步，并要求其保持低调，不要引起非试点团队部门主管的注意。

随着试点团队的效果逐渐明显，该业务部门的其他团队受其影响自发地加入敏捷的行列。于是组织的管理层决定扩大规模，扩大到试点团队所在的整个业务部门，但是仍旧控制沟通范围，没有主动通知其他业务部门。

这个企业所采取的策略是适合该企业自身文化的。如果该企业从第一天就大张旗鼓地宣告全员：“同志们！企业即将开展敏捷转型，每个人早晚都会参与。”这势必造成大家的质疑和抵触。因为这家企业的员工长期处在一个求稳不求变的环境中，对新事物小心翼翼。如果悄无声息地进行，试点团队也不会感到有压力。

但是，这样低调运作也有很大的弊端，即发展速度慢。大部分人也许听说了某团队在试点敏捷，但是不会想到跟他/她有什么关系；试点团队自己也不一定会认真对待，这样偷偷摸摸地做，给他们的印象是这只是试一试而已，过一段时间后一切恢复到从前。在这种情况下，企业无法成立正式的敏捷转型委员会，只能搞个非正式的小组，在一定范围内偷摸开小会。

4.4.2 开放型企业选择的沟通策略

反之，如果企业的文化不是这样抵制新事物，就可以通过敏捷转型委员会通告全员：我们面临什么样的紧迫性，为什么要转型，我们转型为了实现什么样的愿景。转型愿景的沟通会，可以通过类似“敏捷动员会”的方式实现。

企业C的业务线总裁李总，在决定试点敏捷的时候召开了多场敏捷动员会。

第一次动员会，他只召集了管理团队，让大家对转型的原因有所共识，并且与管理团队共同创立了转型的愿景，从而获得了大多数管理层的支持。当然，总会有人怀疑、私下反对，甚至公开反对，但是，我们不需要等到所有人都完全支持的时候才开始，因为永远不可能只通过沟通就获得所有人的支持。对于那些怀疑和反对的人，敏捷转型委员会需要私下继续做他们的思想工作。

选定试点团队后，敏捷转型委员会与团队的领导者私下沟通转型愿景，确定他们对敏捷的认可和对试点的热情后，召集试点团队全员开动员会。敏捷转型委员会亲自与试点团队的工程师对话，沟通转型的愿景，强调敏捷对整个企业的关键意义。从而，试点团队全员对自身要承担的使命有了认识，开始认真地学习和实践敏捷。

试点阶段结束后，敏捷转型委员会决定扩大规模，整个业务线全面转型。于是敏捷转型委员会召集所有部门的主管做动员会，会上邀请试点团队现身说法，分享自己敏捷之路的收获和感悟；此外，还邀请其他业务线的领导分享组织转型的经验。分享后，该企业召开闭门会议，让各部门主管畅谈自己的体会，是否愿意让自己的部门加入敏捷转型的行列。此时，相比第一次动员会，有更多的主管开始拥抱敏捷，但是仍旧有一些主管怀疑敏捷不适合自己的业务，希望从其他部门先开刀，自己最后行动。此时，我们仍旧不需要获得所有人的完全支持，因为那不太可能。那些个别不支持敏捷的管理者，敏捷转型委员会将继续做他们的工作。

敏捷转型委员会在获得绝大多数主管的承诺后，召集全员启动会，向全员沟通转型的愿景。在会上，试点团队再一次现身说法，讲述自己的体会。业务线总裁李总向全员表示转型的决心。

由此可以看出，沟通愿景是一个反复地、持续进行的活动。

4.4.3 沟通愿景时需要注意的问题

1. 表述要简单

敏捷转型委员会在沟通愿景时，不宜用太多敏捷专业术语，因为我们的沟通对象还不懂敏捷。我们可以用贴近自身业务的场景语言来解释为什么要做敏捷，未来的方向是什么，等等。

案例 case story

企业C的业务线总裁李总在第一次动员会上这样解释我们为什么要转型：“我不是很懂敏捷，但是我知道这是一个必然的趋势。我们的友商比我们的交付速度更快，响应市场的变化比我们更迅速，这让我们有什么活路？我们必须采取一切可以采取的办法，打造先进的研发能力，没有退路！”

这种简单有力的沟通方式，有效地传递了危机感，回答了一个最重要的问题：为什么要转型。

2. 重复，重复，再重复

再重要的信息，如果只宣讲一次，也不会给听众留下什么深刻印象，即便信息传达的人位居高位。人们每天接收的信息非常多，每日的邮件可能不下百封，参与的会议一个接一个，每天要处理的事情繁多复杂。因此，对敏捷转型愿景的沟通其实是在与其他大量的信息一起争夺员工的注意力。所以，敏捷转型委员会需要再三重复，解答大家的疑问，并不厌其烦。

3. 利用多种传播媒介

比如，企业可以在自己的论坛上开辟敏捷专栏分享敏捷的知识和经验，供大家在这个平台上交流；在企业办公自动化（OA）系统里，播放敏捷转型的愿景、案例等；制作敏捷宣传海报，贴在员工一进门的位置；制作电子宣传海报，在楼梯间循环播放敏捷的知识；敏捷转型委员会与各层管理者开展“一对多、一对一”的对话，让大家畅谈自己的困惑和担心等。

4. 倾听反馈

常踩的坑！

很多企业在沟通敏捷转型愿景的时候采取的是单向宣讲的方式，没有给沟通对象留有反馈的空间。有的企业有这样的文化：领导宣讲了一个决定，顿时鸦雀无声。大家即便没有听懂，或者听懂了即便有疑问也不敢问。这样的沟通方式怎么可能使企业将愿景执行下去呢？

企业只有通过反馈才能知道员工是否听懂了，有什么困惑或担心。如果员工有很大的抵制情绪，企业也可以通过反馈获取到，从而采取相应的措施。但是，一般情况下，在敏捷转型委员会召开整个组织范围内的动员会上，由于参会人多，所以不会给每个人问答互动的机会。但是企业要留有一定的反馈时间，让员工感受到转型委员会开放的态度。

5. 领导层要发挥榜样作用

领导层的每日行为需要与愿景保持高度一致，否则会让所有其他的动员工作和转型努力毁于一旦。比如，领导层刚雄赳赳气昂昂地召开了转型动员会，但是在选择试点团队的时候，选择了那些非核心业务的团队；或者，敏捷转型委员会苦口婆心地动员每个主管参与敏捷转型，并深入团队解决试点过程中的障碍，但是当试点团队反馈组织流程上阻碍敏捷转型的桎梏时，领导者却不愿意采取措施改变。如果转型的主要领导者出现类似这种与转型相违背的行为，那么他 / 她就是转型的第一杀手。

4.5 授权赋能，移除障碍

4.5.1 自上而下还是自下而上

常见疑惑

问：敏捷转型是自上而下地命令执行，还是自下而上地自组织、自发展呢？

答：敏捷涉及所有人，如果没有得到广泛的支持，单靠自上而下地沟通愿景、发号施令、监督控制，大规模的转型不可能发生。相反，如果纯粹地自下而上，让员工自组织开展敏捷活动，没有系统化地设计和引导，企业也必然走不长远。

转型需要自上而下地设计和沟通愿景，以及授权赋能并移除障碍，充分发挥每一个敏捷团队、每一个员工自下而上的力量。

4.5.2 授权赋能的方法

1. 建立敏捷实践社区

敏捷实践社区是以敏捷实践为单位构成的虚拟组织，比如Scrum论坛、持续交付俱乐部、测试自动化社群等。敏捷社区是由企业员工自愿组织的兴趣社团，本着交流敏捷实践、提升企业的敏捷能力为目的。敏捷实践社区的组建是敏捷转型委员会Backlog中的一项，可以由企业员工自己主动认领（但不应该由领导自上而下任命组建）；也可以由企业员工凭兴趣自发组建。

如果说敏捷转型委员会是组织的官方力量，那么敏捷实践社区便是组织的民间力量，它就像组织里播种的敏捷种子，生命力顽强且传播迅速。

案例 case story

企业C在开展敏捷转型时，成立了两个实践社区。

（1）Scrum Master论坛

这个社区的宗旨是为那些新的Scrum Master提供快速成长的平台。由一位Scrum Master主动发起，每隔两周召集公司所有Scrum Master聚集一次交流经验，每次交流的话题由大家投票决定。

（2）持续集成俱乐部

增强团队持续集成的能力是转型委员会Backlog里的一项重要工作。转型委员会将这项工作拆分成了几个重要任务，其中一个是成立持续集成社区，让持续集成实践在组织里迅速传播。委员会在企业内网上发布了求贤贴，招募社区的组织者。不久，一位工程师报名，他在之前的企业里有深厚的持续集成、自动化测试的经验，来到一个持续集成从零起步的组织，难以忍受这里落后的工作环境，于是主动请缨，愿意组建这个社区，传播持续集成和测试自动化实践。

此外，每个敏捷试点团队也是重要的敏捷种子，他们身体力行地每天在实际工作中实践敏捷。敏捷转型委员会与试点团队、实践社区的关系如图 4-2 所示。

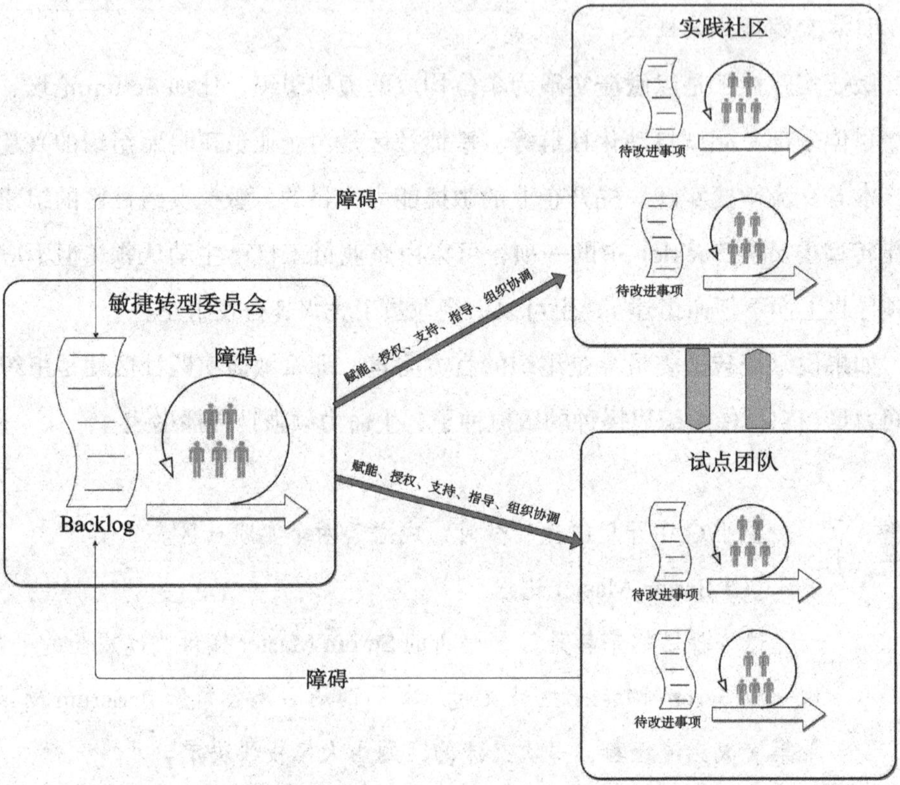

图 4-2 敏捷转型委员会与试点团队、实践社区的关系

首先，敏捷转型委员会、试点团队与实践社区的运作模式就像一个独立的 Scrum 团队，他们各自维护一个改进事项 Backlog，迭代式运作，持续改进。

其次，实践社区与试点团队之间也有密切的合作关系。实践社区将业内优秀的实践和必要的知识及时传递给每个试点团队，帮助其快速成长；试点团队定期将自己实践的一线经验分享给各个实践社区。由于实践社区组建的范围覆盖到整个企业，所以，试点团队通过实践社区可以将自己的经验迅速传播到企业的其他团队，从而加速敏捷在整个企业范围内的发展。

最后，这三个组织单元之间保持密切协作。敏捷转型委员会向每个试点团队、实践社区沟通转型愿景，并授权实践社区和试点团队自管理。每个试点团队、实践社区向敏捷转型委员会反馈其需要的支持和遇到的障碍，敏捷转型委员会再把这些反馈纳入 Backlog。

2. 提供培训和辅导

敏捷涉及企业内的所有人。因此，最好让每个人都接受正式的敏捷导入培训。但是碍于企业人数众多以及预算有限等原因，往往不可能让每个员工同时参加培训，因此企业可以分多个批次滚动式进行培训。企业可以让管理团队先参加培训，然后让项目经理、产品经理、测试经理等项目一线管理人员参加培训；选定试点团队后，让试点团队全员参加培训；之后，在每个新的团队启动敏捷之前为这些团队提供培训。

当然只培训还远远不够，敏捷转型委员会还需要雇用或培养敏捷教练，为管理层和试点团队提供手把手的辅导。敏捷教练的辅导着重针对以下角色：

- 每个试点团队的 Scrum Master 和产品负责人；
- 职能经理层；
- 开发者和测试者。

敏捷教练的辅导可以从以下几个维度开展。

- 对试点团队的辅导，要遵循试点团队的迭代周期。迭代计划、每日站会、每日开发工作、迭代回顾和评审都是可以辅导的时间点。
- 对管理层的辅导，可以采取“一对一”的线下交流方式。在管理者反馈自己的疑惑或担忧的时候，正是开展辅导的好时机。此外，敏捷转型委员会的例行会议对整个管理层的每个职能经理来说都是开展“一对多”辅导的好机会。
- 对技术实践的辅导，要深入团队的每日开发和测试工作中，与团队坐在一起工作，这样便于开展辅导。
- 对关键角色的辅导，比如 Scrum Master、产品负责人、职能经理，可以采取

“一对一”的方式，针对每个人的实际情况开展辅导。

培训和辅导的过程不只是传递知识和经验，同时还是消除阻碍、消除员工对敏捷的抵触心理的过程。

3. 敢于解除与敏捷转型相左的流程桎梏

在敏捷转型的道路上，如何对待与敏捷相左的现有流程呢？这需要管理层具备大格局思维，为了实现更大的愿景，敢于改变组织现有体制中与敏捷转型相违背的流程，哪怕要承担风险，面对抵触和指责。

案例 case story

企业 F 启动敏捷转型的试点后，很快团队暴露出一个问题：按照公司原有的流程，每个工程师需要在每天下班前给部门经理和组长发日报，即总结今天做了什么，工作有什么进展和问题；此外，每个团队的组长在每天下班前需要将每个工程师的日报汇总成一个团队日报，发给整个项目群的经理。

团队发现，自从试点敏捷后一切信息和状态都可以在看板上呈现，不再需要大家做日报。如果哪位领导感兴趣，完全可以通过看板看到一切信息。

敏捷转型委员会就这个议题开展了讨论，一些部门经理仍旧习惯于在座位上收取邮件报告；项目群经理也认为，发日报的习惯一直都有，不能因为做敏捷就取消了。试点团队的 Scrum Master 反馈，开展敏捷后，因为团队有每日站会的实践，他不再需要工程师发日报就可以清楚地知道每个人的工作状态。如果还让大家发日报，会让大家非常反感。日报和站会，只能保留其一。

经过激烈的讨论后，敏捷转型委员会决定，自此取消工程师发日报的工作，因为站会是高效的团队协作工具，在开展站会实践的团队里，做日报是一个不增值的工作。

在管理者眼里，做日报不是件大事，每天只耗费工程师 10 分钟的时间。但是在工程师的眼里，每天重复花 10 分钟做一件浪费时间的工作是一件令人沮丧的事情。如果敏捷转型委员会不采取措施改变原有的工作方式，那么团队会认为敏捷加重了其工作负担，即在做原有的日报、周报等基础上，又增加了一些新的管理会议，每天还得移动看板上的用户故事和任务卡片。

需要注意的是，不是现有的管理制度都需要向敏捷转型让路。转型委员会需要针对每个冲突情况分析风险和代价来决策。有些时候，企业改变现有流程的时机或许还不合适，需要推迟改变的时间。

4.6 积累短期成效，持续改进

4.6.1 当心挫伤期

很多企业管理层乐观地以为，随着敏捷转型的深入，转型对企业产生的绩效会自然地提升。但遗憾的是，这只是管理层的一厢情愿，实际情况往往不是这样。根据变革 J 曲线（如图 4-3 所示），引入新思想、新方法后，企业需要学习和试验，在这一过程中，人们会产生困惑，在新的战略下一头雾水，不太清楚该如何开展工作。所以，处于这段学习和试验期的企业，其绩效会在短期内下降，这段时间被称为“挫伤期”。如果在这段“挫伤期”内完全没有任何变革管理，组织会一片混乱，员工不知道下一步要发生什么，怎么做才是合适的。

但是，这还不够，人们对变革的期望往往很高，因为大家觉得投入了就理应有所回报。转型是一个非常漫长的过程，要让所有人在短期内看到希望，否则人们的耐心会被磨灭，从而导致转型提前流产。

快速取得一些短期成效，能够给那些拥抱敏捷的人带来信心，也会影响那些悲观消极分子的态度，消除人们内心的疑虑，为开展敏捷转型建立必要的士气。

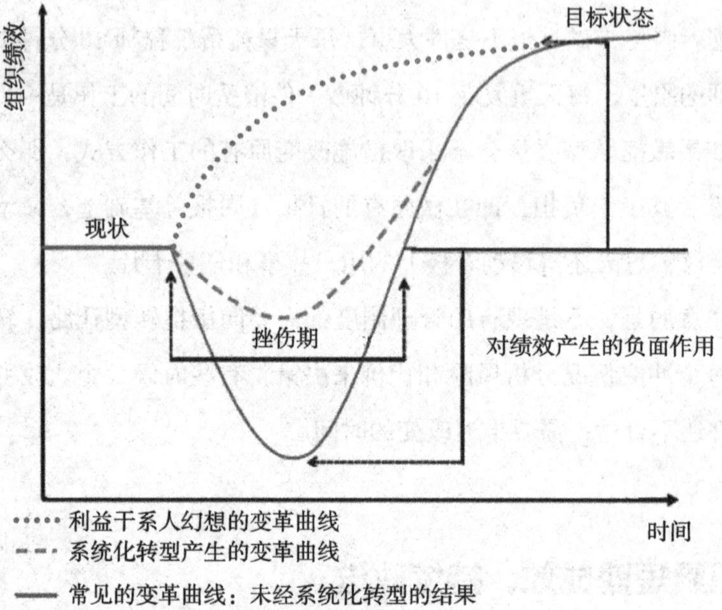

图 4-3 变革 J 曲线

资料来源：史蒂夫·富尔默（Steve Fullmer）的博客

4.6.2 积累短期成效的策略

1. 尽早创造出第一个成效

企业取得第一个成效的关键在于时间，不在于成效的大小。每个企业的管理层在决定实施敏捷转型的同时，也担心投资回报率。团队越早创造出成效，越能够坚定管理层的信心。因此，从试点团队的第一个迭代就应该让管理层和试点团队看到敏捷的力量。

一般来说，由于团队在懵懂中边做边学，第一个迭代不会带来团队效率、质量等方面显著的量化效果。但是，团队可以通过以下一些技巧让敏捷转型的利益干系人看到效果。

■ 在团队第一个迭代的评审会议上，演示本迭代完成的特性，会对参会的管理层、产品经理、客户代表等利益干系人产生一定的震撼力，因为在过去多年的非敏捷的工作环境里，利益干系人需要很长的时间才能看到团队的交付成果。

- 在第一个迭代结束后，记录团队的速率数据并呈现给利益干系人和管理层。在非敏捷的环境里，在一个项目结束之前一般没有这样的价值产出效率。而在敏捷的环境里，团队和管理层在一个迭代就可以看到价值产出效率，不论效率高低，这本身就具备一定的说服力。
- 在团队的每日站会上，可以邀请一位管理者走到团队背后默默地观摩站会。他 / 她可以从看板上看到项目的状态，这比他 / 她从前收到的任何邮件报告都更加清晰。而且，每个工程师都主动在站会上反馈任务的进展和遇到的障碍，这样积极的沟通方式也是前所未有的。
- 在团队第一个迭代的回顾会议上，邀请一位管理者默默观摩，让其感受团队主动反思改进的精神。

案例 case story

一家互联网企业 G 同时启动了多个敏捷转型业务线，共有八个敏捷团队同时试点。敏捷转型委员会决定让管理团队的每个人观摩一个试点团队的敏捷活动，从而切身感受敏捷的精神和团队的进步。在第一个迭代结束后，八个试点团队中有五个团队没有完成迭代计划的工作。但是，每个管理者带回的反馈都是积极正向的，因为大家看到了团队主动学习、反思和追求进步的精神，以及工程师主动认领任务的工作士气，而且每个管理者走到团队看板上就知道项目的状态和风险，这一切都是前所未有的。于是，尽管不是所有的试点团队都从迭代交付的结果上看到了效果，但管理层仍然坚定继续向前走的信念。

2. 让尽可能多的人看到成效

那些没有看到敏捷转型效果的人，往往对敏捷仍旧抱有怀疑态度。因此，要采取一切可行的传播方法和媒介，让尽可能多的人看到敏捷转型的进展。比如，在敏捷试点团队做出成效后，对其进行总结，请试点团队的同事现身说法做宣讲官，由试点团队亲自宣讲敏捷所产生的影响力要远远胜于那些负责推广敏捷的人。

此外，我们还可以在公司的内网上介绍自己企业里有多少团队已经在敏捷的路上，并播放团队开展敏捷活动的现场照片和视频，让企业里的每一个员工都感受到敏捷的氛围，看到敏捷团队开心的工作场面和高昂的工作士气。

再有，物理看板和超大电视屏的电子看板本身就是很好的传播媒介，对任何一个路过的人都会产生视觉冲击的影响力。

3. 用量化数据证明成效

数据是毋庸置疑的客观事实。从敏捷团队和整个组织层面收集敏捷转型的反馈数据（参阅第 9 章），将这些数据呈现在各级管理者面前，对敏捷转型的成效会产生无可辩驳的说服力。但是要注意，千万不要为了创造成效而包装数据，这样反而会让人们失去对敏捷的信任。

4.7 扩展敏捷转型的范围和深度

4.7.1 拓展组织转型的范围

在团队试点敏捷产生效果后，转型只是有了良好的开端，团队还有很远的路要走。如果组织满足现状停滞不前，被非敏捷的环境所包围的试点团队一定会退化，付出的努力也会付之东流。敏捷转型要沿着敏捷转型路线图开展：团队级敏捷→产品级敏捷→企业级敏捷。本节不再赘述每个阶段，而是介绍几个注意事项。

1. 明确转型的责任主体

不论转型发展到哪个阶段，敏捷转型的责任主体一定是由转型的组织负责，而不是由该组织以外的任何个人或机构负责。

例如，对于一个企业来说，当转型从企业内部的组织 A 扩展到组织 B 的时候，负责组织 B 转型的总负责人应是该组织的最高领导，而不是企业最上层的某个敏捷推动机构。比如企业级的 PMO 等部门，因为它们对组织 B 没有实权，所以组织 B 应该建立自己的敏捷转型委员会，由其承担转型的责任。

2. 不可一蹴而就

不论转型处在哪个阶段，都最好先开展试点后再全面实施，不可一蹴而就。

比如，在一个企业内，组织 A 的产品规模庞大，由多个团队协作交付产品。在一些团队都实施了团队级敏捷后，组织 A 想要在全部产品范围内全面实施产品级敏捷。这时不要一次性将全部产品跳过团队级敏捷直接进入产品级敏捷，而是要先找一个产品来做试点，这样可以为其他产品探索规模化敏捷的经验，并增强团队在大型且复杂的系统里实施敏捷的信心。

3. 横向跨组织传播敏捷的种子

对于那些几千、几万人的超大型企业，敏捷转型要覆盖整个企业是一件非常艰辛而又耗时的事情。在这样的企业里，当作为第一个吃螃蟹的组织 A 积累了敏捷转型的成效后，应该立刻将转型的效果传播到其他组织。比如，通过邀请组织 A 的试点团队以及组织 A 的敏捷转型委员会给其他组织分享自己的经验，或者其他组织的管理层到组织 A 的团队中观摩，可以对传播敏捷的种子起到很好的作用。

由于大型企业里开展敏捷的团队数量巨多，而能够胜任辅导敏捷团队的教练相对不足。因此，组织需要做出系统的计划来培养敏捷教练。

4.7.2 持续加强敏捷转型的深度

已经在试点中初见效果的团队或组织不应满足现状，而要设立新的目标，深入实践。

常踩的坑！

很多试点初见成效的团队或组织，经常产生自满情绪，觉得“我已经敏捷了，没啥可做的了”。这样的想法会导致团队改造升级的停滞。

即使组织从团队级敏捷发展到了产品级敏捷甚至企业级敏捷，但每一个敏捷团队仍旧是组织敏捷性的基础，组织仍旧需要牵引每个敏捷团队进行自我改进，持续提升。

4.8 将敏捷融入企业文化

在敏捷项目失败原因的调研统计中，失败原因占首位的是企业文化与敏捷的核心价值观相左。因此，将敏捷融入企业文化是确保敏捷转型成功的关键。

4.8.1 理解企业自身文化

我在前面介绍过，协作型和培养型的组织与敏捷文化更契合。在这样的组织里，你可能会明显地感觉敏捷开展得相对容易些，在与文化的融合上所做的努力也相对少一些。而且，有些企业天生就有敏捷的基因，这样的企业一旦接触了敏捷，转型会非常迅速。

那么如何判断敏捷文化与企业自身文化是否契合呢？这其实是个很感性的问题。从你第一天开展敏捷起，你每天都能感受两种文化的相融或摩擦。

案例 case story

一家金融企业 H 决定实施敏捷转型后，选择了几个团队做试点。作为顾问，在我指导大家建立看板后，就遇到了敏捷与企业自身文化碰撞的问题。团队成员说：“决不能将看板放在工作区，太乍眼了，整个这一层楼，只有我们在工作区立起了个板子。”当我解释，敏捷已经得到了企业最高领导者支持的时候，团队才勉强同意将看板保留在工作区。

> 在召开了第一天站会后，团队成员又后悔了。于是他们提议，以后要在会议室里开站会，因为“办公室的环境非常安静，就我们站在工位旁边开会不妥。而且同事们一向是坐在自己工位上低头干活，有事情都是进会议室里谈，绝不会在开放的工作区域开会”。

由此可以看出，这个企业的文化特点是员工比较保守，团队成员之间的沟通比较薄弱，管理层更倾向于鼓励员工独自完成工作。对于这样的企业来说，每走一小步都要小心观察团队和管理层的反应，不可操之过急，否则会冲破他们的心理防线，不利于敏捷转型的实施。

4.8.2 潜移默化地牵引思想的改变

企业文化不是你打着敏捷的旗号就能够改变的。企业自身文化已经沉淀多年，从管理层到员工早已形成了固定的思维模式和行为模式。敏捷对自身文化的抗衡，犹如以卵击石。

文化是什么？简单来说，就是一组人所共同享有的价值观、思想和行为模式。如图 4-4 左半部所示，企业的任何结果都是由一组人的行为所共同产生，而任何行为的背后都有一定的思想在支撑；思想的背后，是企业员工所习惯的、没有意识到的却在产生作用的文化。因此，文化是一个无形体，在人们的潜意识层面，我们永远无法直接改变一个企业整体的文化，那是一只看不见的手，我们只能通过改变企业里个体的行为和思想，以及个体之间的互动方式来间接改变企业文化。

如图 4-4 右半部分所示，我们只能在开展敏捷实践的过程中，潜移默化地牵引大家思想的改变，逐渐让管理者和团队成员明白实践背后的意义，从而让大家自然地接受敏捷思想。

任何事情如果按照同一个思想做一百遍，就会潜移默化地固化在人们的脑子里，并形成习惯。最先接触敏捷的这一少部分人是敏捷的种子，他们将新的思想和行为通过互动和交流，影响和传播给更多的人。随着时间的推移，当组织里大部分人的思想和行为产生了改变，文化也就自然发生了改变。

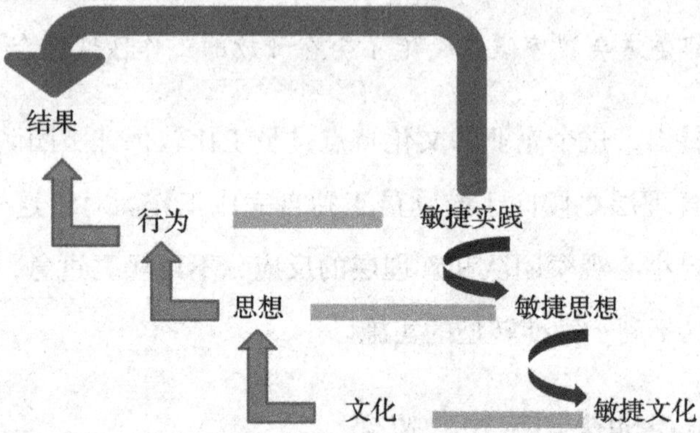

图 4-4 文化、思想和行为的关系

举个例子，假设你是一名敏捷教练。在站会上，你看到 Scrum Master 给大家分配任务。这时候，你可以站出来，建议团队成员自己认领任务，而不是由 Scrum Master 分配任务，这样做的意义是什么，为什么比 Scrum Master 分配任务更好。只有让团队领会了实践背后的意义，团队才能够从行为敏捷发展到思想敏捷。

4.8.3 巩固敏捷转型成果

为了巩固敏捷转型成果，使敏捷成为组织生命体的一部分，企业可以采取以下措施。

- 在新员工培训计划中，将敏捷作为必要的培训内容，让每一个新员工从入职第一天起就在敏捷的环境里工作。

某企业 I 于 2008 年开始实施敏捷转型，两年后，敏捷已经覆盖到了每一个产品线、每一个团队。为了固化敏捷，该企业将敏捷培训纳

入新员工培训内容的一部分，耗时达五天，内容包括：Scrum敏捷开发、用户故事、持续集成、测试自动化、测试驱动开发等基本的团队级敏捷实践。之所以耗时五天，是因为培训中有大量的实战演练内容，可以确保新员工一出课堂就顺利开展工作。

- 根据敏捷转型路线图（团队级敏捷→产品级敏捷→企业级敏捷），牵引那些已经初见成效的团队和组织走向更高一层的敏捷。
- 企业的最高领导者要持续保持危机意识，此外，最高领导者要让其下属的各层组织管理者保持危机感，让每个组织紧密跟踪业界的新型研发能力和技术，持续学习和尝试，从而保证组织的竞争力。

敏捷自身也是在不断演进的。敏捷宣言刚诞生的时候，并没有规模化敏捷框架、看板方法、微服务和DevOps等。因此，组织只有不断学习，引入符合自身需求的先进的研发方法，才能让企业处于有利地位。

第 5 章

Scrum 还是看板：选择适合自己的敏捷方法

科学是将领，实践是士兵。

——达·芬奇

对于一家开始做敏捷试点的企业，该选择哪些敏捷方法落地呢？业界应用最广泛的敏捷方法是 Scrum 和看板。

常踩的坑！

“一刀切”模式

某公司在开展敏捷转型之初，对敏捷理解肤浅，决定对所有的产品都组建 Scrum 团队，任命 Scrum Master 和产品负责人，启动 Scrum。于是，一夜之间，诞生了大量的 Scrum Master 和产品负责人。当我深入团队后，发现他们苦于每个 Sprint 计划的实施，因为每天都有线上 Bug 打断他们原有的计划。有些团队只有两三个人，却也被任命了产品负责人和 Scrum Master。部门经理解释说，“这是领导要求的，所有团队都得用 Scrum”。

这是典型的“一刀切”（One Size Fits All）模式。团队采用的敏捷方法一定要结合团队的特点。那么我们需要先搞清楚，作为主流的两个敏捷方法，

Scrum 与看板方法的核心精髓是什么，在什么情况下适合用 Scrum 方法，在什么情况下适合用看板方法。

5.1 Scrum 的精髓

5.1.1 Scrum 的定义

《Scrum 指南》(*Scrum Guide*)[①] 对 Scrum 的定义是：Scrum 是一个框架，在这个框架中人们可以解决复杂的自适应问题，同时也能高效并有创造性地交付尽可能高价值的产品。该定义同时强调，Scrum 不是开发产品的一种流程或一项技术，而是一个框架，在这个框架里可以应用各种流程和技术。

Scrum Guide 定义了三个角色、五个事件和三个工件。

三个角色：

- Scrum Master；
- 产品负责人；
- 开发团队。

五个事件：

- Sprint；
- Sprint 计划；
- 每日例会；
- Sprint 评审；
- Sprint 回顾。

三个工件：

- 产品待办列表。一份涵盖产品中已知所需每项内容的有序列表，它是产品需

① Scrum Guide 由肯·施瓦伯（Ken Schwaber）和杰夫·萨瑟兰（Jeff Sutherland）共同发布。

求变动的唯一来源。

- Sprint 待办列表。一组为当前 Sprint 选出的产品待办列表项，以及交付产品增量和实现 Sprint 目标的计划。
- 产品增量。团队在一个 Sprint 完成的所有产品待办列表项，以及之前所有 Sprint 所产生的增量价值的总和。

Scrum Guide 明确指出，Scrum 的角色、工件、事件和规则是不可改变的。虽然团队可以只实施部分 Scrum 方法，但 Scrum 只有以整体的形式存在，才能作为其他技术、方法论和实践的容器而运作良好。因此，从方法论的本质上，Scrum 预定义了一个最小框架，这个框架里的元素不可缺少。

5.1.2 Scrum 的本质

亨里克·克里伯格（Henrik Kniberg）从更深层次解析了 Scrum 的精髓，提出了 Scrum 本质上有三个拆分和两个优化（如图 5-1 所示）。

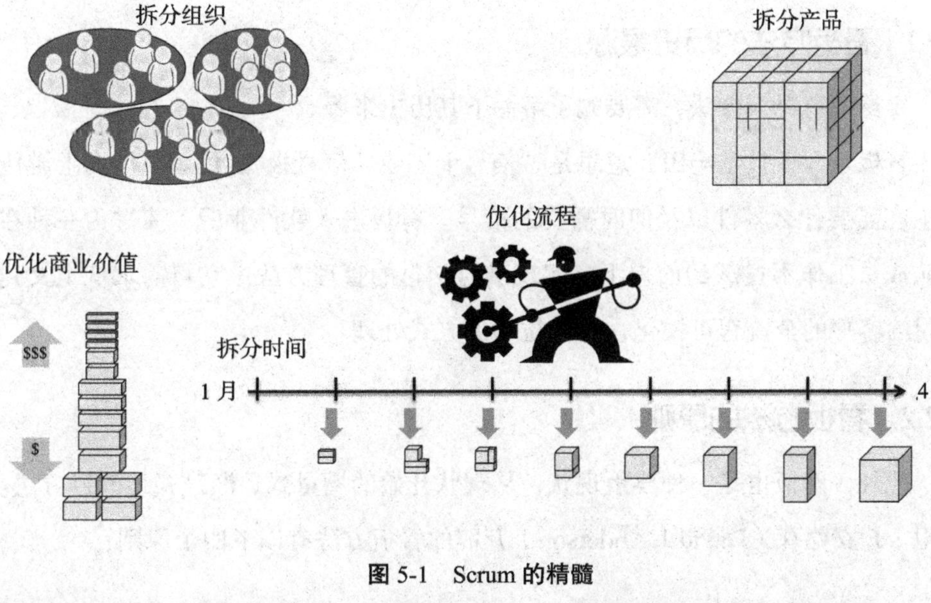

图 5-1　Scrum 的精髓

资料来源：亨里克·克里伯格在东欧敏捷大会的演讲《敏捷的精髓》（*The essence of Agile*），2010 年 10 月

1. Scrum 的三个拆分

- 拆分组织：把组织拆分成小规模、跨职能的自组织团队。
- 拆分产品：把工作拆分成一系列小而具体的交付物，按优先级排序，估算每项任务的相对工作量。
- 拆分时间：把时间拆分成固定大小的短迭代（通常为 1~4 周），在每个迭代结束时对可交付的产品增量进行演示。

2. Scrum 的两个优化

- 优化商业价值：在每个迭代结束后跟客户一起检查发布目标，并据此优化发布计划，更新产品待办事项列表的优先级。
- 优化流程：每个迭代结束后进行回顾，对团队的实践过程做优化。

5.2 看板方法的精髓

5.2.1 看板方法的历史根源

要想理解看板方法，需要先了解一下其历史来源。

看板来源于日本丰田，意思是“信号卡”或“信号板”，用于下游向上游传递生产需要什么零件以及何时需要的信号。看板进入软件业后，演进为一种在团队成员工作不过载的前提下，实现准时交付的管理方法。它将需求从定义到交付给客户的全流程可视化，并以拉动的方式处理。

5.2.2 看板方法的原则

此外，看板也是一种尊重现状，从现状开始的增量式、渐进式地改进方法。大卫 · J. 安德森（David J. Anderson）开辟的看板方法有以下四个原则：

- 从现有的工作方式开始；

- 实施渐进式变革；
- 启动时，尊重现有的角色、职称和工作职责；
- 鼓励各级领导力。

看板方法不是一个预定义的框架，也没有固有的软件开发流程。团队可将看板方法的元素应用在现有的工作流程里，从而发现系统中存在的浪费、工作不均、团队过载、系统瓶颈及延迟交付的风险等问题，从而逐步引入改进措施。看板是经验式的渐进过程，有以下六大实践。

- 可视化工作流程。在物理墙或电子板上将工作流程可视化，将每个工作项用任务卡或故事卡做可视化，工作流程用“泳道 + 列”等方法做可视化。
- 限制在制品（Work In Progress，简称 WIP）数量。对每个流程中同时处理的在制品数量进行限制。
- 度量和管理工作流。跟踪工作项是否以稳定、均匀的速度流动，如有前进不畅的情况，需要团队讨论，大家协作采取措施解决。
- 显示化定义规则（如工作的流转规则等），并与利益干系人和团队就规则达成一致。
- 构建反馈环。采用每日站会、持续改善、回顾会议等实践来构建反馈环，持续改进看板系统。
- 用科学的方法和模型评估改进机会，提升协作效率。

5.3 Scrum 和看板的区别

我认为从宏观层面来看，Scrum 和看板的区别如下（如图 5-2 所示）。

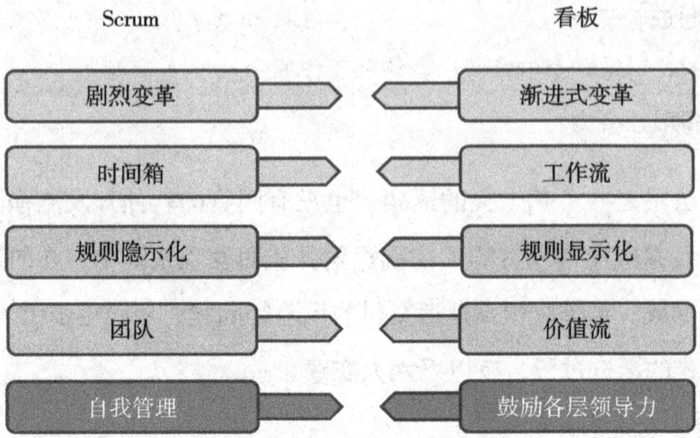

图 5-2 Scrum 方法与看板方法

5.3.1 变革方式不同

从组织变革的角度来看，若企业采用 Scrum 方法，则需要拆分组织，成立跨职能小团队，任命新的角色。比如，原来做一个产品需求需要多个部门进行对接，包括产品部门、设计部门、开发部门、测试部门、运维部门。Scrum Guide 对跨职能团队的定义是，“拥有完成工作所需要的全部技能，不需要依赖团队以外的人”。因此，若企业采用 Scrum 方法，需要打破各个部门的壁垒，从涉及产品交付的每个部门抽出人员，组建能够不依赖于外部，可以独立交付产品增量的团队。

Scrum 团队里只有三个角色：Scrum Master、产品负责人、开发团队。因此，每个组织初次尝试 Scrum 的时候都有这样的困惑：我们组织里现有的角色怎么办？而组织成员只有在对原有的角色转型后，才能加入 Scrum 团队里承担新的职责。因此，Scrum 方法需要对组织做手术，这属于剧烈变革的方式。

而看板方法不规定团队的组成、角色和责任分工。这并不是说你不能或是不应该在看板里有产品负责人等角色，只是说不是必须有。此外，看板方法本身不规定具体的流程，几乎对任何工作方式都是开放的，它仅有的规范就是将流程可视化和限制在制品数量。虽然看板的规范少，但仍有令人惊叹的力量。看板方法从企业员工理解和分析现有的工作方式起步，再到应用看板的六个实践，逐步改进员工的工作方式。因此，看板方法属于温和的渐进式变革。

所以，二者变革方式的差异，让那些求稳不求变、不敢承担变革风险的企业更倾向于拥抱看板方法。

某银行科技网络集团 J，其产品研发分布在三个城市：珠海（开发中心）、杭州（测试中心）、深圳（运维中心）。2014 年，该企业选择了一个团队试点了 Scrum，发现 Scrum 对组织现有的冲击很大，而且组建 Scrum 团队需要打破三个研发中心的地域界线，困难很大，所以没有继续进行下去。于是该企业开始尝试看板方法，结果是看板方法广受欢迎，没有受到大的阻碍，并于 2016 年全面应用。通过看板暴露出的组织问题，将逐步牵引组织转型。

5.3.2 基本流程不同

Scrum 的工作单位是时间箱固定的迭代周期，即对每个迭代周期都有明确的交付目标和需求范围，Sprint 结束时要交付一个产品增量。固定时长的迭代是应用 Scrum 的前提。团队可以自己选择迭代长度，但一般都会在一定时间内让迭代长度固定不变，继而形成固定节奏。

看板方法的工作单位是一个一个工作项，工作项是承载价值的单元，比如用户故事。看板方法没有规定固定时长的迭代，团队可以选择什么时候做计划、什么时候做回顾以及什么时候发布产品。团队还可以选择有规律地采取行动（如每周发布一次），或是按需要随机发布。不管用什么样的节奏，或者没有任何节奏，看板方法的目标都是加速每个承载价值的工作项在看板上流动。因此看板管理的是价值流。

基于这个差异，维护类项目天然适合用看板方法。因为，团队无法给维护类项目设置一个迭代周期，并且固定这个周期的范围。即使团队做了 Sprint 计划，第二天也会被一堆更紧急的线上问题打断，导致原来的 Sprint 计划作废。

此外，除了维护类项目，一些互联网团队为了快速响应业务变化，也开始打破时间箱的周期，转向看板方法。

中国电商网站 1 号店在 2014 年之前一直应用 Scrum，所有团队一刀切地采用两周的迭代周期。后来，很多团队发现，即使在两周的周期内，业务上仍有大量的需求变化导致原来的 Sprint 计划无法执行。于是，1 号店开始打破迭代周期，向看板方法转型，每周一次计划，每周两次上线。

5.3.3 规则的显示化程度不同

Scrum 的规则主要是 Scrum 流程上的规则，即三个角色、五个事件和三个工件。除此之外，Scrum 方法中还有“完成的定义”（Definition of Done，简称 DoD），用来评估产品增量是否完成。Scrum Guide 对 DoD 的定义是：当产品待办列表项或者增量被描述为“完成”的时候，每个人都必须理解“完成”意味着什么。虽然 DoD 在不同的 Scrum 团队之间会有巨大的差别，但是团队成员必须对“完成”意味着什么有相同的理解。

此外，Scrum 方法对任务板的设计没有规定，团队可以自己设计，但是一般都是三列：准备好（To Do）、进行中（Doing）、完成（Done）。

像图 5-3 这样的任务板设计，对于“进行中”这一列，用户故事到底处于什么阶段不是一目了然，无法判断用户故事是在设计、开发阶段，还是测试阶段。

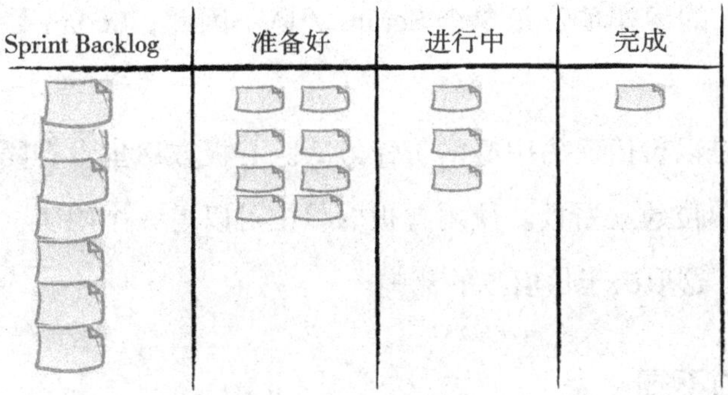

图 5-3　Scrum 任务板示例

而在看板方法里，价值流动的每个环节都被可视化在看板上，用户故事处于什么阶段一目了然。一个工作项从上游流转到下游需要达到什么条件有明确的规则，这个条件在看板方法里被称为“拉动条件”，如图 5-4 所示。这个拉动条件相当于被分解的 DoD。只有价值流动的每个环节达到了拉动条件，才能最终保证整个产品增量达到 DoD。因此，看板方法对流程规则的显示化程度更高。

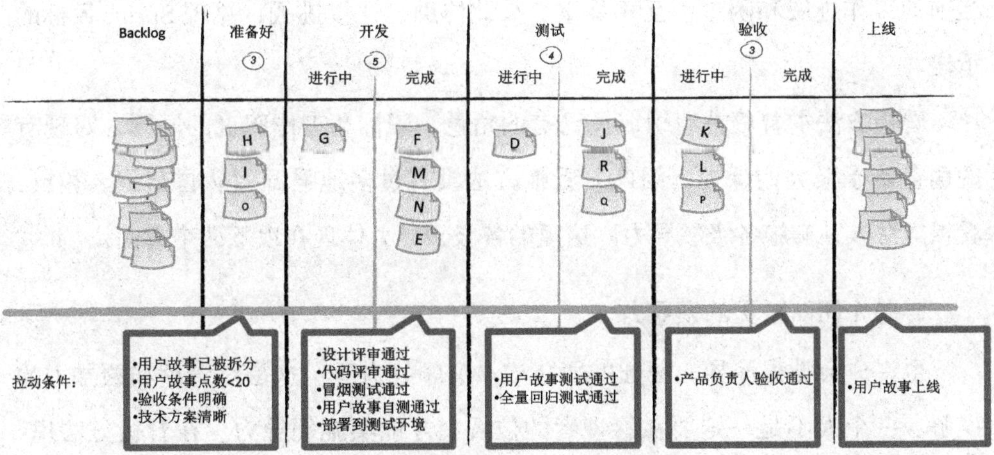

图 5-4　看板方法里的拉动条件

5.3.4　运作单位不同

Scrum 流程规则中的三个角色、五个事件和三个工件都是围绕团队来设计和运作。Scrum 的运作单位是单个 Scrum 团队。因此，Scrum 是以团队为中心的工作方式。

看板方法是以价值流为中心的工作方式。看板方法里没有团队的概念，而是以价值流为单位建立看板。使用看板的单位可以是一个团队，也可以是多个团队共同使用，这取决于价值流的范围。

5.3.5 领导力不同

Scrum 强调团队自组织、自管理，不期望管理层自上而下对团队施加管理。基于这个基本理念，Scrum 流程里没有设置管理者这一角色，取缔了传统项目管理方式里的"项目经理"角色，并且定义了 Scrum Master，将其作为服务型领导，引导团队自管理。Scrum 联盟在敏捷价值观的基础上，定义了 Scrum 的五个价值观，它们是聚焦、勇气、开放、承诺和尊重。Scrum Master 引导团队的职责包括：聚焦 Sprint 目标；保持开放的心态，开诚布公地与大家分享当前的工作进展和困难；互相尊重、彼此协助；迎接挑战，兑现 Sprint 目标的承诺。

看板方法本着尊重组织成员已有的角色、职称和工作职责的原则，对现有的角色给予极大的保护。因此，看板方法没有过多地强调团队自组织。相反，看板方法鼓励实施各级领导力。这里的各级领导力体现在以下两个方面。

1. 每个团队成员的领导力

也许你会觉得诧异，普通的团队成员有领导力吗？这是对管理和领导力的误解。一个人不是一定要在管理者的位置上才能实施领导力。在看板方法里，个人的领导力体现在以下几个方面。

- 鼓励每个团队成员可视化自己名下工作项的真实状态，敢于暴露有问题的工作项，敢于在每日站会上主动反馈工作项的风险，并敢于求助。
- 当其他成员遇到困难时，能够不依赖管理者，主动想办法，集思广益，帮助同事解决问题。

- 建立透明、负责、互助的团队文化。

2. 每个管理者的领导力

管理者的领导力体现在以下几个方面：

- 引导团队建立价值流；
- 团队成员遇到障碍时，管理者需要及时引导团队，或帮助团队解决；
- 对于团队反馈的困难，管理者不搪塞，积极帮助团队解决；
- 设立鼓励透明、负责、互助、创新的考核机制；
- 引导团队持续优化价值流，打造持续改进的文化。

总的来说，Scrum 对团队的自组织能力要求比较高。在团队从命令式控制的管理方式转型到 Scrum 的初始阶段，需要 Scrum Master 行使较强的服务型领导力，训练团队逐渐向自组织团队转变。

5.4 哪些项目适合 Scrum，哪些项目适合看板

5.4.1 选择依据

在明确了 Scrum 方法和看板方法的差异后，团队就可以依据自己项目的特点来选择合适的方法，如表 5-1 所示。

表 5-1 选择 Scrum 方法的项目和选择看板方法的项目

Scrum 方法	看板方法
新产品开发	服务类、维护类、技术预研的项目
业务需求变动可以控制在固定迭代周期内	业务需求变动无法控制在固定迭代周期内
拥抱变革的企业，对变革风险承受能力强的组织	保守型企业，变革风险承受能力弱的组织

从表 5-1 可以看出，选择什么敏捷方法不是非此即彼的事情，有多方面因素需要考量。但是对于新产品开发的项目，我建议首先考虑 Scrum，因为 Scrum 提供了一个紧密的框架，定义了角色、流程和工件，团队容易理解。如果是非新产品开发类型的项目，如 IT 服务、老产品的维护项目，一般来说，这样的项目没有办法按照时间箱的方式运作，需要马上响应客户的要求，不能等到迭代结束，才将需求纳入下一个或以后的迭代周期。所以此类项目更适合采用看板方法。

5.4.2 Scrumban

此外，因为看板本身不是独立的框架或流程，所以我们也可以将 Scrum 和看板结合起来应用。在 Scrum 的框架里应用看板技术，被称为 Scrumban。但是对于初始尝试 Scrum 方法的团队，最好不要将二者混合使用，待将 Scrum 方法驾轻就熟之后可以尝试。

第 6 章

如何带领 Scrum 团队

美国和日本在用一种新的新产品开发方法，这个方法与橄榄球运动类似：在赛场上，球队成员密切协作，整支球队就像一个单元一样。

——竹内弘高、野中郁次郎

6.1 组建 Scrum 团队

Scrum 团队由产品负责人、开发团队和 Scrum Master 组成。Scrum 团队是跨职能的自组织团队。自组织团队自己选择如何最好地完成工作，而不是由团队外的人指导。跨职能团队拥有完成工作所需要的全部技能，不需要依赖团队以外的人。

那么，具体来说，跨职能是跨哪些职能呢？一个团队具体需要哪些职能，应视团队自身的需要而定，只要不依赖团队以外的人完成工作即可。

一般来说，跨职能有两个维度。

- 跨工种。比如团队的组成跨越产品定义、架构设计、用户体验设计、开发、测试、运维等。

■ 跨领域。比如团队的组成跨越前端、后端或中间件。

6.1.1 为什么要跨工种

"Scrum"这一名称本是橄榄球运动的术语，表示争球的仪式。Scrum 框架来源于 1986 年两位日本管理学教授在《哈佛商业评论》上发表的论文，文中介绍了串行工作方式与并行工作方式的对比（如图 6-1 所示）。

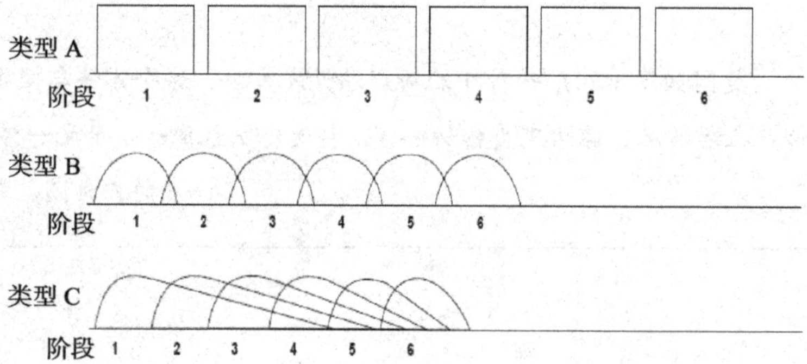

图 6-1 串行开发方式（A）vs. 并行开发方式（B 和 C）

资料来源：《新型新产品开发游戏》（*The new new product development game*），1986 年 1 月

传统的产品交付方式像图 6-1 中类型 A 的串行流程，工件从一个职能部门传递到下一个职能部门，像接力赛一样，经历了概念定义→可行性研究→产品设计→开发→原型生产→产品生产的阶段。每个职能部门完成了一个阶段的工作就传递给下一个部门，导致整个产品从启动到上市的周期极其漫长。

图 6-1 中类型 C 的流程，像橄榄球运动的争球仪式，不同工种的人组成一个团队，大家群策群力，没有部门之间的交接，不依赖与其他部门或团队就可以完成一个产品。这种方式无疑是最高效的。对于涉及多个团队协同开发的大型产品，可能做不到一个团队能够独立完成一个产品，但是在组建团队的时候，要围绕产品的价值流，以特性为单位组建 Scrum 团队，确保每个 Scrum 团队囊括了交付一个产品特性的全部工种。

6.1.2 为什么要跨领域

梅尔·康威（Mel Conway）提出了著名的康威定律："任何组织在设计系统时，其设计的系统架构是该组织沟通结构的写照。简单来说，产品必然是其组织沟通结构的缩影。"

你想要什么样的系统，就应该搭建什么样的团队。如果你的团队分成前端团队、DBA 团队、中间件团队这种筒仓式的职能部门，将会产生筒仓式的软件架构（如图 6-2 所示）。

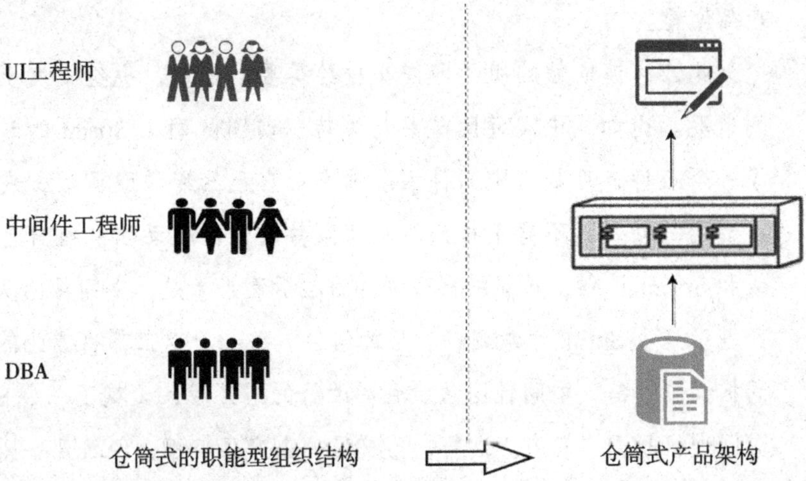

图 6-2　康威定律

这时候，组织若要交付一个潜在的可交付产品增量（Potential Shippable Increment），就需要跨越 DBA 团队、中间件团队、UI 团队。团队与团队之间的交接和等待，就像一场接力赛，这样的速度无法满足互联网时代激烈的竞争要求。

此外，当组织要改变一个产品特性的时候，可能会牵动每个层次的整体架构的变动。

诺基亚手机在实施敏捷转型之初，其终端功能机的研发部门的组织架构保留了原有的组件式团队。对于手机里的相机功能，需要有相机 UI、相机 Middleware、相机驱动程序三个 Scrum 团队来完成。每个 Scrum 团队貌似都做得很好，每个 Sprint 中自己开发的部分也都能顺利完成，但总是出现 UI 在等中间件、中间件在等驱动程序的情况。每个团队在 Sprint 结束时完不成的产品特性都需要对外依赖，而对外依赖的部分不受自己控制和影响，所以每个团队都把能搞定的先搞定，搞不定的都只能等着。结果，每个 Sprint 都有完不成的产品特性。实际上，整个相机研发过程中的每个 Sprint 都没有一个完整的可交付的产品增量。

此外，被依赖的组件即使交付给需要的团队，也经常发生不可用的情况。比如，中间件团队足足等待驱动团队两个 Sprint 的时间交付了一个组件，可是当中间件团队拿来与自己的组件联调后，发现很多不适配的问题，不得不打回驱动团队修改；而驱动团队有自己的优先级和 Sprint 计划，只能把修改任务排在后面。于是，中间件团队不得已又等了一个 Sprint 才拿到修改后的组件。每一次返工都将彼此的等待时间扩大了一倍。中间件团队拿到修改好的组件后，又花了一个 Sprint 的时间进行联调、发布。这样，为交付一个产品特性，经过几个团队之间的辗转反复，至少需要四个 Sprint 的时间。如果有的特性需要贯穿 UI、中间件、底层驱动三个团队协同交付，所需的周期更长，返工更多。

在这样的按职能分工的组织里工作，每个团队只能把自己的那部分工作做到最好，控制不了的只能搁置一旁。而那些被搁置的工作，却是能够连接、集成整个系统的关键部分，从而造成整个产品交付效率低下。因此，组织必须基于产品特性组建跨领域团队才能实现高效交付。

6.1.3 开发团队的规模

那么，开发团队的最佳规模是多少呢？Scrum 提倡的是“7 ± 2”模式，即

5~9 人的规模。

问：由于 Scrum 推荐了 5~9 人的规模，这让很多团队纠结，这个人数是否包含 Scrum Master 和产品负责人？我的团队有 10 个人，是不是多了？另一个团队只有 4 个人，是不是太少了？

答：其实不需要纠结这个数字。无论是 4 个人、9 个人还是 10 个人，这些数字本身并不重要。重要的是，团队能够拥有完成产品增量的所有技能，同时保持高效的协作。有些团队有 11 个人，如果可以确保高效协作就不必非要减去几个人。有些团队只有 4 个人，但是足以完成产品增量，也没必要再加人。

某团队有 17 个人，每天站会需要 40 分钟，而且站会上经常发现大家信息不对称。比如，A 君和 B 君对项目任务的了解不一致，甚至在 A 君花了一天时间摸索新环境的搭建，并在站会上告知大家终于搞定环境后，B 君却说："环境我早就搭好了，你怎么又搭了一遍？"

当团队出现这样的情况时，意味着团队出现了信息断层，需要让团队协作更紧凑，可以考虑是否需要拆分成两个团队。

6.1.4 保持团队的稳定性

问：Scrum 团队一旦成立就是固定不变的吗？

答：团队能够保持长期稳定当然是最好的。但在现实中，尤其在互联网公司，人员变动、业务调整的情况经常发生。在创业公司里，整个团队可能都是从 0 开始建立的。因此，即使团队不稳定，也要尽力保持 Scrum 团队的正常发展。

问：Scrum 团队可以允许身兼数职的成员加入吗？

答：应该尽量避免。

公司 K 的工程师小强，同时在两个 Scrum 团队中工作，因为部门里只有他熟悉一个模块。两个 Scrum 团队同时开早会，他只能今天缺席这个团队的早会，明天又缺席另一个团队的早会。他协调让两个团队将早会错开，但是问题并没有完全解决。在 Sprint 计划会议上，每个团队都问他这个 Sprint 他能够贡献多少工时。起初，他将时间对半分配。但是，在 Sprint 进行中，他经常发现任务进展不顺利的时候会需要更多的时间。此外，更让他痛苦的是，他要不停地在两个团队之间切换任务。当他正在做 A 团队的一个任务的时候，B 团队的质检员（QA）找到他，与他共同调试另一个紧急的 Bug。他处理完后，又切换到 A 团队的任务。这种频繁的切换，几乎让他崩溃。更糟糕的是，经常由于他的工作没有完成导致两个团队的 Sprint 都以失败告终。

因此，组织要尽量避免一个人在两个团队中同时肩负职责。

6.2 正确理解关键角色：Scrum Master

6.2.1 Scrum Master 与项目经理的区别

很多企业没有彻底地应用 Scrum，而是对 Scrum 框架里的元素有选择地应用。比如，在引入 Scrum 的时候，组织简单地把 Scrum Masterr 的职责移到了项目经理或团队组长的身上，即一人身兼两个角色。

这两个角色是定义在不同的流程和价值观里的，相当于一个人同时上了两条船，而这两条船在向不同的方向以不同的速度航行。所以，有一条船必然要妥协、牺牲。当一个人身上的新旧两个角色博弈的时候，失败的总是新角色。如果 Scrum Master 由项目经理或团队组长兼任，但其却依旧保持原有的项目管理方式和思想，那么最终组织也只是应用了 Scrum 的流程却没有领会 Scrum 的精髓，从而逐渐发展成"船货膜拜"式敏捷。

Scrum Master 和传统项目管理方式里的项目经理、团队组长在角色定义上有本质区别。

首先，Scrum 框架里没有项目经理、团队组长这样的角色。传统项目经理的职责被 Scrum Master、产品负责人、开发团队所分担。比如，产品定义的职责由产品负责人来承担；项目计划的职责由产品负责人和开发团队共同承担；项目执行和监控的职责由开发团队承担；团队管理的职责，通过 Scrum Master 引导团队自管理完成。

肯尼斯 · S. 鲁宾（Kenneth S.Rubin）对 Scrum 里各角色所承担的项目管理活动做了具体映射（见表 6-1）。

表 6-1　传统项目管理活动在 Scrum 里的映射

传统项目管理活动	项目管理内容	产品负责人	Scrum Master	开发团队	其他经理
集成	识别、定义、合并、统一和协调各种过程和项目管理活动	✓			✓
时间	通过定义做什么、什么时候做、需要哪些资源来促使项目及时完成	宏观层面	帮助团队有效利用时间	冲刺层面	
范围	定义和控制项目里的内容范围	宏观层面		故事 / 任务评估	
成本	评估、预算，并在审批的预算内控制成本	✓			

（续表）

传统项目管理活动	项目管理内容	产品负责人	Scrum Master	开发团队	其他经理
质量	定义质量要求或标准，执行质量保障，检测和记录质量相关活动	✓	✓	✓	✓
团队（人力管理）	组织、管理并领导项目团队			✓	组建团队
沟通	产生、收集、分发、存储、回溯和处理项目信息	✓	✓	✓	✓
风险	计划、识别、分析、响应、检测和控制项目风险	✓	✓	✓	✓
采购	从项目团队外面获得需要的产品、服务或结果	✓			✓

资料来源：《Scrum 精髓：敏捷转型指南》（*Essential Scrum: A Practical Guide to the Most Popular Agile Process*），2014 年 5 月

其次，在管理方式上，传统的项目经理是命令下达式，与团队的每个人点对点地沟通和协作，因此整个团队是以项目经理为中心在运转，大家之间的信息不对称、不透明，项目经理掌握着信息的全集，而团队的每个成员基本上只掌握自己的任务以及与自己任务相关的信息。

而在 Scrum 里，Scrum Master 除了维护 Scrum 流程外没有其他权力，他对团队也没有发号施令的权力。Scrum Master 通过引导的方式，促进团队彼此沟通和协作，而不是以某个人为中心。当 Scrum Master 发现团队成员之间，或者团队与外界出现了协作障碍时，他会引导大家去除协作障碍，从而确保协作的紧密性。因此，团队成员之间通过自组织实现协作，信息的交换是对称和透明的，不需要以某个人为枢纽（如图 6-3 所示）。

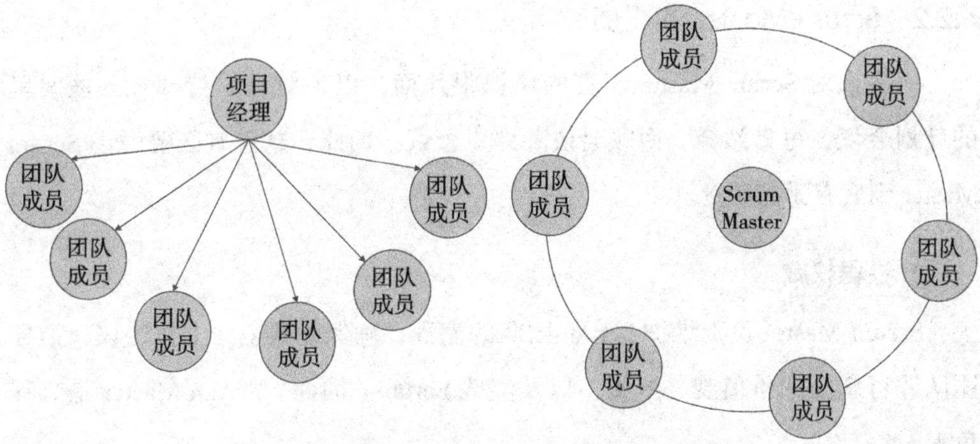

图 6-3　项目经理与 Scrum Master 的对比

很多企业变革的决心很大，干脆将项目经理、团队组长等职位名称去掉，指导这些人转型为 Scrum Master。然而角色的转型不是上一堂课就可以实现的，需要长期的刻意练习。从项目经理转型为 Scrum Master 的常见现象是，项目经理戴着 Scrum Master 的“帽子”，但其管理风格并没有改变，所以给团队的印象就是换了个头衔而已，常常出现以下情形。

- 站会上，经常见到每个人给 Scrum Master 汇报进展，然后 Scrum Master 给每个人指示——今天你该做什么。每个人汇报完毕后，会议结束。
- 当团队的 Sprint 目标没有达到的时候，Scrum Master 自己分析原因，然后做出决定：“我们这个 Sprint 的目标没有达到，我认为原因是 ×××，所以，我们应该这样做 ×××。具体来说，小李，你负责 ×××；小王，你以后要注意 ×××。”

而合格的 Scrum Master 应该通过问问题的方式来引导团队思考，并由团队自己做决定：“我们这个 Sprint 目标没有达到，大家认为是什么原因呢？那么大家认为咱们需要采取什么措施改进呢？大家觉得我需要在哪些方面帮助大家，才能达到更好的效果呢？”

6.2.2 Scrum Master 的职责

很多人对 Scrum Master 职责的认识很片面，以为就是主持 Scrum 框架里的计划会议、每日站会、回顾会议和评审会议。因此，这里有必要说说 Scrum Master 到底有哪些职责。

1. 过程权威

Scrum Master 负责维护 Scrum 团队的流程，确保团队遵守工作协议，指导团队践行敏捷的价值观、原则，以及实践 Scrum。因此，Scrum Master 是流程负责人。

公司 L 引入了 Scrum 后，试点团队在 Sprint 执行过程中，职能经理们很好奇团队的试点进展，于是主动要求参加 Scrum 团队的敏捷活动。在 Sprint 计划会议上，经理层给团队指示这个 Sprint 该做什么，要达到什么目标；在回顾会议上，当团队讨论有哪些地方需要改进时，经理层加入讨论，就团队的改进事项下达指示。

这时候 Scrum Master 该怎么办？大部分 Scrum Master 都选择了顺从，因为职能经理是他们的上司或与上司平级。选择顺从，就意味着流程负责人的权威性被剥夺。

更好的做法是，Scrum Master 与经理层提前沟通，当然，如果自己不方便沟通，可以委托其他教练或者同事与经理层沟通。并且，职能经理层在参加 Scrum 各种活动过程中，需要保持沉默，以锻炼团队的自管理能力。如果经理层对团队的日常运作横加指示，不但没有帮助团队，反而干预了团队的正常运转，剥夺了团队自管理的权力。而如果经理层长期这样做，团队势必会退回到从前，即上级说什么，我们就做什么，反正我们计划、讨论了也没有用，无论对错，都是领导对结果负责。

此外，Scrum Master 需要让经理层理解：你自己拥有掌控流程的权力。如果经理层一味干涉，会剥夺了这一职责，让你的工作无法继续下去。

2. 牧羊犬

Scrum Master 负责保护团队不受外界干扰，让团队将精力集中在每个 Sprint 的交付上。工程师的开发工作经常被上面的职能经理、其他利益干系人或在项目周边打配合的团队所打断。所以，Scrum Master 需要为团队充当一个“真空防御层”，拦截外界干扰，让团队专心工作。

绵羊型 Scrum Master

企业 M 的一个 Scrum 团队的产品负责人，经常在 Sprint 进行中忽然想起有重要的需求在 Sprint 计划时漏掉了，要求在这个 Sprint 加上，而 Scrum Master 并没有异议，团队则全盘接纳。为什么呢？因为这位产品负责人比较资深，职位级别比 Scrum Master 和开发团队的任何一个人都高。

这样做的后果是什么呢？团队为了满足产品负责人的临时起意经常加班赶工。有了一次特例后，就有第二次、第三次，产品负责人也不觉得这样做有什么不妥，反而形成了习惯；而团队对于 Sprint 的目标也不再尊重，对 Scrum 的工作方式也不会喜欢。

3. 清道夫

Scrum Master 负责清扫妨碍团队生产效率的一切障碍。这里并不是说 Scrum Master 要亲自撸起袖子来干，而是说 Scrum Master 引导团队自管理，由团队成员自己清除障碍，但是当团队自己搞不定的时候，Scrum Master 将责无旁贷。

保姆型 Scrum Master

小楠，一名由技术领导者转型的 Scrum Master 一直对团队尽职尽责。团队每个成员遇到困难都找他，他经常坐在工程师旁边帮着调试代码攻关。公司技术能力最强的也是他，任何技术攻关都由他亲自带头编码调试，没有他攻不破的困难。站会上，每个人提到自己遇到了什么困难，他都用小本子记下来，会后找这些同事一一解决。

像小楠这样每天亲力亲为地给大家解决问题，虽然得到了大家的喜爱，但这种保姆型 Scrum Master 对团队的自我成长反而不利。

4. 教练

Scrum Master 教练的对象是产品负责人和产品开发团队。Scrum Master 负责移除产品负责人和开发团队之间、开发团队成员之间的协作障碍。就像球场的教练，Scrum Master 观察团队如何运作 Scrum，帮助团队提升敏捷的实践能力，改变团队的思维模式，从而提升团队的整体效能。Scrum Master 也会辅助产品负责人开展与开发团队相关的活动，比如梳理 Backlog 等，并引领团队持续优化产品，实现产品的最优产出。

因此，Scrum Master 需要学习一些引导技术、教练技术的基本功。如果 Scrum Master 只传授知识和技能，将很难改变和影响他人。

5. 服务型领导

服务型领导（Servant Leadership）是领导力的一种。Scrum Master 是典型的服务型领导者。他服务于团队，服务于产品负责人，服务于组织。关于服务型领导，以及什么时候用什么样的领导风格，将在本书第 10 章介绍。

6. 变革代言人

做组织变革的代言人是对 Scrum Master 最高的要求。很多企业的 Scrum Master 虽然把自己的团队带领得很好，但是影响范围仅限于自己的团队，对与团队周边的人和组织没有产生推进变革的作用。

但是，这不是 Scrum Master 自己的问题，也并不意味着 Scrum Master 要以一己之力承担推进组织变革的责任。组织需要建立敏捷转型委员会等机制，为 Scrum Master 推进和影响组织变革建立顺畅的通道。

6.2.3 Scrum Master 兼职怎么办

问：Scrum Master 必须是全职吗？

答：不一定。从现实来看，在国外，全职的 Scrum Master 很多；而在中国，90% 以上的企业是由团队的一个成员兼任了 Scrum Master 的职责，也许是因为很多中国企业认为单独由一个人来承担这个职责成本有点高。

但是，兼职的 Scrum Master 会面临很多挑战。对于兼职的 Scrum Master 来说，需要注意以下三个方面。

1. 为行使 Scrum Master 职责分配充裕的时间

团队刚开始引入 Scrum 的时候，需要 Scrum Master 自己投入大量的时间和精力学习和练习 Scrum。所以兼职的 Scrum Master 需要预留足够的时间来学习和练习新方法。

在一家互联网企业 T，小燕是团队的测试工程师。团队开始试点 Scrum，领导任命她做 Scrum Master。她和领导不知道 Scrum Master 的工作需要花很多时间，以为只是占用 Scrum 框架里的几个会议的时间而已。小燕开始了 Scrum Master 之旅后，发现 Scrum Master 工作中很多时间是无形的。

- 每次开计划会议、评审会议、回顾会议之前她都需要做一些准备工作。她发现，如果不做任何准备工作直接开会，会导致会议效率低下，或者没有达到会议的目标就草草结束。

- 每日站会之后，她需要对团队的阻碍事项列表一一做处理和跟踪。
- 针对团队暴露出来的问题，她需要思考怎么引导团队解决和改进。因为她的关注点是团队如何高效地实现产品目标，而其他同事的关注点容易局限在“当前 Sprint 里我认领的任务”。
- 在实践 Scrum 的过程中，她碰到了很多困惑和难题，需要自己读书、学习，以便找到解决问题的方法。
- 此外，部门定期组织 Scrum Master 的交流和研讨，分享和传播 Scrum，这也占用了她一些时间。

所有这些，都是她在做一名全职测试工程师的工作时间之外来做的，导致她自从承担了 Scrum Master 的职责后，不停地加班，精神压力也急剧上升。

依据经验，如果是初次做 Scrum Master，在前三个月内至少应该投入 70% 的时间在 Scrum Master 的工作上。随着团队对 Scrum 越来越熟练，Scrum Master 对其投入的精力可以减少，但是应该保证投入 30%~50% 的时间，以确保团队持续改进。

不幸的是，中国大部分企业的做法是，让一个员工兼职了 Scrum Master 的重要职责，却没有给他 / 她富裕的时间，而是让他 / 她自己挤出时间来承担一个新的职责。这是对这个职责本身的不尊重。兼职的 Scrum Master 不仅做不好新的工作，而且原有的工作也会受影响。

2. 角色切换时，明确此刻“我是谁”

对于兼职的 Scrum Master，当他与团队和外界协作的时候，要明确当下自己在行使什么角色的职责，否则会让团队甚至自己产生困惑。

案例 case story

在企业 T，作为测试工程师的小燕兼职做了 Scrum Master。她在主持回顾会议的时候，首先，她引导大家思考团队有哪些地方需要改进，然后她也会以测试工程师的身份从测试的角度提出几点团队的改进项。她发现自己时而作为 Scrum Master 引导团队，时而作为测试工程师吐槽，这影响了回顾会议的氛围和流畅性；同时也让自己疑惑，在大家的眼里，我到底是什么角色？

Scrum Master 要注意的是，在同一项活动中，尽量少做角色的切换。非做不可的时候，要给大家澄清，“我现在提出这个问题是以测试工程师的身份，而不是 Scrum Master”。这样大家也不会困惑，也便于 Scrum Master 自己快速进入角色。

3. Scrum Master 要被正式任命，并在绩效目标里体现其工作职责

案例 case story

在企业 T，小燕的领导只是跟团队说小燕是 Scum Master，但是没有发正式任命的邮件或其他书面通知，周边的团队和组织也不知道。这样给大家也给小燕自己一个印象：Scrum Master 的工作只是个临时的活。

此外，小燕的绩效目标仍旧是作为一个测试工程师的目标和考核项，完全没有 Scrum Master 的元素。小燕自己很困惑：“怎么才能算是做好了 Scrum Master 的工作呢？既然绩效里没有体现这个角色的工作，也许领导并不看重。”

如果领导层真的重视敏捷转型，就应该对 Scrum Master 的角色认真起来，正式任命并发布通知，并且使其工作职责在 Scrum Master 的绩效目标和考核中予以体现。

6.3 做一名合格的产品负责人

6.3.1 产品负责人的职责

产品负责人的首要责任是将产品的价值最大化。产品负责人虽然是 Scrum 框架里的角色，但是不论采用什么敏捷方法，做什么产品都需要类似产品负责人的角色。在很多企业里也许不称其为“产品负责人”，比如，在很多互联网企业里被称为“产品经理”，其职责定义与产品负责人有些出入。关于这个角色称呼，以及具体职责定义并没有绝对的对与错，但是产品负责人的职责定义值得所有企业借鉴。

产品负责人不仅负责将产品送上市，而且还要管理产品的整个生命周期，具体职责如下。

- 建立产品愿景。
- 与内部和外部利益干系人、团队一起规划产品发布。
- 与客户、用户等外部利益干系人和企业内部利益干系人协作，获取他们的需求和反馈，在 Scrum 团队里代表内外部利益干系人的声音。
- 在 Scrum 流程中，与开发团队、Scrum Master 密切合作交付产品。
- 管理产品待办事项列表。作为产品待办事项列表的唯一负责人，其管理内容包括：清晰地表述产品待办列表项，确保产品待办事项列表对所有人是可见的、透明的和清晰的；对产品待办列表项进行优先级排序；保证 Scrum 团队下一个迭代要做的工作是确定的且足够细化的；确保 Scrum 团队对产品待办列表项有足够深的了解。

产品负责人不是一定要亲自完成上述工作，可以由开发团队或其他角色配合完成。无论如何，产品负责人是对上述工作负责的人。在一些企业里，产品负责人还有主导产品设计、管理产品预算、准备产品上市、用户运营等工作，而这些工作不在 Scrum 流程定义的范围内。

一个产品只需要一个产品负责人，而不是多个人。但对于大型产品来说，经常会成立产品管理组，将产品划分为多个子产品，每个子产品有专门的产品负责人负责。但是对于整个产品来说，产品负责人只有一个（如图 6-4 所示）。

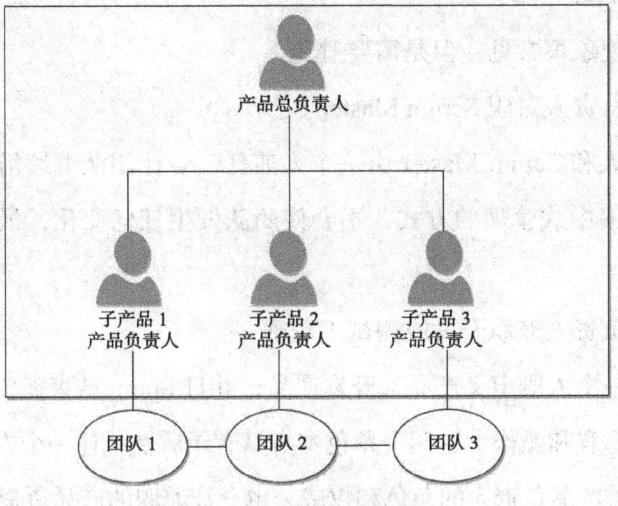

图 6-4　产品管理团队

其中，产品总负责人可以兼任其中一个子产品的产品负责人。每个产品负责人与一个开发团队密切协作打造产品。

Scrum Master 和产品负责人都是企业敏捷转型的关键角色。如果企业对产品负责人的角色有正确理解，并让产品负责人顺利行使其职责，那么对敏捷转型有关键作用。企业管理层需要为产品负责人提供如下支持。

1. 尊重产品负责人的角色定义，对产品负责人充分授权

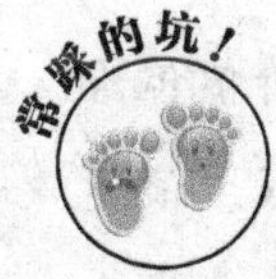

一些企业虽然任命了产品负责人，但是管理层习惯对产品的需求直接下达命令，对发布计划指手画脚，导致产品负责人无法决定产品的范围和时间。

剥夺了产品负责人的决策权，会导致产品的利益干系人、开发团队对产品负责人的角色不再尊重，产品负责人也就无法有效行使其职权。于是每当需要产品负责人做决策的时候，他 / 她可能会说："等我征求一下领导的意见。"

2. 设立专职的产品负责人

以下兼职现象很常见，但是需要避免。

（1）产品负责人兼职 Scrum Master

产品负责人和 Scrum Master 由一个人兼任，会让团队继续沿用从前以项目经理为中心的集中式管理的方式，不会使团队发生任何变化，最终会导致敏捷转型失败。

（2）产品负责人兼职开发或测试工程师

这相当于一个人既定义产品又开发产品，并且 Sprint 结束还要亲自验收自己做的产品。指挥官和操作手这两个角色本身具有矛盾性，让一个人同时承担不仅会让大家不尊重产品负责人的角色和权威，也会让兼职的产品负责人倍感痛苦。

小陆是一个资深的开发工程师，对业务非常熟悉，同时也是技术大牛。团队大部分人都是校招入职的新员工，对业务和涉及的技术没有经验。此时正赶上公司敏捷转型，需要任命产品负责人。管理层考虑再三，没有其他比小陆更懂这块业务的人，所以产品负责人非小陆莫属。而同时也只有小陆能带领大家攻破技术难关，因此，公司让他继续做开发骨干。

团队开始试点 Scrum 后，有一些问题经常让小陆感到很纠结：在制订发布计划的时候，他从业务需要的角度希望规划一些高价值但难度大的特性，可是他又担心团队搞不定；在 Sprint 评审的时候，他逐一验收由他主导开发的特性，让人感觉完全是在走形式。

（3）产品负责人兼职做多个产品的负责人

一个产品负责人若要承担好前面列出的每项职责，需要付出巨大的精力，因此聚焦很重要。如果一个产品负责人同时肩负多个产品负责人的职责，必然无法做好每个产品。凭经验来看，一个产品负责人同时与两个产品的利益干系人和开发团队协作已达到其所能承受的极限。

3. 让团队正确理解产品负责人的角色

常踩的坑！

在很多企业里，产品负责人从一个项目经理、版本经理或原有的产品经理转型而来，而这些职位在团队里属于偏高级的职位。因此，当企业任命产品负责人之后，团队仍旧将产品负责人与其原有的职位相对应，以为只是换了个名字。甚至在一些企业里，人们误以为产品负责人就是开发团队甚至还是 Scrum Master 的领导，因为在敏捷转型前，这些人就是他们的上级（如图 6-5 所示）。

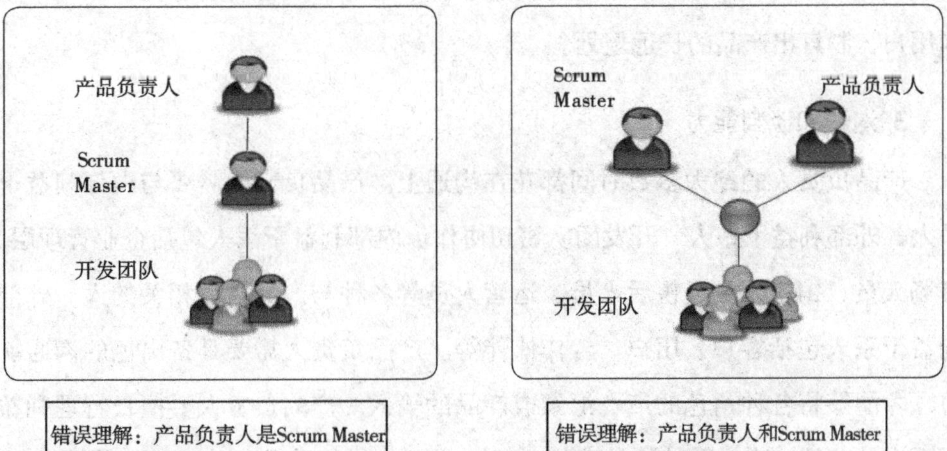

图 6-5　对产品负责人角色的误解

大家带着这样扭曲的认知工作，Scrum 就无法正确开展，团队也无法实现自组织，敏捷转型必然不会成功。

6.3.2 产品负责人需要具备的能力

产品负责人对产品的成功起着至关重要的作用，但很多企业没有认识到产品负责人的重要性。如果产品负责人的能力不足，即使有再好的开发团队、再好的 Scrum Master，也难以让产品成功。那么，产品负责人需要具备哪些能力呢？

1. 与产品相关领域的知识能力

产品负责人需要具备产品所涉及领域的知识。如果产品负责人对产品相关领域了解不深刻，就无法决策产品应该具备哪些特性，不应该具备哪些特性，以及该如何设计产品，他 / 她完全无法开展自己的工作。因此，具备产品相关领域的知识是首要条件。

2. 制定宏观愿景和进行长远规划的能力

产品负责人需要能够带领团队畅想未来，对未来要打造一款什么样的产品有较明确的预期。并且，他 / 她需要能够着眼大处，具备商业思维，深入市场和用户，制订出产品的长远规划。

3. 沟通和谈判能力

产品负责人的绝大多数时间都花在沟通上。产品负责人需要与内部利益干系人、外部利益干系人、开发团队密切协作。内部利益干系人包括企业管理层、市场人员、销售人员、售后人员、运营人员等各种与产品活动相关的人。外部利益干系人包括客户、用户、合作伙伴等。产品负责人需要具备出色的沟通能力，才能够将各种角色的声音汇聚成产品的输入。产品负责人要擅长管理利益干系人的期望，决定不接纳需求的时候，善于对利益干系人说“不”。因此，产品负责人需要掌握一定的谈判技巧。

4. 洞察能力和创造能力

产品负责人要能够洞察市场的变化，研究竞争对手的商业模式；洞察用户使用产品的场景，捕捉用户的痛点。挖掘痛点后，与团队一起制定富有创造力的解决方案。

5. 执行能力

产品负责人不仅要带领团队创建产品愿景，还要能够带领团队将愿景落地执行，包括：用精益创业的方法不断验证产品与市场是否达到适配；制作产品的路线图、创建用户画像、创建和维护产品待办事项列表、书写用户故事；制作产品发布计划；与团队制作迭代计划。只有产品负责人具有落地执行能力，团队才能将雄伟的规划逐步纳入各个迭代中交付，实现产品的价值。

6.4 团队工作协议

6.4.1 什么是工作协议

工作协议是由团队共同商议，达成一致遵守的一组规则、纪律和流程的组合。团队在工作协议的约束规则里工作，会促使团队更加高效地协作并提升团队的自组织能力。工作协议必须是可执行的，并有反馈机制来闭环，否则就容易成为一纸空文。

工作协议不是自上而下实施的命令、规定或制度，而是由团队自己设定的。Scrum Master 或团队的管理者也许会引导团队制定工作协议的过程，但是达成哪些工作协议由团队自己商定。因为只有团队自己达成的规则，才是团队自愿的，才是团队最好的动力支持。

敏捷团队刚开始组建的时候是制定工作协议最好的时候。如果团队是从半途开始向敏捷转型，那么从转型一开始就需要制定工作协议；或者也可以在第一个迭代结束的时候，根据这个迭代暴露的问题制定工作协议。

6.4.2 如何制定工作协议

制定工作协议只需要三个工具：白板、马克笔、报事贴。制定工作协议的步骤如下。

1. 开场

Scrum Master（或者主持人）跟团队解释工作协议是什么，以及制定工作协议的目的是什么。并且，需要举几个现实中工作协议的范例，比如：

- 每天站会 9 点开始，迟到者做 10 个俯卧撑；
- CI Build 失败报警后，要马上修复 Build；
- 任务板要在每日站会前更新。

工作协议的描述要足够简洁：几个字讲明该做什么，不该做什么。

2. 发散

每个人都对工作协议提出自己的建议，用报事贴默写出来。每个人写三张报事贴，一张报事贴提议一条工作协议。这里强调默写，是因为如果每个人直接口头各抒己见，会影响彼此的思路，尤其是在由一两个人主导的会议上。

3. 收敛

Scrum Master（或主持人）收集每个人写的报事贴，贴到在白板上。然后大家聚集到白板前讨论。每个人介绍自己提议的工作协议，然后每个人对大家提议的工作协议投票。比如，每个人可以投三票，投出你认为团队最需要的三条工作协议，然后根据所投票数，将投票最多的 3~5 条工作协议作为团队共同遵守的工作协议。

4. 承诺

对于投票最多的 3~5 条工作协议，如果团队成员有不同意见，主持人需要引导大家讨论，达成一致意见。没有异议后，团队共同承诺遵守这几条工作协议，如果有人违反其中任何一条，其他人要及时提醒他 / 她。

5. 可视化

团队达成的工作协议最好用大字写在报事贴上，然后将其贴在团队的工作区域或任务板上，让大家每天抬头可见，起到实时提醒的作用。

刚开始尝试 Scrum 的团队，经常出现站会低效问题，因此很多团队设定的工作协议是围绕站会来制定的。

6.4.3 工作协议需要与时俱进

Scrum 是一种经验式的过程，其流程和规则会根据团队的需要而制定。因此，工作协议不是一成不变的。在每个迭代的回顾会议上，团队定期回顾工作协议遵守的情况，以及工作协议是否有效。在回顾会议上，团队也许会发现需要制定新的工作协议。

在每天的工作中，当团队有人违反了工作协议，团队中的任何人都可以提醒大家遵守工作协议。新的习惯需要时间来养成，出现违反工作协议的情况时，如果我们视而不见，工作协议就只是挂在墙上的口号。如果一条工作协议经常被人打破，大家需要讨论这条协议是应该继续遵守，还是应该改变。

6.5 把握 Sprint 节奏

6.5.1 设置合适的 Sprint 长度

很多团队一开始不知道对 Sprint 设置多长是合适的。Scrum 要求一个 Sprint 在 1 周至 1 个月，而且一旦选定，Sprint 的长度在一个周期内将保持不变。新的 Sprint 在上一个 Sprint 结束之后立即开始。

那么对 Sprint 到底设置多长合适呢？

- 首先，应该选择以周为单位，即 1 周、2 周、3 周、4 周；而不是以天为单位，如 7 天、12 天、22 天等。道理很简单，以周为单位方便管理和沟通；而以天为单位，大家还得打开日历数天数。这种事务性管理的成本越低越好。
- 其次，对于每个独立交付产品的团队，最好单独定义 Sprint 的长度，而不是整个公司或部门"一刀切"。对于一个项目有多个团队协同交付产品的情况，大家要保持同样的 Sprint 长度，这样既方便跨团队计划和对齐交付节奏，也让每个团队有共同的语言。
- 最后，第一个 Sprint 运行结束后，团队可以在 Sprint 回顾中讨论 Sprint 长度是否合理，是否需要调整。

现在使用 2 周长度的 Sprint 的团队比较多。为什么大家喜欢选择 2 周的长度呢？表 6-2 对不同长度的 Sprint 进行了对比。

表 6-2　不同长度的 Sprint

对比项	1 周 Sprint	2 周 Sprint	3 周 Sprint	4 周 Sprint
Scrum 的事务性成本（整个项目花在 Sprint 计划、回顾、评审等时间总和）	最高	中	低	最低
对业务变化的响应	最快	一般	慢	最慢
团队问题的透明性	最高	中	低	最低
市场和用户的反馈周期	最短	中	长	最长
团队容易陷入微瀑布的风险	最低	中	高	最高
与组织传统工作方式的适配性	最不适配	居中	适配	最适配

从表 6-2 可以看出，不同的 Sprint 长度，没有绝对的好与坏。由于 2 周的 Sprint 长度在各个维度处于居中的位置，所以相对而言，选择此长度，更利于团队即时发现问题并对 Sprint 长度进行再调整。

公司 N 刚开展敏捷转型的时候，所有团队都被“一刀切”为 2 周的 Sprint 长度。不久，一些团队遇到了问题。一个做互联网 To C 产品的团队，经常在 Sprint 进行到中间的时候出现更加紧急的业务需求，于是把 Sprint 原来计划的需求挤掉了。团队跟产品负责人沟通，拒绝在 Sprint 期间调整需求，结果导致团队与产品负责人的关系变得紧张。

在这种情况下，Scrum Master 应该引导团队与产品负责人一起分析：这种情况发生的原因是什么？是由于产品负责人的工作没有做好，在 Sprint 启动前没有准备好需求，到了 Sprint 执行期间才临时发现需求；还是由于业务变化频繁，产品负责人无法提前 2 周预见需求？如果是业务变化频繁，可以考虑缩短 Sprint 周期。但是，要确定这种频繁的业务变化是否是常态，如果只是临时出现的情况，则不需要调整 Sprint 的长度。

公司 N 中另一个做 To B 移动端 App 的团队也遇到了 Sprint 周期的问题。他们的发布周期是 3 周一次，而公司给团队定的 Sprint 周期是 2 周，导致他们的 Sprint 周期与发布周期错位。每次 Sprint 结束的时候，产品不具备发布条件；而发布的时候正处于下一个 Sprint 的中期。于是团队与产品负责人商议，是否需要让发布周期更频繁，而产品负责人认为，对于他们的客户来说，3 周的发布周期完全足够，过于频繁反而增加客户版本更新的成本。因此，团队决定，调整 Sprint 的周期为 3 周，将 Sprint 周期与发布周期保持一致。

Sprint 长度也取决于团队的工程能力。对于那些没有任何自动化集成、自动化测试、自动化部署的“三无”团队，从瀑布研发方式转为 2 周的迭代周期后，往往会发现在迭代结束的时候产品处于不可交付的状态。在这种情况下，迭代周期是否需要调整呢？团队可以有两个选择。

- 延长迭代周期至 3~4 周。在计划每个迭代周期的时候，将工程实践的任务纳入 Sprint Backlog，确保每个迭代在交付特性的同时，团队的工程能力能够得到提升。但是要记住，过了一段时间，团队的工程能力有所提升之后，团队需再次回顾并判断迭代周期是否可以缩短。
- 保持迭代周期不变，调整 DoD，将其修改为在目前的迭代周期下产品可以达到的程度。但是需要小心的是，这样做必然会造成下一个迭代的工作加重。

案例 case story

一家做 SaaS 的公司 P，其互联网软件产品由多个团队协作交付。在 2 周的迭代周期内，团队只能完成产品的特性验证和基本回归验证，如果做系统级全量回归验证需要再花 1 周的时间。于是团队决定修改 DoD 的条件为：

- 特性验证通过；
- 系统级基本回归验证通过。

但是达到了这个 DoD 的条件还不能发版，因为团队将系统级全量回归验证放到了下一个迭代，在其验证通过后才能发版，因此发版周期错后迭代 1 周的时间。该团队将缩短验证周期作为改进专项，每个迭代做一部分专项工作，直至 2 周之内达到发版条件。

由此可见，不管如何抉择，比迭代周期的初始设定更为重要的是团队在遇见问题后如何应对和改进，并切实将改进任务纳入每个迭代中去实施，逐步达到迭代结束时产品应具备的可交付状态。

最后，需要特别强调的是，迭代不是永远都要有的。随着团队敏捷成熟度的提升，当团队能够按需发布，甚至每天可以多次发布，即达到流式开发、持续交付的程度，那时候就可以抛弃迭代周期的框架，迭代的长度可以只作为团队计划的节奏，不再作为交付的节奏。

6.5.2 不要推迟 Sprint

很多 Scrum 团队在刚开始的几个 Sprint 经常出现 Sprint 快结束的时候目标

无法完成。这时候，大家的习惯思维是推迟 Sprint，再加把劲冲刺就可以达成目标了。但是这种做法是要避免的，原因如下。

1. 只有固定 Sprint 时长，团队才会有紧迫感

Sprint 一旦推迟了一次，就会有第二次。长此以往，团队对 Sprint 目标不再尊重，因为反正完不成也会推迟时间。

2. 只有固定 Sprint 时长，发布才具备可预测性

Scrum 里有“速率”的度量，速率是团队对一个 Sprint 里完成的工作的度量，用估算的用户故事点数之和来统计。如果将 Sprint 随便延期，那么团队的速率就是未知的，这会给产品负责人和团队做发布计划带来困难。如果不知道 Sprint 的速率，团队就无法对产品何时发布做出可靠的预测。

3. 只有固定 Sprint 时长，才可以减少团队运行 Scrum 的事务性成本

团队、产品负责人和利益干系人都按照固定的 Sprint 节奏工作，到了该做 Sprint 计划、评审、回顾这些活动的时候，就在日历里预留出时间，会议室也按周期预定好。这样能够保证大家的时间管理是有节奏的，从而减少协调和调度的事务性成本。

6.5.3 DoD：怎样才算“完成”

当团队说产品待办事项列表条目以及产品增量“完成”的时候，每个人都应该理解“完成”意味着什么。

案例 case story

在一家互联网企业 P，小强作为 Scrum Master 带领一个 Web 开发团队。在第一个 Sprint 计划会议上，团队就 Sprint 要完成哪些需求与产品负责人达成了一致。在 Sprint 评审会议上，团队为产品负责人和利益干系人演示产品，大家也很满意。当产品负责人问，这些已经上线了吗？小强说：“刚到测试环境里完成功能测试，还没有做回归测试呢。

此外，上线是运维组的事，不是我们的事。”

这让产品负责人大跌眼镜：“我们需要的是上线啊，没上线怎么能算完成呢？还给我们演示（Demo），这是在浪费我们的时间啊？”

团队很诧异：“没人说一定要上线啊？此外，运维组也不是我们的人啊，什么时候上线不在我们的管辖范围啊。”

这种情况在许多初次尝试敏捷的团队很常见。对“完成的定义”，产品负责人与团队没有一致的理解，大家在各自没有说出来的理解下工作，当 Sprint 结束的时候，分歧暴露出来了。所以，在第一个 Sprint 开始之前，团队应该就“完成的定义”达成一致。那么应该定义什么样的 DoD 呢？

因为每个团队的 DoD 可能不一样，所以团队应依据自己产品和业务的特点，就 DoD 与产品负责人达成一致的意见。表 6-3 是一个 DoD 检查表示例，仅供参考。

表 6-3　DoD 检查表

1	完成需求设计评审
2	通过代码评审
3	完成单元测试
4	完成集成测试
5	通过功能测试
6	通过自动化回归测试
7	通过产品负责人验收
8	更新用户帮助手册

案例 case story

在企业 P，小强引导团队列出了如下“完成的定义”：

- 完成用户体验设计；
- 通过需求设计评审；
- 提交代码；

- 通过代码评审；
- 通过测试。

团队有人问："这里通过的测试包括哪些？是集成测试、功能测试、回归测试，还是性能测试？"

大家商议，如果这些测试都包含，由于现在团队的自动化测试脚本很少，回归测试和性能测试无法在一个 Sprint 内完成。那么该怎么办呢？是不是可以将其移到下一个 Sprint 做呢？

小强引导团队达成了如下共识。

回归测试和性能测试暂时不在"完成的定义"里，而是安排在产品发布前的一个 Sprint 里执行。但是团队从下一个 Sprint 起，引入自动化测试框架，对每个基本特性补充测试脚本，并着手调研性能测试工具。团队设定了目标：用 4 个 Sprint 的时间做完产品已有特性的回归测试和性能测试的脚本开发工作。

现实中这样的情况很常见，因为通常从 0 开始尝试敏捷的组织，其自动化测试基础都很薄弱。这种情况下，无法按照将产品发布给客户的标准来定义 DoD。因此，DoD 的范围有多大，本质上反映了组织的敏捷成熟度。DoD 范围越靠近上线的最后一步，说明组织的敏捷成熟度越高。

其实对于小强团队的情况，并没有完美答案。

"完成的定义"也体现了组织敏捷转型的范围。产品发布到用户（或客户）手里需要做的所有工作都应该在"完成的定义"里，但是那些不在"完成的定义"里的工作是省不掉的，如果不是在 Scrum 团队范围里做，必然由另外一些部门或团队完成。那些承担 Scrum 团队未完成的工作的部门，称为"Undone 部门"，这些部门正是组织敏捷转型未来要覆盖的目标。

对于当前 Sprint 做不完的工作，必须安排在下一个 Sprint，或者是在发布前专门安排一段时间来完成，如图 6-6 所示。

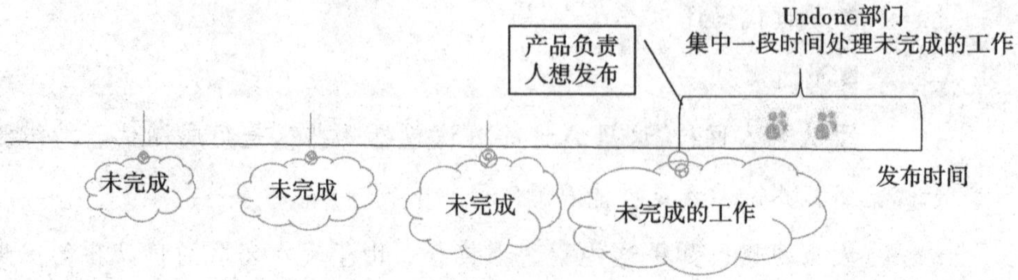

图 6-6 未完成的工作不断累积

资料来源：《精益和敏捷开发大型应用实战》(*Practices for Scaling Lean & Agile Development*)，2010 年 12 月

每个 Sprint 不断累积的未完成的工作，不仅推迟了产品的反馈周期，蕴藏的缺陷也会不断增加。因此，未完成的工作越少越好。

在企业 P，小强的团队在前几个 Sprint 没有做性能测试，而是在发布前的最后一个 Sprint 做的。但是团队发现了严重的性能问题，产品存在严重的内存泄露，需要对架构进行整改。而架构改动的影响范围巨大，导致前几个 Sprint 做的很多工作都需要返工。原定的产品上市时间也不得不推迟。

因此，团队要尽量将产品的质量反馈闭环控制在一个 Sprint 之内，不要推迟风险暴露的时间。

6.5.4 做好启动第一个 Sprint 的准备工作

Scrum 团队在启动第一个 Sprint 之前需要做项目准备工作，这些准备工作可以在第一个 Sprint 之前的“Sprint 0”阶段完成，这一阶段一般包含以下工作：

- 给 Scrum 团队做敏捷导入培训；
- 组建 Scrum 团队，任命 Scrum Master 和产品负责人；
- 管理层跟团队沟通 Scrum 和敏捷转型目标，确保团队对敏捷没有抵制情绪；

- 团队就工作协议达成一致；
- 团队准备开发和测试环境、服务器、硬件等资源；
- 团队准备产品 Backlog，尤其是第一个 Sprint 的用户故事；
- 团队就估算的基准故事达成一致；
- 团队做产品的最小架构设计。

常见疑惑

问：团队在“Sprint 0”结束的时候，往往没有潜在的可交付的产品增量。这是不是违背了 Sprint 的定义呢？

答：对于全新的项目，即使在“Sprint 0”做了貌似全面的准备，可是当“Sprint 1”启动的时候，团队仍会发现一些事先没有预料到的问题，比如搭建的测试环境用不了，硬件资源不够，等等。因为新项目在开发或测试工作开始前，总是有很多未知的事情，即便团队以为已经准备好一切，但是很多信息还是未知的或不全面的。因此我推荐的做法是，拆分出一个最小的用户故事，在“Sprint 0”中实现。这个最小的用户故事就像一个探针，验证为“Sprint 1”做准备的那些任务是否已经完成。

6.5.5 承诺 Sprint 目标

Sprint 目标即是当前 Sprint 中产品 Backlog 所要达到的目标，它为开发团队提供指引，使团队明确构建产品增量的目的。例如，将用户存储空间从 1G 扩充至 20G，将页面加载速度提升 20%，用户注册上线等。Sprint 目标在 Sprint 计划会议中确定。

常踩的坑！

很多刚开始尝试 Scrum 的团队没有建立 Sprint 目标，认为只要把 Sprint 计划的那些待办事项列表条目完成就可以了。

没有设定 Sprint 目标的团队，经常会遇到以下问题。

- 在 Sprint 计划中，团队计划了一堆零散的用户故事，相互之间没有联系，导致团队不清楚运行这个 Sprint 的意义，而只盯着那些零散的小用户故事。Sprint 目标能够帮助团队聚焦，依照 Sprint Backlog 背后的目的而做，而不是纯粹为了实现 Sprint Backlog 里的用户故事。
- 在做 Sprint 计划的时候，如果没有设定 Sprint 目标，团队只能对整个 Sprint Backlog 做出承诺，这让团队没有任何弹性空间。现实的产品增量交付过程中总会碰到 Sprint 计划中意想不到的困难或未知的风险，这些都会导致 Sprint 目标无法达成。Sprint 目标为开发团队在 Sprint 中需要实现的功能留有一定的弹性空间，也就是说，可能会有个别用户故事团队没有完成，但是这并不影响 Sprint 目标的达成。
- 在 Sprint 执行过程中，有时会涌现新的用户故事，或者原计划的用户故事不需要在这个 Sprint 完成。这时候，Sprint 目标能够帮助产品负责人和团队判断用户故事优先级，决定取舍。

6.6 夯实 Sprint 计划

本节用某互联网企业的一个 Scrum 团队开展的 Sprint 计划案例来讲解整个 Sprint 计划过程。这个团队的 Scrum Master 叫 Tommy。

6.6.1 Sprint 计划的流程

Sprint 计划的输入有：

- 为 Sprint 准备高质量的产品 Backlog；
- 团队的历史速率；
- 团队做 Sprint Backlog 的可用时间；
- 产品负责人提议的 Sprint 目标。

Sprint 计划的输出有：

■ 团队承诺的 Sprint 目标；

■Sprint Backlog。

Sprint 计划的参与人有：

■ 产品负责人；

■ 团队成员；

■Scrum Master。

Sprint 计划的流程如图 6-7 所示。

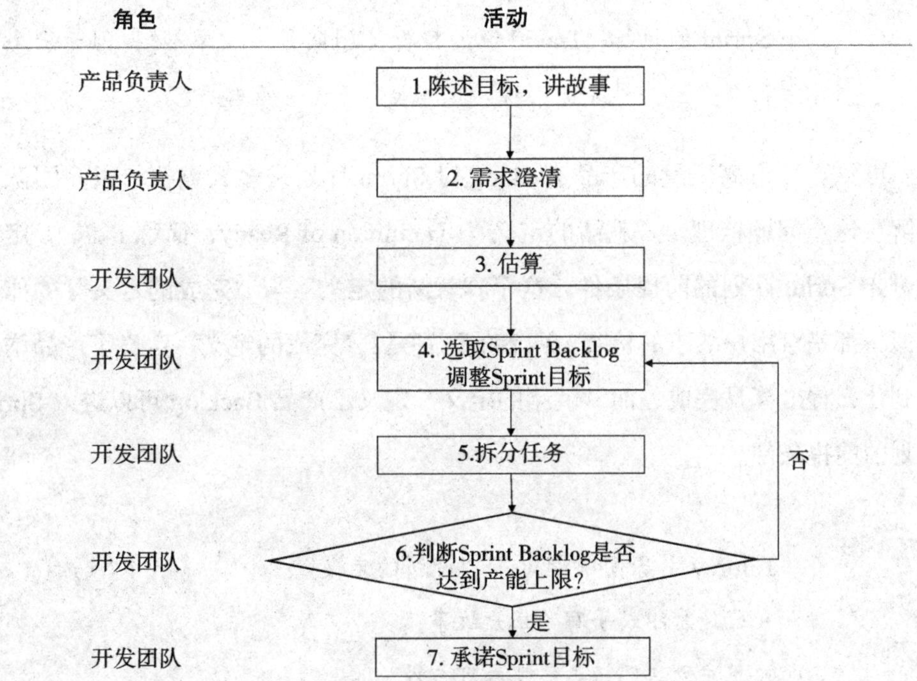

图 6-7　Sprint 计划的流程

6.6.2 Sprint 计划的输入

高质量的输入是举行高效的 Sprint 计划会议的前提条件。

输入 1：高质量的产品 Backlog

Tommy 团队的产品负责人是 David，他经常在每个 Sprint 计划会议开始后飞奔而来，手里捏着几个用户故事卡片。到会场后，David 气喘呼呼地给团队讲用户故事。每个用户故事都让团队成员感到头大，因为每个用户故事听起来都很大，需求也很模糊。当团队问起每个用户故事的细节时，David 一样感到头大，因为他完全没有想过细节，只是在会前花了 10 分钟匆匆忙忙地把想法用卡片写下来了。团队问起这个 Sprint 的目标，David 说的目标让团队集体“晕倒”，因为那个目标大到至少三个月才能实现。

可见，一份高质量的产品 Backlog 对 Sprint 计划是多么重要。很多团队为了解决这个问题梳理了“就绪的定义”（Definition of Ready，简称 DoR），定义了进入 Sprint 计划的前提条件。这个“就绪的定义”与“完成的定义”的作用类似，都是对用户故事的检查。两者的区别是：“完成的定义”定义了产品增量做到什么程度算是完成，而“就绪的定义”定义了产品 Backlog 可以进入 Sprint 计划的前提条件。

Tommy 引导团队制定了“就绪的定义”：

- 已经打印或手写了用户故事；
- 用户故事已经具备技术可行性；
- 用户故事满足 INVEST 原则（好的用户故事需要遵循的原则，详见第 8 章）；
- 用户故事的优先级已经排好；

- 用户故事已经具备参考的文档并被团队熟悉；
- 用户故事卡片里含有对接受条件（Acceptance Criteria）的描述；
- 已经明确了依赖关系；
- 已经估算了用户故事点数，且大小在一个 Sprint 完成。

与“完成的定义”一样，每个团队需要依据自己的情况来定义“就绪的定义”。对于 Tommy 的团队来说，如果团队与产品负责人达成了“就绪的定义”这个规约，就可以约束产品负责人 David 的行为，督促他维护高质量的产品 Backlog，从而给团队高质量的输入。

输入 2：团队的速率

下面这个案例在很多公司里都出现过。

我刚进入 Tommy 的团队做教练的时候，Tommy 说，他们团队已经做 Scrum 几个月了，感觉基本的知识都会了。我说：“那很好啊，那么你们的速率是多少呢？”Tommy 一脸茫然：“速率是啥？”

我问团队：“你们不知道速率是什么，那你们每个 Sprint 依据什么来决定要完成的工作量呢？”

团队答：“就按照产品负责人给我们的 Sprint Backlog 来做。”

我问团队：“那么你们每个 Sprint 的完成情况如何呢？”

团队答：“没注意过，好像都没有完成过啊！”

速率在 Sprint 结束时由实际完成的所有用户故事点数之和来度量。速率的统计有两个作用。

- 让团队对每个 Sprint 的产出量做到心里有数，这样能够做出靠谱的预测。
- 速率是发布计划的重要输入。比如，你的产品当前版本的 Backlog 有 150 个故事点，而团队每个 Sprint 的平均速率是 30 个故事点，这样你就可以预测出这个版本大概需要 5 个 Sprint 来完成。

常踩的坑！

很多团队将没有完成的用户故事也统计在速率内。这是错误的统计方法。

一个用户故事要么是完成了，要么是没完成。即使是完成了 99%，也是没有完成，没完成的用户故事没有价值，因此不该统计在速率里。

案例 case story

Tommy 团队在一个 Sprint 结束后，出现了这样的速率统计结果（如图 6-8 所示）。

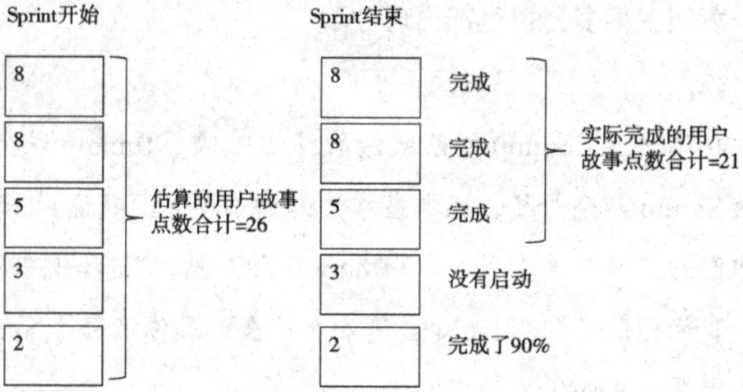

图 6-8　速率的计算

团队质疑道："最后那个故事卡，差一点就完成了，为什么速率统计不是 2×90%，而是 0？这样没有真实统计我们团队的速率啊！"

其实，即使团队完成了用户故事的 90%，但是如果没有达到"完成的定义"，就不具备完成的条件，在速率的计算中，99.9%=0。

累积了多个 Sprint 后，就可以计算历史 Sprint 的平均值，以及最大值和最小值，并将其作为下一个 Sprint 的参考（如图 6-9 所示）。

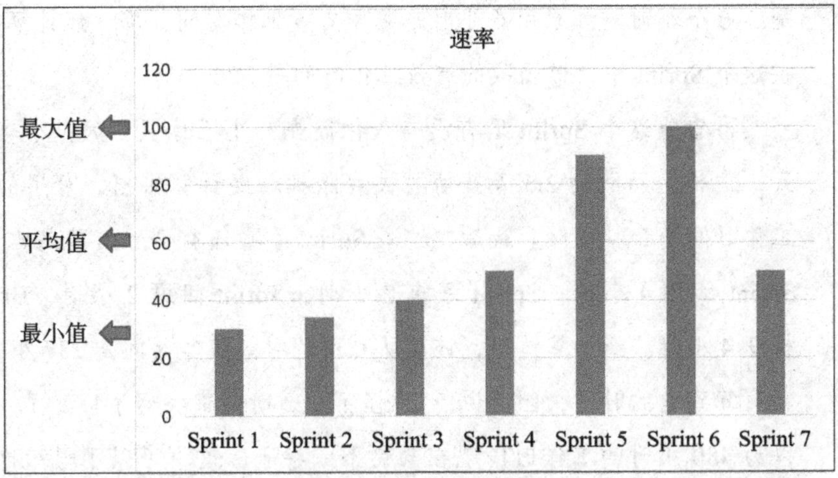

图 6-9　历史速率统计

图 6-9 的历史速率统计为团队做 Sprint 计划提供了量化参考，团队应依据此数据把握 Sprint 的装载量——在最大值和最小值之间，接近平均值。

输入 3：团队做 Sprint Backlog 的可用时间

案例 case story

Tommy 的团队在一个 Sprint 计划的时候出现了这样的情况：公司要求所有工程师在这个 Sprint 都参加计算机编程考试，考不过的同事会影响其职位晋升。为了考过，每个人得花点时间准备一下才行。于是团队疑惑，这个 Sprint 还能装载多少工作呢？

如果团队有 6 个人，Sprint 长度为 10 天，每天按照 8 小时计算，那么经计算得出，该团队成员总共的工作时间是 480 小时。

对于已知的干扰事件，比如，每个人都要参加考试，在这个时间里团队没有做 Sprint Backlog 的工作，因此需要去除掉。如果每个人考试需要 3 小时，准备考试需要大约半天的时间，于是，基本上一天的时间就被耗进去了。因此，这个 Sprint 的有效长度其实只有 9 天。

值得注意的是，每个人有效的工作时间并不是 8 小时，通常也就是 5~6 个小时。如果用 6 小时来算作有效工作时间，那么经计算得出，在这个 Sprint 中，该团队的有效工作时间是 324 小时。

再看看这个 Sprint 里有没有人休假呢？小王休假 2 天，小李休半天，这样，团队的 2.5 天就需要被去除掉。经计算得出，可用的有效工作时间是 309 小时。最后，这个 Sprint 本身还有 Scrum 的基本活动：Sprint 计划 4 小时，Sprint 评审 2 小时，Sprint 回顾 2 小时，Backlog 梳理 4 小时。经计算得出，该团队可用的有效工作时间是 237 小时。

算到这的时候，团队说："难怪不知道时间都去哪了！好了，本来以为 480 小时的工作时间现在只剩下一半了，这下可以了吧？再减就做不了什么了！"

我问团队："这 237 小时，你们确实都用来开发 Sprint Backlog 吗？"团队答："要是没有 Bug 的话，是的……可是我们在每个 Sprint 都会收到用户发现的线上 Bug，以及从以前的 Sprint 测试中发现的 Bug 也会有一些遗留到下一个 Sprint 里，这些都要修改。"这才是真实的 Scrum 世界，在开发伟大特性的同时还要清扫垃圾。所谓的零缺陷在软件世界里只是个梦想。

我问团队："那么你们每个 Sprint 大概花多少时间来处理这些 Bug 呢？解决线上 Bug 和遗留 Bug 的时间，与开发 Sprint Backlog 所用时间的占比是多少呢？比如，是 3∶7、2∶8，还是 1∶9？"

团队查看了历史数据，大概是 4∶6 的比例。

因此，团队真正能够装载 Sprint Backlog 的时间是 142 小时（237 小时 ×60%）。

输入 4：产品负责人提议的 Sprint 目标

产品负责人在 Sprint 计划会议上提议一个 Sprint 目标。这个 Sprint 目标不是产品负责人单向压给团队的，而是需要与团队协商的。最终团队与产品负责人就目标达成共识，团队承诺的 Sprint 目标才是最终的目标。

6.6.3 开展 Sprint 计划会议的步骤

第一步：产品负责人陈述 Sprint 目标，讲用户故事

产品负责人讲解他 / 她提议的 Sprint 目标，以及他 / 她希望被纳入 Sprint 的用户故事。如果其中有些用户故事在上一个 Sprint 的 Backlog 梳理活动中已经讲解过，那么在这个步骤中可以省略，产品负责人只需要给团队明确这个 Sprint 要做哪些用户故事即可。

常踩的坑！

很多产品负责人不知道怎么讲用户故事。有的产品负责人把用户故事的标题念一遍，或者干脆把故事卡摊到桌上说："就这些，你们看看有什么问题。"

产品负责人要讲清楚用户故事，需要讲以下内容。

- Who：用户是什么角色。
- What：完成什么活动。
- Why：达成什么目的。
- How：具体怎么做。如果有业务流程图、线框图、参考规范或标准等，也需要给团队介绍。
- 验收条件：做到什么程度算完成。

第二步：产品负责人澄清产品需求

产品负责人就 Sprint 目标以及每个用户故事做现场解答，确保团队每个人对用户故事都有一致的理解。在这个过程中，一般会对用户故事进行细化，有可能还会拆分出新的用户故事。

第三步：团队估算完成用户故事所需故事点数

在估算过程中，产品负责人会发现，有的故事貌似大家都有共同的理解，但其实没有。因此，产品负责人要对用户故事做进一步澄清，而大的故事会继续拆分，需要的话会重新估算点数。

第四步：团队选取 Sprint Backlog，调整 Sprint 目标

团队依据历史 Sprint 速率，以及对完成用户故事所需点数的估算，按照产品 Backlog 的优先级，选取用户故事，作为这个 Sprint 的 Backlog。

依据选取的 Sprint Backlog，团队审视产品负责人提议的 Sprint 目标是否可以达成。如果 Sprint Backlog 的范围超过了 Sprint 目标，团队应该与产品负责人协商，是否应该调整 Sprint 目标。

案例 case story

在 Tommy 团队的一个 Sprint 计划会议上，产品负责人 David 提议的 Sprint 目标是：用户能够完成下订单和支付的采购过程。

团队估算 Sprint Backlog 后发现，与支付有关的用户故事没有富余时间，不能放到这个 Sprint 里做。于是，团队与产品负责人商议，将 Sprint 目标更改为：用户完成下单过程，支持货到付款，下个 Sprint 再做支付的流程。

第五步：拆分任务

接下来，团队就每一个用户故事拆分出具体的任务。每个任务的粒度争取在一天之内。

案例 case story

Tommy 的团队在这个 Sprint 计划中有这样一个用户故事：购物者想把一个商品加到购物车里。

团队讨论，为了完成这个用户故事，需要完成以下任务。

- 修改后台数据库，预计 5 小时。
- 添加购物车 UX 设计，预计 2 小时。
- 前台页面 JS 开发，预计 4 小时。
- 写自动化验收测试脚本，预计 3 小时。
- 更新购物者帮助说明，预计 2 小时。

团队用卡片将每个用户故事和任务写下来，为方便互动，大家围着卡片讨论。卡片展开后如图 6-10 所示。

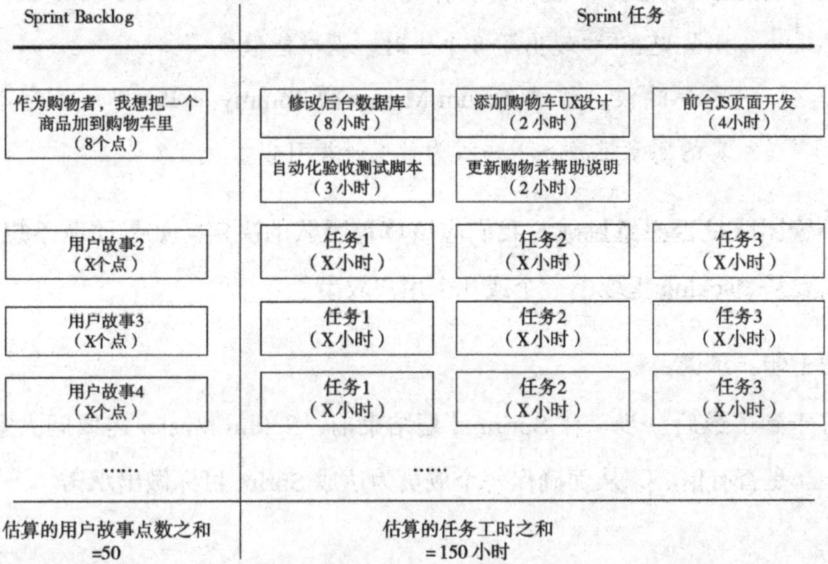

图 6-10　Sprint 计划任务拆分示例图

新的 Scrum 团队一开始拆分出的任务通常都比较大，比如 10 天、8 天、5 天的任务。而任务最好在一天之内完成，因为任务越大，其中蕴藏的风险可能越多。团队在探讨如何把任务拆小的过程中，会暴露出实现用户故事的风险。

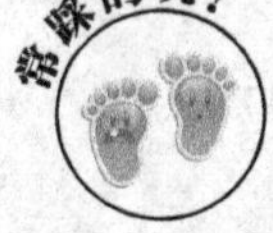

当团队形成将任务拆小的习惯后，又容易走向另一个极端：经常出现 1 小时或半小时的任务。比如，开发弹出消息对话框需要 0.5 小时。

如果有一堆过小粒度的任务，会额外增加管理成本，也是不提倡的。一天之内的粒度是最合适的。

第六步：判断 Sprint Backlog 是否达到产能上限

Tommy 团队在这个 Sprint 估算的任务工时之和为 150 小时（如图 6-10 所示），而在 Sprint 计划前的工作（输入 3：团队做 Sprint Backlog 的可用时间）中，团队做 Sprint Backlog 的可用时间只有 142 小时，Tommy 问大家："这可怎么办呢？"

团队说："才超出了 8 个小时，没准能做完。"

这个时候，作为 Scrum Master 的 Tommy 问道："大家确定可以吗？真的愿意挑战一下吗？为什么觉得可以做完呢？"

不管团队是否愿意挑战，我们应该尊重团队的决定。如果团队不想挑战，那么需要从 Backlog 里取下一个或几个用户故事。

第七步：承诺目标

终于到了最后一步。在 Sprint 计划结束前，Scrum Master 需要问大家对这个 Sprint 是否有信心，从而确保每个成员为达成 Sprint 目标做出承诺。

很多团队都省略了承诺目标这一步，Scrum Master 也没有确认大家的信心和承诺就结束了 Sprint 计划会议，团队直接进入开发。从大部分工程师的习惯来看，即使有人没有信心也不会说的，因为这会显得整个团队好像就他一个人没有信心。而往往他看到的风险可能是其他人没有想到的。

一种高效征求意见的方法是用五指拳（Fist of Five）投票，如图 6-11 所示。

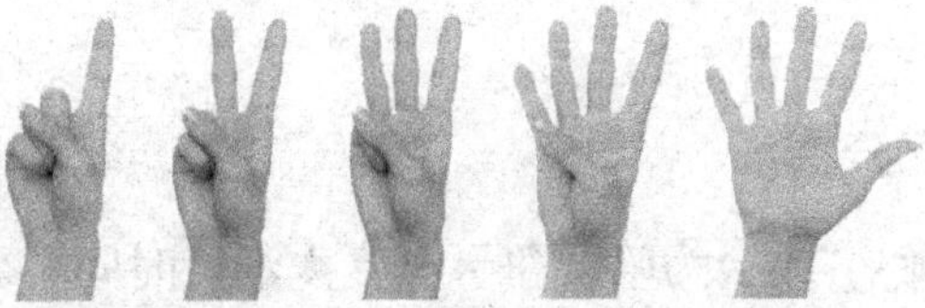

图 6-11　五指拳投票

五指拳投票法的具体含义如下。

- 5 个手指：完全有信心，闭着眼睛都可以达到！
- 4 个手指：有信心，不出意外的话可以达到！
- 3 个手指：有点信心，但需要努力！
- 2 个手指：没有信心，很难达到！
- 1 个手指：不可能实现，我宁愿回家睡觉！

如果团队有人举了 2 根或 1 根手指，Scrum Master 需要请他 / 她讲述自己的顾虑，困难在哪里。如果团队认可他 / 她提出的困难会影响 Sprint 目标的达成，则应该调整 Sprint 目标。

Sprint 计划结束的时候，不仅团队承诺了 Sprint 目标，而且 Sprint Backlog 也得到了团队的承诺。团队可以将 Sprint Backlog 的用户故事和拆分的任务卡放到任务板上，作为 Sprint 第一天启动的站会输入。

6.7　避开每日站会的常见误区

每日站会是 Scrum 团队每天自我检查和调整的机会。关于站会的流程，一般的团队都知道，本书不再赘述。但是大部分刚开始尝试 Scrum 的团队，或多或少都会碰到以下一些误区。

6.7.1 时间误区

1. 站会不是每天开

经常有团队质疑："站会为啥要每天开？太浪费时间了。我们从前一周一次周会，不就够了吗？"

如果一周一次会议，团队彼此之间的信息同步、状态对齐，以及工作的调整周期就是一周发生一次。这样的频次不可避免地会有一个又一个意料之外的事情发生，而这时才开始采取措施来调整，很难保证在一个 Sprint 内能够实现目标。

也有团队说："我们每天开站会，好像也没发生什么大问题需要解决，是不是太频繁了？还是一周开两次吧！"

如果每天没有什么大问题发生，应该庆幸才对，因为在发生之前团队已经提前规避了风险。如果等发生了大问题后隔了一天才知道，这时候已经晚了一步。

2. 总是有人迟到

如果团队经常有人迟到，应该分析一下大家为什么迟到。是不是因为时间不合适，是不是因为大家的座位不在一起，还是由于任务板的位置离工位太远，等等。总之，要了解背后的原因，才能解决根本问题。

如果没有什么背后的原因，只是因为大家不习惯按时到会，那就可以用团队的工作协议来解决。设定工作协议也要注意符合团队和组织的文化。有的团队喜欢采取惩罚的机制，而有的公司不喜欢这种罚款机制，更喜欢用一些正面的奖励机制来牵引。采用什么工作协议没有对错之分，只要团队达成共识，一同遵守即可。

6.7.2 流程误区

1. 只动嘴，不更新任务板

站会上轮到每个人说话的时候，大家都面朝着任务板，只动嘴说，而任务卡原封不动，或者只是更新了个别任务卡的状态。

为什么要用任务板？因为任务板具有可视化功能，可以让团队每个人对每个用户故事、每个任务的状态一目了然。一个状态不保真的任务板，意味着每个人只知道自己手里的任务和用户故事的状态，而其他人不知道；已经完成的卡片还在进行状态中，而已经启动的卡片还在准备状态中，这样团队就对整体上这个 Sprint 的状态没有正确的认识。

2. 啥都谈，就是不谈障碍和风险

我曾经辅导过一个团队，每天站会上风平浪静，大家一一说完自己昨天做了什么，今天要做什么，移动一下卡片就结束了。可是团队每天的进展都很慢。为什么会这样呢？我仔细观察后发现，站会上没有一个人提及自己碰到了什么问题，有什么障碍和风险需要解决。于是，在团队站会结束的时候，我问大家："真的什么事情都没有吗？请每位同事把站会的第三个问题说出来——我遇到了什么障碍。"

结果一发不可收拾。第一个同事说："我昨天认领了这个任务，可是我发现原先的代码逻辑我有些看不懂，所以过了一天也没做完。也不知道从前这块是谁做的，为啥要那样设计……"随后，几乎每个同事都说出了自己碰到的困难和问题。为什么之前大家都不愿意说呢？因为这个团队已经养成了"一切靠自己"的习惯。更深层的原因是，当工程师求助的时候，其他人忙于做自己的任务，而没有时间和意愿帮助他。

暴露障碍是站会的一个重要议题，Scrum Master 的职责之一就是引导团队暴露障碍，帮助团队解决障碍。

3. 僵化站会的三个问题

Scrum 站会上，标准的三个问题是：

- 我昨天做了什么？

■ 我今天要做什么？

■ 我遇到了什么障碍？

这并不意味着每个团队必须永远使用这个模板。每个团队要依据自己的情况，调整会议日程。比如，有个团队在试点了 Scrum 几个月后发现，“我昨天做了什么？”这个问题并没有给他们带来什么实际价值，反而他们需要及时暴露项目的潜在风险，而这个问题在日程里没有。于是他们将站会问题改为：

■ 我今天要做什么？

■ 我遇到了什么障碍？

■ 我的任务有什么风险？

6.7.3 领导力误区

1. 团队向 Scrum Master 汇报工作

在很多 Scrum 团队的站会上，这一幕你应该看到过：每个同事面向 Scrum Master，回答站会日程里那三个问题。然后，Scrum Master 给出指示：你该注意什么，明天需要做什么。每个同事都这样依次汇报完毕后，站会结束。

这种情况在由项目经理、项目组长或管理层的人员转型做 Scrum Master 的人身上容易出现。因为在做 Scrum 之前，团队就是向他 / 她汇报工作。因此在站会上，大家就自然地继续向他 / 她汇报。

当然，这也与大家对 Scrum Master 的认知有关。很多团队没有接受过 Scrum 的培训，以为 Scrum Master 与管理者没有区别，只是换了个名字，所以自然就把 Scrum Master 当作领导，在站会上向他 / 她汇报情况。

那么如何扭转这个现状呢？其实不止是在站会上，Scrum Master 需要学会在各种活动中引导团队自组织，因为只有自组织的团队才是最高效的（参阅第 10 章）。

2. Scrum Master 给每个同事分配任务

这个现象产生的原因与上一条相同，不是 Scrum Master 本身就是从管理者转型而来，就是团队对 Scrum Master 的理解有误。Scrum Master 应该鼓励团队成员主动认领工作任务，积极发挥团队的主观能动性。

3. 团队以外的人到站会上指手画脚

团队在开站会的时候，产品负责人突然跑来打断团队，给团队的任务板上放了一张紧急的用户故事卡片，然后现场讲解需求，于是，站会就演变成了新需求澄清会。

除了产品负责人以外，团队所在的部门主管有时候也到站会上来。

一些主管很好奇，想看看大家玩敏捷是个什么样子，到底有没有收益。在一次站会上，团队提出了阻碍，说缺少大容量的服务器。主管着急了，接上话说："怎么会少呢，给你们团队分配的最多了，你们都做什么用了？"团队立马安静了，后面的同事也都不敢提障碍和问题了。而有的主管则会说："这个待会我找下 IT 部门，帮大家推动一下。"这种处理方式就不会破坏团队自组织的积极性。

总之，无论是产品负责人还是部门主管，都尽量别到站会上来。团队如果真的需要他们来帮助推动，会主动找他们的。

6.8 充分利用产品的反馈环：Sprint Demo

6.8.1 什么是 Sprint Demo

团队在 Sprint 快结束时举行 Sprint 评审会议，目的是检视所交付的产品增量并按需调整产品的 Backlog。团队经常误以为 Sprint 评审是邀请很多人（包括领导）参加的一个很正式的评审会议，需要走正规的评审流程，于是为了评审顺利而做了大量的准备工作。

实际上，Sprint 评审是一个非正式会议，并不是一个进度汇报会议，目的是为了获取产品的反馈。因此，我个人比较喜欢 Sprint 评审会议的另一个叫法：Sprint Demo，或者很多公司称其为 Show Case。

Sprint Demo 是对产品进行检查与调整的反馈环。Sprint Demo 可以让产品的每个利益干系人清楚地看到产品当前的进展，也许会超出预期，也许会大大低于预期。但不论是让人惊喜还是沮丧，都给大家看到了产品进展的真相。

Sprint Demo 会议召开的时间是在 Sprint 结束、Sprint 回顾会议之前，参会人有团队、产品负责人、产品的利益干系人（包括客户、投资人、用户代表等）。

6.8.2 Sprint Demo 的流程

Sprint Demo 的流程很简单：团队一一演示这个 Sprint 交付的用户故事，听取与会人的意见。但是有很多团队没有达到 Sprint Demo 应该实现的意义。

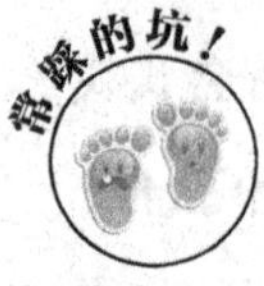

在瀑布的开发方式里，产品的利益干系人习惯于等到最后产品上市的时候才看到产品，然后提出改进意见。所以，团队刚开始转型的时候，利益干系人还不习惯每个 Sprint 都来参会，导致经常只有产品负责人参加团队的 Sprint Demo 会议。

在这种情况，Scrum Master 需要做一些布道的工作，给利益干系人介绍 Scrum 的流程，以及大家到 Sprint Demo 会上来的意义是什么。第一次参会后，当利益干系人真实地看到每个 Sprint 团队都可以交付出可用的产品后，就会爱上 Demo 这个习惯。

有的团队为了 Demo 演示顺利，在会前 1 分钟还在编写代码。开会时间一到，大家急匆匆地跑到会议室来，当着各产品利益干系人的面现场打开投影仪，启动电脑，启动演示环境。结果，服务器挂了……现场捣鼓了 20 分钟后才开始演示。

在 Sprint Demo 会前 1 小时，Scrum Master 要跟团队协商，谁来做 Demo，要做 Demo 的同事提前进入会场，将一切准备就绪。一般来说，由参与用户故事开发和测试的同事来演示自己参与的用户故事会让他们很有成就感。

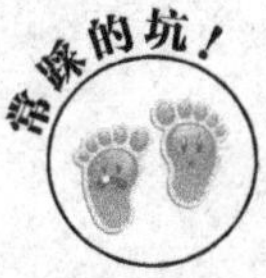

在有些团队的 Sprint Demo 会上，Scrum Master 打开一个 PPT 文档，列出了这个 Sprint 团队完成了哪些用户故事、哪些任务，以及由谁完成的，技术上采取什么方案来实现等，然而，团队却没有可工作的软件。

这样的 Sprint Demo 不是对产品的演示，而是 Sprint 汇报总结。这对产品负责人、客户以及用户没有意义，Demo 是产品的反馈环，本着收集大家对产品的意见为目标。

在一些团队的 Sprint Demo 会上，产品负责人经常现场否定团队 Demo 的用户故事，这会让团队感觉沮丧。

其实团队不是一定要等到 Sprint Demo 的时候才可以请产品负责人来验收 Sprint 成果。团队完全可以在 Sprint 执行过程中，每做完一个用户故事就及时找产品负责人验收。这样做的话，如果有问题还有时间改，不至于等到 Sprint Demo 会上才被产品负责人否定。

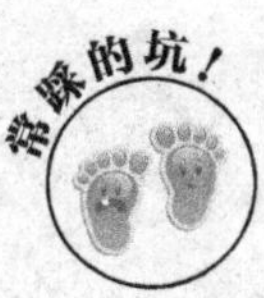

Sprint Demo 就只是演示，没有利益干系人体验产品的环节。

Sprint Demo 除了自己演示 Sprint 成果之外，最好让参会者自己体验产品。因为看别人操作和自己亲身操作的感受是不一样的，所以请利益干系人亲自体验产品，会得到更真实的反馈。

对于产品负责人来说，做产品验收一定要亲自体验团队的开发成果，因为你的使用路径未必是团队给你演示的常规路径。如果参加 Sprint Demo 会议的有用户代表，这正好是现场开展用户测试的好时候。

常见疑惑

问：修复的 Bug 也要演示吗？

答：如果有利益干系人关心的与重要价值产出相关的 Bug 可以演示，其他 Bug 无需演示。

常见疑惑

问：有的工作对用户不可见，怎么演示呢？

答：这个问题要仔细看，是哪些工作对用户不可见。

总的来说，不可见的工作有以下几类。

1. 貌似不可见，其实可见

案例 case story

在一个团队 Sprint Backlog 里，有一个用户故事是：提升性能，10 万并发用户同时操作，页面响应在 1 秒钟之内。

在 Sprint Demo 会上，团队认为，现在没有这么多用户，没办法演示。我问团队："这个测试过吗？"团队说："模拟测试通过了。"我问团队："那有测试报告吗？"团队答："当然有了。"

在这样的情况下，测试报告本身就可以 Demo，证明这个故事已经达成目标。

2. 技术改进类工作，确实不可见

比如，团队为了能够让特性独立发布，做了架构解耦的工作。但是，架构解耦对用户确实不可见。怎么办呢？

如果团队 Demo 新的架构设计，或者架构评审意见，参会者未必看得懂。即使看得懂，他们也不会在会上评审架构。所以团队还不如直接告诉与会者：我们做了架构解耦的工作，能够达到什么效果。

3. 交付的东西不足以产生价值

一个团队的某个用户故事描述为：后台报表修改 ××× 字段。如果这个用户故事本身不直接产生用户价值，而是需要与前台集成后才产生价值，那么这个问题就不是如何 Demo 的问题，而是用户故事的拆分方式问题。团队要从价值的角度拆分用户故事，贯穿前端、后端，使其对客户和用户产生价值。

6.9 让 Sprint 回顾成为团队改进的发动机

6.9.1 什么是 Sprint 回顾

在 Sprint 结束的时候，团队做改进和调整的活动有两个：一个是对产品的改进和调整，即 Sprint Demo；另一个是对团队工作方式的改进和调整，这就是 Sprint 回顾会议。

Sprint 回顾会议可以让团队停下来思考并审视：我们哪些地方存在问题，需要改进；哪些地方做得好，需要保持。如果没有 Sprint 回顾，团队就像是一辆不停地在路上行驶的汽车，即使车该加油了，或者车零件有异常信号该检修保养了，车主也舍不得把车开进修理厂。一个不做 Sprint 回顾的团队，虽然不停地在交付产品，但是也经常在不断地重复同样的错误。

Scrum 团队的所有人都需要参加 Sprint 回顾会议，缺一不可。通常，Scrum Master 作为引导师参加回顾会议，但不需要每次回顾会议都由 Scrum Master 来引导。

常见疑惑

问：产品负责人要参加 Sprint 回顾会议吗？

答：产品负责人能够参加更好。如果没有产品负责人，就少了对产品活动相关环节的改进。但是，有些开发团队和产品负责人之间的关系比较紧张，如果产品负责人在场，团队对产品活动以及与产品负责人协作的相关意见不敢提。Scrum Master 需要为回顾会议创建一个轻松的环境，让大家能够畅所欲言。如果 Scrum Master 察觉到产品负责人的出现让团队变得小心谨慎起来，那么最好暂时不要请产品负责人参加。Scrum Master 有责任通过指导和协调来处理团队与产品负责人的协作问题，待问题解决后，再考虑邀请产品负责人参加 Sprint 回顾会议。

常见疑惑

问：关心团队进展的部门主管，或来自 PMO 等部门的同事可以参加 Sprint 回顾会议吗？

答：Sprint 回顾会议是 Scrum 团队自我改进的工具，由团队决定是否需要邀请团队以外的人参加。很多企业刚开始进行敏捷转型的时候，各级领导、PMO 很关心团队敏捷活动的开展情况，或者对敏捷很好奇，希望参加 Sprint 回顾会议。在这样的情况下，邀请管理层、PMO 等部门参加回顾会议是一个很好的传播敏捷的机会。但是，Scrum Master 要征求团队的意见，是否团队以外的人参加回顾会议会让大家觉得安全感降低，影响大家畅所欲言？此外，如果管理者或 PMO 等同事在 Sprint 回顾会议上对团队指手画脚，这样就不好了。Scrum Master 应该在会前与大家沟通参会原则，即团队以外的与会者只以观众身份参会，不可发表自己的意见。如果参会者有指导意见，可以私下与 Scrum Master 沟通。

Sprint 回顾会议应安排在 Sprint Demo 结束，下个 Sprint 计划会议之前。一般来说，对于 2 周的 Sprint，2 小时就可以开完一个高效的 Sprint 回顾会议。Scrum Master 需确保回顾顺利开展，让每个参与者都明白会议的目的，引导大家遵守时间盒的规则。

6.9.2 Sprint 回顾的流程

第一次召开 Sprint 回顾会议的团队，Scrum Master 要申明 Sprint 回顾会议的目的，避免大家对 Sprint 回顾会议有不同的理解。

很多 Scrum Master 给团队讲解的关于 Sprint 回顾会议的目的如下。

Scrum Master 说："回顾会议就是咱们常说的反思会，大家回顾一下这个 Sprint 运行过程中有什么问题。"

"反思""回顾问题"，这样的讲解会让大家觉得回顾会议就是来吐槽说问题的。这会给回顾会议创造一个负面的场域。

Scrum Master 说："回顾会议，就是咱们对 Sprint 做个总结，花几分钟时间，每个人说一下，这个 Sprint 哪些好，哪些不好，完了我把会议纪要发给领导。"

回顾会议不是总结会，更不是给领导汇报的总结。这样的讲解给大家的印象是回顾会议是为了形成报告给领导看。

Scrum Master 应该这样给团队讲解 Sprint 回顾会议的目的。

- Sprint 回顾是对这个 Sprint 过程中的团队、对外关系、过程和工具这几方面进行检视，但不限于这几方面。
- 找出这个 Sprint 做得好的地方和需要改进的地方，决定改进措施，从而让我们团队持续改进。

给团队明确了 Sprint 回顾会议的目的后，Scrum Master 就可以正式开始 Sprint 回顾会议了。

Sprint 回顾会议与迭代的关系，以及 Sprint 回顾会议的步骤，如图 6-12 所示。

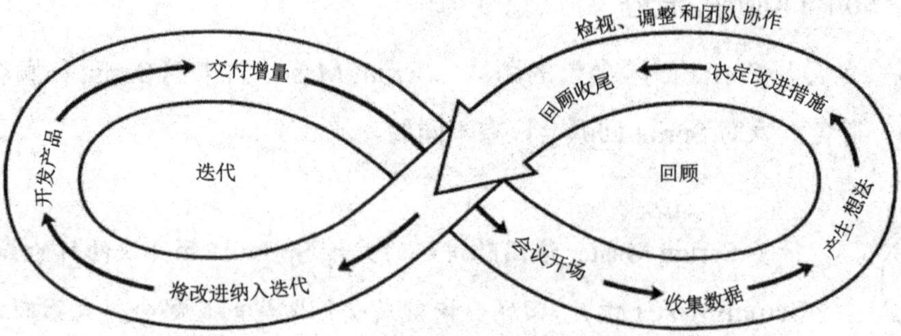

图 6-12　回顾与迭代的关系及回顾步骤

资料来源：《敏捷回顾：团队从优秀到卓越之道》（*Agile Retrospectives：Making Good Teams Great*），2012 年 9 月

Sprint 回顾会议的步骤如下。

第一步：开场

Scrum Master 在 Sprint 回顾会议的开场，需要覆盖以下内容：

- 介绍会议的目标和原则，以及回顾的工作协议；
- 介绍会议议程；
- 介绍回顾会以什么方式开展，回顾的范围是什么；
- 最重要的是，要创造一个开诚布公的场域。

Scrum Master 可以采取以下措施创造一个开放的场域。

- 选择一个令人轻松、愉悦的场地召开 Sprint 回顾会议。比如咖啡间，大家可以边喝着咖啡边聊。团队离开了拘束的办公场地，自然就放松起来，内心也更加开放。

■ 设计一个可以促进团队互动的座位布局。比如，让大家围坐一圈，面对面而坐，而不是端正整齐地坐在会议室里。也不要使用投影仪，如果 Scrum Master 一本正经地翻 PPT，那么他 / 她就成了会议的主导者，而这种主持风格并不能让每个人都积极参与。

Scrum Master 要向团队介绍诺姆·科尔特（Norm Kerth）提出的回顾的基本原则："不管我们发现了什么，我们理解并且相信，每个同事在其已有的知识、技术、能力、资源以及当下所处的环境下，付出了最大的努力。"这样的原则可以为团队创造尊重、互信的气氛。

关于回顾范围，Scrum Master 可以给团队一个思考框架，以帮助大家打开思路，比如团队的工作流程（并不局限于 Scrum 本身）、团队之间的协作（工具、工作环境、技术、对外协作）。

Sprint 回顾会议的基本原则、议程、工作协议、回顾范围都可以被可视化到墙上，以营造一个开放的公共场域。

第二步：收集数据

Sprint 回顾会议收集的数据包含两方面：客观的度量数据以及 Sprint 里发生过的事件。

对于客观的度量数据，需要 Scrum Master 在会前将这个 Sprint 和这个版本的交付数据，以及任何需要团队关注的度量数据准备好，带到 Sprint 回顾会议上来。

Sprint 回顾会议经常收集的数据有三个：团队的速率、Sprint 燃尽图、版本燃尽图（详见第 9 章）。

Scrum Master 不是将数据贴到墙上就完了，而是要带领团队解读数据，让大家对团队的交付情况有共同的认识。比如，这个 Sprint 没有完成的目标；目前的速率低于最近的几个 Sprint；按照现在的速率，从版本燃尽图上能看到我们将推迟 1 个月发布版本；这个 Sprint 的前 3 天，燃尽图上 Sprint Backlog 没有一点燃尽，导致我们后来几天加班赶进度，最后到 Sprint 结束的时候也没有完成目标；等等。

整个团队就数据达成一致的认识后，再开始回忆和分析产生这样结果的原因。

第三步：产生改进意见

Scrum Master 在会前准备好进行头脑风暴的框架，供大家沿着框架产生改进意见。框架有很多种，可以隔一段时间换一换，这样团队会对回顾保持新鲜感。

图 6-13 所示的回顾方法采用的是 SSCC（Start-Stop-Continue-Change）框架，分成如下四个部分。

- Start：哪些实践应该开始尝试。
- Stop：哪些问题或者实践应该立即停止。
- Continue：哪些现有的实践应该继续保持。
- Change：哪些情况应该改变。

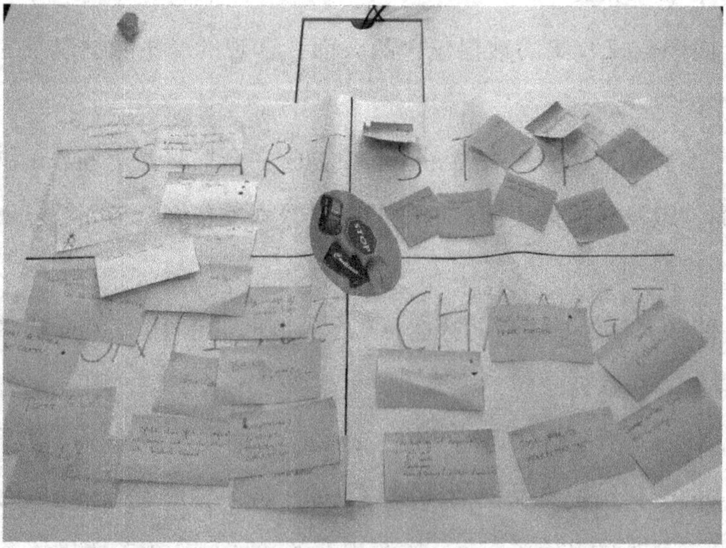

图 6-13 SSCC 框架示例

为避免思绪被他人影响，每个提议用一张报事贴书写，然后放到相应的区域。不出意外的话，经过这一步，团队会形成很多改进建议。

但是也有意外的情况发生，团队写不出什么东西来。比如，一个 6 个人的团队，一共只写了 3 张报事贴，连框架都填不满。这种团队一般是那种被管理层和公司的体制压抑得太久，员工失去了主动反映问题的习惯，或者是对公司的改变彻底不抱有希望，所以就算有主意也懒得提了。这时候，Scrum Master 需要有耐心，让团队逐渐打开思路。刚开始的时候，Scrum Master 可以设置一个下限，比如，每个人最少写两条意见，时间可以适当长一点，给大家足够的思考时间。随着每个 Sprint 都有改进措施落地执行，团队会重拾希望，思路也会逐渐打开。

第四步：决定改进措施

面对大量的改进意见，团队是否该全部采纳呢？

团队的精力和时间是有限的，即便大家对所有的意见都认同，也不能什么都做。Sprint 回顾会议产生的改进意见需要放到 Sprint 中，团队边交付产品边改进。如果每个 Sprint 实施太多的改进，就会影响正常的产品交付工作。因此，团队必须对改进意见缩小范围。团队可以采用点投法，比如，每人有 5 个点的限额，投出你认为最需要做的几个改进事项。点投的时候，大家不要商量探讨，也要采用“沉默”投票法。

每个人投完后，点数最多的 1~3 个事项将浮出水面，团队就这几个事项讨论具体的措施。

需要注意的是，改进措施分为两类。

- 一类是新的实践、规范或者共识，不需要作为一个具体任务来落地实施。这类往往为工作协议。比如，点数最多的报事贴上写的是：“不要过多承诺 Sprint 目标。”团队注意依据自己的速率和可用的产能来装载 Sprint Backlog，不要过载即可。

- 另一类是需要团队完成一个具体的任务。比如，点数第二多的报事贴上写的是："测试效率太低，Sprint 最后几天，测试工程师加班到半夜。"这样的改进需要团队来讨论如何提升测试效率。如果团队讨论的结果是开发测试自动化框架，那么就需要团队里有专人来认领这个任务。并且，这个任务也许需要长期进行，不是一个 Sprint 就可以搞定的。对于这种长期任务，团队需要将其分解到 Sprint 里来执行：下一个 Sprint 开始做什么，再下一个 Sprint 做什么。在每个 Sprint 结束的时候做检视，看看效果如何，下一个 Sprint 是否需要调整策略。

在下一个 Sprint 计划的时候，一定要记得，这种需要占用团队时间的改进措施也是 Sprint Backlog 的一部分，需要占用团队产能。在任务板上，团队要将它与其他的 Sprint Backlog 条目一起可视化，并跟踪它的进展。

第五步：收尾

改进措施确定后，主持人需要做一些收尾的工作，包括：

- 对大家花时间共创一个美好的 Sprint 回顾表示感谢；
- 拍照作为历史记录存档；
- 将改进措施报事贴放到任务板上，用来跟踪进展；
- 做一个关于回顾的回顾，以帮助团队在下次回顾中做得更好。

当然，不需要每次回顾都做关于回顾的回顾。在团队刚开始尝试 Scrum 方法的时候，花几分钟做关于回顾的回顾，有助于 Scrum Master 听到团队的反馈，下次回顾会做得更好。

第 7 章

用看板加速价值流动

我引入看板系统的目标是：防止过载、控制工作流的波动性，以及触发渐进式变革。

——大卫 · J. 安德森

7.1 价值流映射

7.1.1 为什么要映射价值流

常踩的坑！

很多企业一谈到提高研发效率，首先想到的是提高开发者的效率，于是在开发环节做了很多提升效率的工作，但是最终产品交付效率并没有显著提高。

企业想提高开发者的效率没有错，但是首先需要思考的是：影响整个上市周期时间的价值流动效率的关键因素是什么？真的是开发吗？若要分析这个问题，我们就需要对价值流做映射。

案例 case story

图 7-1 是某互联网企业 J 的一个产品的价值流映射图，它展示了一个创意从被提出到用户上线的整个周期的价值流动过程。

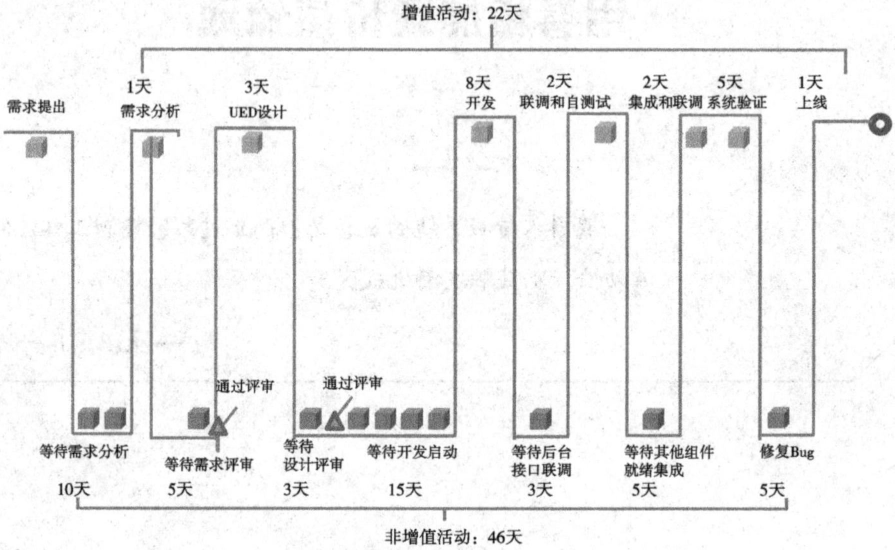

图 7-1　价值流映射示例图

图 7-1 所描绘的价值流动过程如下。

- 一个需求由市场人员收集上来，10 天过后，产品经理终于有时间开始分析需求。产品经理用 1 天时间分析后，决定将其上报到产品管理组进行评议。
- 等待 5 天后，产品管理组召开需求评审会议，评审通过。
- UX 设计师花了 3 天时间做完了原型设计，并将设计稿提交给产品管理组进行评审。
- 等待 3 天后，产品管理组召开原型设计评审会议，评审通过。但是还不能开发，因为开发工程师在忙着做其他的需求，所以，这个需求只能放在产品 Backlog 里排队。
- 等待 15 天后，前台开发工程师开始开发，花了 8 天时间开发完前端页面。但是产品还不能上线，因为后端还没有提供接口。

- 等待 3 天后，后端接口开发完成。开发工程师又花了 2 天做前后端联调和自测试。
- 但是产品还不能上线，因为需要第三方组件。等待 5 天后，第三方组件到位。接着开发工程师又花了 2 天与第三方组件集成联调，然后测试工程师又花了 5 天做系统验证。
- 测试工程师在做系统验证时发现了缺陷，于是开发工程师花了 5 天修复缺陷。最后，花了 1 天时间将产品发布上线。

这个需求的研制周期共 68 天，而其中只有 22 天被用来从事价值产出活动，在精益里称为“增值活动”。其他的 46 天或被用来等待下一步工作的开始，或者修复缺陷，并没有价值产出，在精益里称为“非增值活动”。

由此可以看出，价值流图是一个简单有效的工具，能够帮助团队形成以价值的视角来观察和思考流程，分析价值流动过程的每个增值和不增值的环节。那么如何衡量价值流动的快慢呢？我们可以用流动效率来度量，计算方法如下。

$$流动效率 = \frac{增值活动时间}{周期时间} \times 100\%$$

其中，增值活动时间 = 价值流动过程中所有增值活动所耗费的时间之和；非增值活动时间 = 价值流动过程中所有非增值活动所耗费的时间之和。周期时间 = 增值活动时间 + 非增值活动时间，即从提出需求到发布的整个过程所耗费的时间。

我们通过流动效率，可以判断价值流中的浪费情况。图 7-1 中互联网项目的价值流动效率如下。

$$\text{流动效率} = \frac{\text{增值活动时间（22 天）}}{\text{周期时间（22 天} + \text{46 天）}} \times 100\% = 32.3\%$$

因此，很多团队只关注提升开发环节的效率是远远不够的，必须关注全价值流的效率。

对于客户或用户而言，他们最关注的是完成需求的周期时间，越短越好。缩短周期时间可以分两步走。

- 第一步：通过流程改进、组织调整等方法，减少等待、交接等非增值活动的时间，比如组建跨职能团队。
- 第二步：在第一步的基础上，提高团队的工作效率，缩短增值活动时间。比如，导入工程实践以提升团队的开发、测试和运维效率。

7.1.2 如何做价值流映射

团队的价值流，应由团队成员共同识别并达成共识，这一过程一般需要在一个工作坊进行，由团队面对面讨论，共同完成价值流映射。为了提高效率，团队成员也可以在线下根据自己对团队价值流的理解画出草稿，带到工作坊，然后团队成员就草稿内容相互讨论。最终定稿的价值流应该是每个成员都认可的。

对于几十人甚至上百人的大型产品线，将所有人集中到一起做价值流映射是不太容易的事，而且开销很大，因此组织可以选择价值流中不同环节的相关代表，这些代表对自己所参与的环节比较熟悉。比如，测试经理可以带上一名测试工程师来参加价值流映射，介绍测试环节在整个产品价值流中的运作方式，以及与上下游的衔接方式。

无论是哪种产品规模，价值流需要反映真实的价值流动过程，因为价值流映射是团队共创的，不是由个人凭借自己的猜测和理解绘制出的。在这个过程中，大家可能会惊讶于每个人对价值流的理解差异之大。

在精益生产过程中，鉴于生产系统本身的特点，团队经常采用比较复杂的符号和工具来映射价值流。而在知识工作领域，价值流映射要简单得多，只需如下四个步骤。

第一步：分析工作项的类型

工作项指的是交付价值的单元。不同类型的工作项的价值流动过程很可能不同。比如，图 7-1 是以团队需求为单元绘制的价值流，如果是以一个线上缺陷为单元绘制价值流，则会是不同的流动过程，因为大部分的线上缺陷不需要经过需求评审和用户体验设计，一般也不需要在产品 Backlog 里等待 15 天。

这一步需要遵循的原则是：价值流映射的单元是价值，即从客户的视角思考，什么东西对他 / 她有价值，什么东西对他 / 她没有价值。典型的价值流映射的单元是产品特性，因为每个交付特性都为客户或用户提供价值。

那么线上缺陷是否对客户有价值呢？应该说，线上缺陷给客户产生的是负向价值，即如果不修复或修复周期长，会让客户不满意，甚至产生经济损失。因此，线上缺陷也可以做价值流映射。但是有些工作不应该做价值流映射，典型的是技术实现任务，比如前端开发、后端数据表等，这类任务属于特性开发中的技术任务，对客户不直接产生价值。

第二步：列出选定工作项从诞生到交付的各个环节

这一步需要遵循以下两个原则。

- 工作项的环节需要反映价值流的主体活动。所谓主体活动，指的是分析、设计、测试脚本开发、编码、测试、验收等。做价值流映射要以价值流的活动为中心，而不是以人的角色为中心。比如，测试工程师在测试过程中发现了缺陷后，将缺陷传递给开发工程师修复，这时价值流的主体活动仍旧是测试，而不是开发，即使是开发工程师在解决缺陷问题。此外，软件开发过程不是像工厂的流水线那样串行的活动，而是不断迭代的过程，因此，一些活动的并行和重叠是正常的。比如，开发工程师在编码的过程中可能会发现接口设计内容有遗漏，于是找架构师提供接口设计，这时价值流的主体活动仍旧是编码，而不是设计。

- 价值流映射要体现出团队的真实价值流，而不是团队期望的目标价值流。如果团队不知道现在是如何工作的，就无法判断从哪里下手优化价值流。映射价值流的目的是清晰地理解现在的工作流程和价值流动效率。不管当前的价值流是多么的混乱不堪，浪费多么多，流动效率多么低，也要保持真实性。

第三步：分析哪些环节是增值环节，哪些是非增值环节

凡是那些“等待”的环节都是非增值环节。比如，等待评审会议举行，等待环境就绪，等待人力分配，等待接口联调，等等。

第四步：估算每个环节的耗时

虽然现在团队还没有用度量工具系统采集数据，但是可以根据团队日常的工作经验来估算每个环节的耗时。虽然估值未必精确，但是相对准确，能够达到分析的目的。

第五步：将以上步骤的分析结果绘制成价值流图（如图 7-1 所示）

通过价值流图，可以达到以下目的：

- 让团队对产品真实的价值流达成共同的认识和理解；
- 让团队对浪费环节有明确的理解，对价值流动效率有量化认识，并将其作为驱动改进的起点；
- 为下一步设计看板系统提供输入。

如果团队不导入看板方法，只是将价值流图作为工具来识别和减少过程中的浪费，那么下一步就是设计目标状态的价值流图，并做出从现在的状态到目标状态的行动计划。如果团队是在现有的价值流状态下导入看板方法，则不需要设计目标状态，而是将现有的价值流呈现在看板上，根据看板暴露的问题有针对性地改进。

7.2 看板分级

由于看板方法是以价值流为中心的工作方式，所以看板方法里没有团队的概念，而是以价值流为单位建立看板。使用看板的单位可以是一个团队，也可以是多个团队，看板的范围取决于价值流的范围。依据价值流的范围，看板可以分为两级：团队级看板和产品级看板。

7.2.1 团队级看板

团队级看板是由一个小团队所拥有的看板。这个小团队可能是跨职能团队，也可能是纯粹的职能型团队。对于跨职能团队来说，他们的看板管理的是端到端的价值流。如图 7-2 所示的一个团队，他们交付的每个特性都不依赖其他团队提供的任何组件，而且他们的价值流范围涵盖了从需求分析、设计、编码，到部署、上线的全过程。

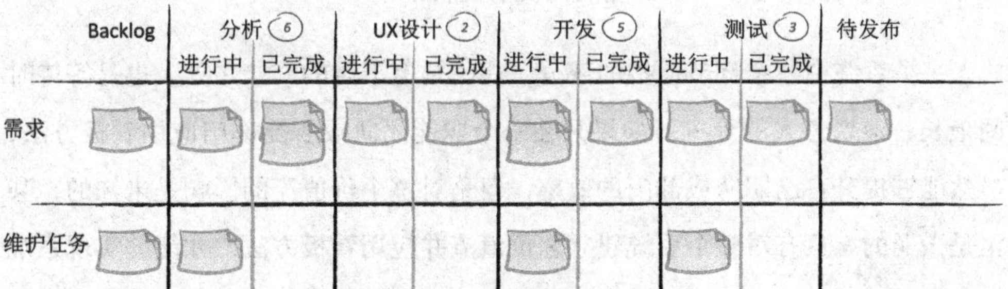

图 7-2 全功能团队看板

相比之下，职能型团队的管理范围只是价值流中的一段。比如，很多组件团队开发的单个组件并不能为客户提供价值，而是需要与其他团队的组件集成在一起才具备价值。在很多企业里，典型的组件团队有：前端页面团队、后端数据库开发团队、中间件团队、系统测试团队。

企业在开展敏捷转型时最好将这些职能型团队重组为特性团队。但是，很多企业没有准备好重组，于是在保持现有的组织结构的情况下开始应用看板方法，依托看板方法牵引组织进行渐进式敏捷转型，这样的看板为职能型团队看板。

在一家金融企业 R 的系统测试团队的看板上，流动的工作项是测试用例设计、测试用例执行等测试任务，这些工作对客户没有价值，只是特性流动过程中的一个流程环节。我曾经在这家企业里看到宏伟壮观的看板工程：每栋楼、每个走廊、每个团队的工位上都竖立着看板；早上 9 点钟，所有团队都自觉地围在看板前开站会。当我仔细观察每个看板时，发现了关键的问题：这些看板貌似很好，但都是一块块孤立的看板，它们是开发组看板、测试组看板、运维组看板、规划组看板，每个看板互相之间没有连接。

一个系统中各个环节连接的部分，往往是上下游的交接之处，也是等待时间最长、浪费最大的地方。如果只在一个职能团队或职能部门应用看板方法，虽然能够提升自己团队或部门的效率，但是对整个价值流的影响是未知的，甚至是微弱的。只有对整个系统建立全价值流并应用看板方法，才能够实现系统级优化的效果。很多企业都只在价值流的一部分应用看板方法，常见的应用起始点是开发环节，而整个价值流的瓶颈未必是开发环节。

对于职能型团队，因受自己的权力所限，所以从自己可控制的范围开始建立团队级看板也无可厚非。但是团队需要扩展价值流的范围，逐步达到全价值流。

7.2.2 产品级看板

对于很多大型项目来说，一款产品由多个团队协作交付，每个团队各有分工。在这种情况下，企业不仅需要团队级看板，还需要在产品层建立看板，如图 7-3 所示。

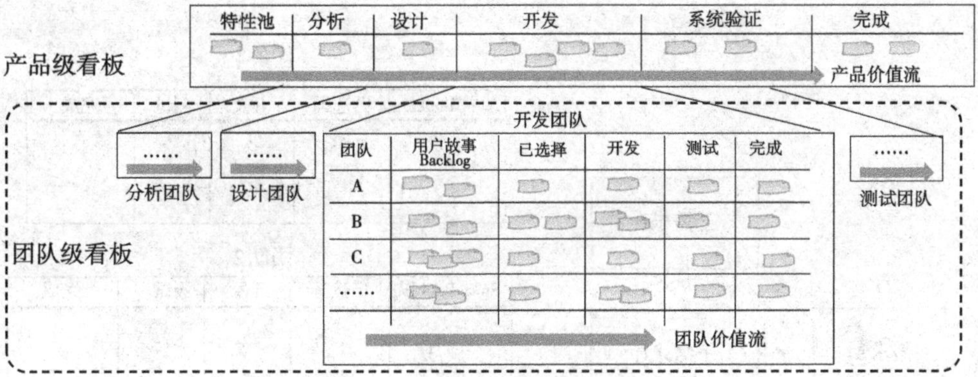

图 7-3 产品、团队两层看板

在产品级看板上流动的是特性级大颗粒需求，即那些产品经理、版本经理以及利益干系人所关注的需求。产品级看板由负责产品端到端价值流的人来管理，在很多企业里是产品经理或版本经理这样的角色负责产品价值流。

在图 7-3 中，产品级看板的负责人组织各团队将大颗粒需求拆分成用户故事级的小颗粒需求，由不同的团队认领，因此，在团队级看板里流动的是由产品级看板拆分出的小需求。一般情况下，一个完整的特性级需求不需要拆分到多个团队中去，而是由一个相应的特性团队完成即可；相反，如果其中有的团队是组件团队，就需要将需求拆分到多个团队协作交付。

一个产品级看板所管理的项目规模并没有上限。我所参与过的产品级看板项目，从 3 个团队的 20 人规模，到 40 个团队 500 人规模都有。

那么团队级看板的需求状态如何被反映到产品级看板中呢？这可以通过父子需求的级联关系实现。如图 7-4 所示，父需求 A 在产品级看板上流动，A 拆分出了 B、C、D 三个子需求，分别由三个团队负责交付。如果企业用电子看板工具管理，那么父需求可以根据其所有子需求的状态自动跳转，不需要人手动更新父需求的状态；如果企业用物理看板管理，那么就需要产品级看板的负责人从各团队收集子需求的状态，再判断父需求应该处于什么状态，并手动更新父需求的状态。如果一个项目拥有大到几十人至几百人的规模，最好使用电子工具以提升管理效率。

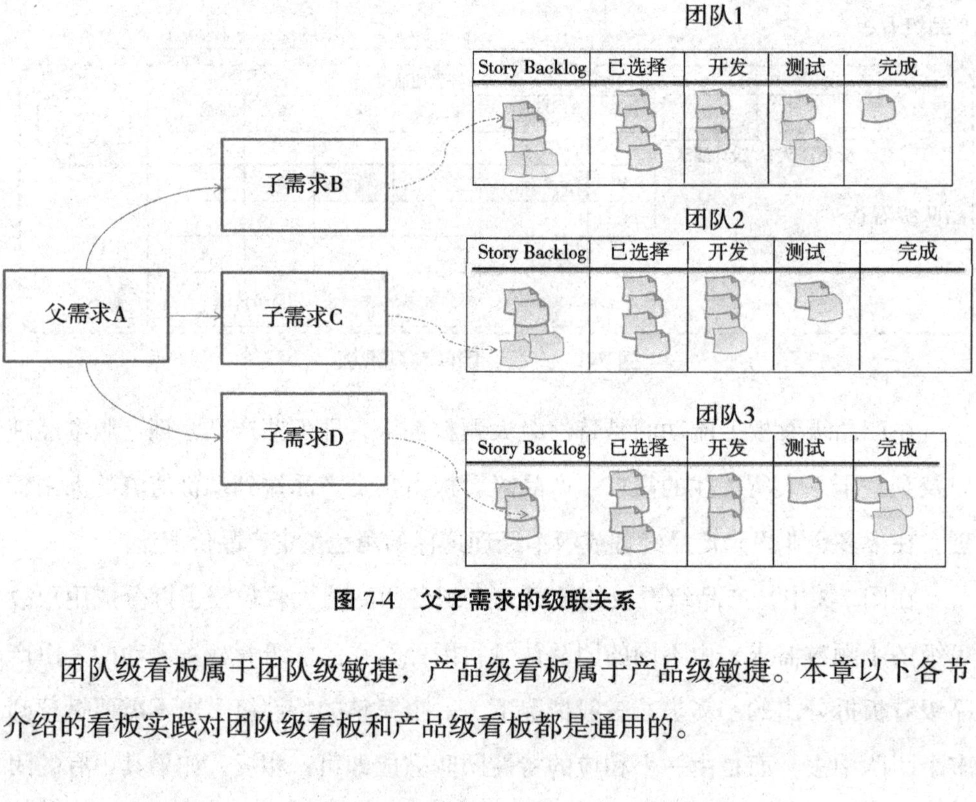

图 7-4 父子需求的级联关系

团队级看板属于团队级敏捷，产品级看板属于产品级敏捷。本章以下各节介绍的看板实践对团队级看板和产品级看板都是通用的。

7.3 服务级别及处理策略

7.3.1 服务级别和延期成本

服务的概念并不仅限于服务行业。对于一个直接给客户提供服务或产品的团队而言，他们给客户提供的是客户所需的服务或者解决方案。对于那些不直接给客户提供服务或产品的团队而言，比如企业内部的平台团队，上游团队相当于他们的内部客户，他们收到上游团队的需求后，给上游团队提供其所需的解决方案，这也是一种服务。由于服务无处不在，服务的级别在任何领域和任何项目中都普遍存在。

对不同的服务进行分类，可以帮助团队以相应的经济成本获得比较高的客户满意度。此外，还能帮助团队从经济成本的视角来区分产品和特性的优先级，从而降低风险，提升业务的敏捷性。

要分析服务级别，我们首先需要理解一个概念：延期成本。延期成本是延期交付所产生的财务成本。若想知道一个产品或者一个特性的延期成本，只需要问一个问题："如果我们晚交付一个月的话，会给我们带来什么损失？"或者正向问法："如果我们提前一个月交付，会给我们带来什么价值？"延期成本是产品开发领域最值得量化的指标。

7.3.2 服务级别

从延期成本的角度来分析，服务级别有四种[①]。

1. 加急类

加急类工作指的是那些产生的价值或损失极其重大，而且影响即刻产生，或在某个时间窗口内迅速产生影响的工作。例如，电商网站上用户无法下订单，或者下单后无法付费等严重问题。其延期成本模型如图 7-5 所示，细分为两种情况。

（a）价值或损失极其重大，并随时间的变化持续攀升。

（b）价值或损失极其重大，并随时间的变化保持不变。

① 这四种服务级别由大卫 · J. 安德森提出。

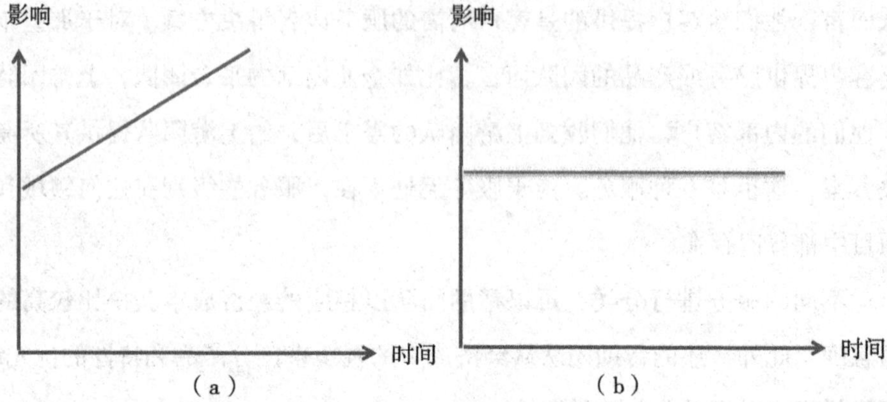

图 7-5　加急类

2. 固定交付日期类

固定交付日期类指的是那些在到达截止日期后价值或损失迅速上升，而在截止日期到达前交付不产生价值或损失的工作。例如，电商网站“618”促销活动，一些特性只有到了 6 月 17 日深夜的时候才开始生效，而在这之前不需要上线。但是如果晚于这个时间上线，就错过了热销的窗口期。其延期成本模型如图 7-6 所示，细分为两种情况。

（a）到截止日期后，价值或损失迅速上升，并随时间的变化持续攀升；

（b）到截止日期后，价值或损失迅速上升，并不随时间的变化而变化。

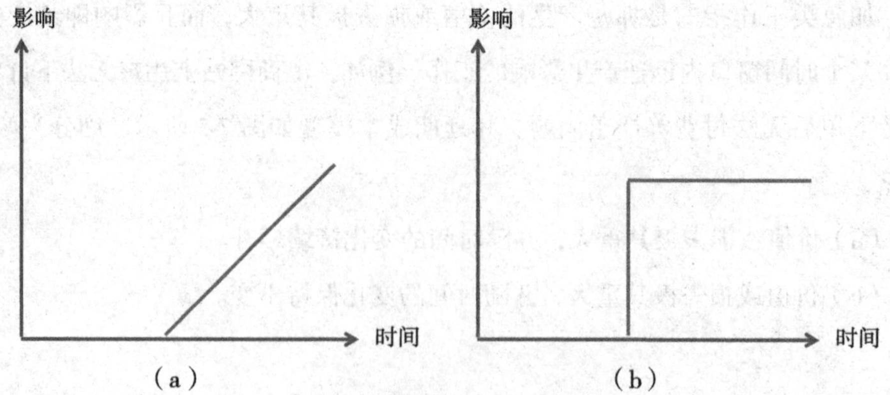

图 7-6　固定交付日期类

3. 普通类

普通类工作指的是那些价值或损失随着时间线性增长，没有特定的截止日期，早交付早产生影响的工作。一般情况下，大部分产品特性属于这一类，其延期成本模型如图 7-7 所示，不同价值的服务，其延期成本的斜率不同。

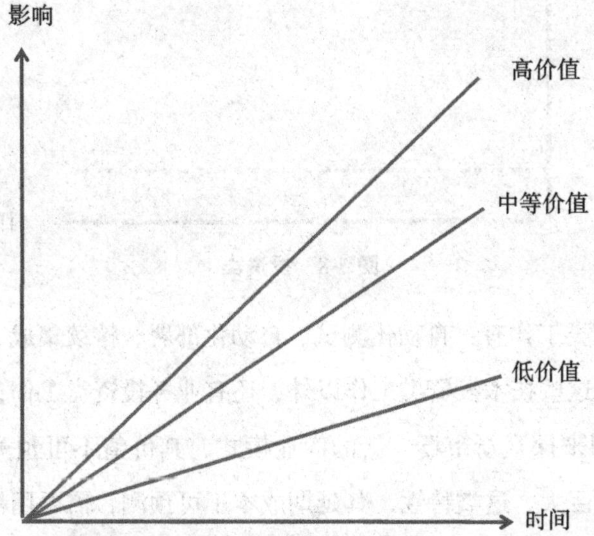

图 7-7　普通类

4. 投资类

投资类工作指的是那些不直接产生价值或损失的工作，或不可预测的工作。这类工作会提升团队效率从而间接产生价值，或者如果一直不做的话，长期累积下去会造成经济损失。比如，清偿技术债的工作属于这一类。投资类的延期成本模型如图 7-8 所示。

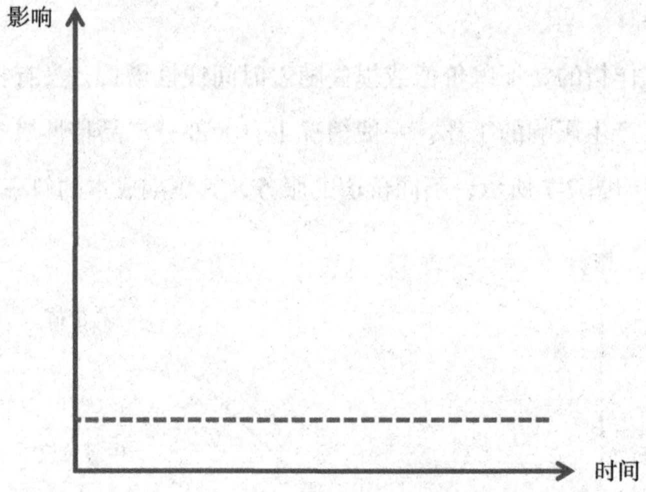

图 7-8　投资类

典型的投资类工作有：自动化测试、自动化部署、持续集成、架构解耦、代码重构等。除了这些技术投资类工作以外，还有业务投资类工作，比如创新型特性，这些特性用来探索新市场、新的商业模式，其价值不可预测，可能没有价值，也可能价值巨大。这类特性，其延期成本不可预测，需要用精益创业的方法来验证其价值（参阅第 8 章）。

需要注意的是，投资类工作的服务级别可能会随着时间的演进而发生变化。比如，创新型特性，企业一旦在客户验证过程中发现其潜在价值巨大，就会马上将其转为普通类甚至是加急类工作。

某公司的平台架构已经近十年没有优化过，虽然团队一直想优化，但总是排不上日程，常年属于投资类工作。而当添加新特性变得越来越困难，平台的性能也越来越慢时，终于在 2015 年，这项工作的服务级别被升级为普通类，与产品 Backlog 里的普通特性受到同等对待。到 2016 年，架构优化工作还没有完成。这时公司决定，为了与业界接轨，需要在 2016 年年底将各平台、各产品线更新为业界最新的框架标准，于是架构优化的工作被升级为固定交付日期类。可遗憾的是，架构升级的工作并不顺利，直到 2017 年还没有完成，而大部分与该平台接口的系统已经升级完毕，导致该平台不能为其他系统所用，因此架构优化这项工作被升级为加急类，每晚一天，都会对与其接口的系统造成重大影响。因此，如图 7-9 所示，这项工作随着时间的推进，其服务级别在变化。

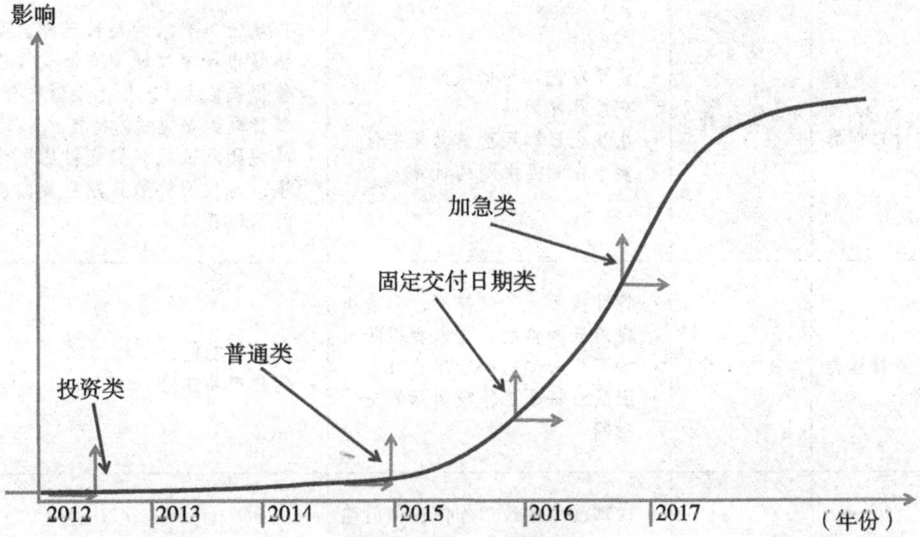

图 7-9　服务级别的变化

在实际的项目操作中，这四种服务级别可能会衍生出其他的服务级别。因此，团队要基于这四种服务级别并结合自身的实际工作情况，分析随着时间的推进，该项工作服务级别的变化。分析出服务级别后，团队就可以针对每个阶段的服务级别制定处理策略。

表 7-1 是某企业一个团队定义的服务级别、看板上的可视化方法，以及每个服务级别的处理策略。

表 7-1 某团队服务级别及相应处理策略

服务级别	看板上的可视化方法	处理策略	工作项范围
加急类	红色卡片	• 走加急通道 • 不受在制品限制的约束 • 在整个看板范围内最多同时只能有一个加急的工作项	• 宕机 • 造成经济损失的缺陷，比如用户无法下单 • 基本功能无法使用的缺陷
固定交付日期类	蓝色卡片	• 需要在进入看板队列前一周提交给开发团队 • 在截止日期到达前必须交付 • 参与在制品限制的计算	• 市场窗口要求的交付日期，即错过市场窗口就没有价值或价值损失极大，比如为大型展会、节日促销等规划的特性 • 其他团队依赖我们交付的工作项，与我们协商日期后我们已经承诺日期
普通特性类	黄色卡片	• 特性按照优先级排序，只有排在前五的特性才进入看板队列 • 按照先入先出的顺序交付 • 团队对每个工作项要估算交付时间	• 产品新功能 • 优化产品体验
内部技术改进类	绿色卡片	• 内部技术改进工作依据部门整体计划实施 • 在整个看板范围内，内部技术改进类不少于 10%，不超过 30%	• 搭建持续交付流水线 • 优化前台框架

7.4 看板可视化设计

如果没有可视化，团队就只能靠主观感觉来判断项目和团队的状况，而主观感觉很可能与实际情况有偏差。看板可视化可以帮助团队客观、实时地掌握项目进展情况并帮助团队依据事实和数据做决策。

7.4.1 看板可视化设计第 1 步：定义过程改进的起始点和终止点

完成价值流映射后，团队需要思考看板从哪里开始导入。最理想的看板是展示出从开始提出想法，到将想法交付给客户或用户为止的全价值流过程。但很多发起敏捷转型的组织对端到端的流程没有全局的控制力，它们只能够影响其中的一部分。因此，它们往往从这一部分开始引入看板，再逐渐影响其上下游，使其接入看板系统，最终将看板系统延展至端到端的价值流。

因此，过程改进的起始点和终止点的选择比较容易，即从你能够控制的范围开始。

7.4.2 看板可视化设计第 2 步：设计看板的列

将价值流映射图（如图 7-1 所示）作为输入，就可以设计出工作项需要流经的看板的列，如图 7-10 所示。

需求池（待分析）	分析		UED设计		开发		联调和自测		等待第二方组件	集成和联调		系统测试		上线
	进行中	完成（待评审）	进行中	完成（待评审）	进行中	完成	进行中	完成		进行中	完成	进行中	完成	

图 7-10 设计看板的列

需要注意的是，每列分为“进行中”和“完成”两个子列。“完成”列是为下游准备输入的“等待”列。

常踩的坑！

没有子列的看板

很多团队设计的看板没有区分“进行中”和“完成”两个子列。在这样的看板里，当上游处理完一个工作项后，便将其直接推到下游。因此，工作项从上游的“进行中”列直接流到了下游的“进行中”列，

> 这样的看板不是拉动式生产，而是典型的推动式生产。严格地说，这样的看板不是看板。

为什么一定要在看板上设置“进行中”和“完成”两个子列呢？因为“完成”列给下游一个指示信号，提示上游工作已经完成，可以拉动并开始下游的工作。

7.4.3 看板可视化设计第 3 步：设计看板的泳道

游泳运动员在不同的泳道里游泳，是为了避免受到彼此的影响。应用这个思想，以一定的规则将整个看板划分为不同的泳道。泳道划分的规则由每个团队根据自己的需要来定。图 7-11 所示的是按服务级别划分泳道。

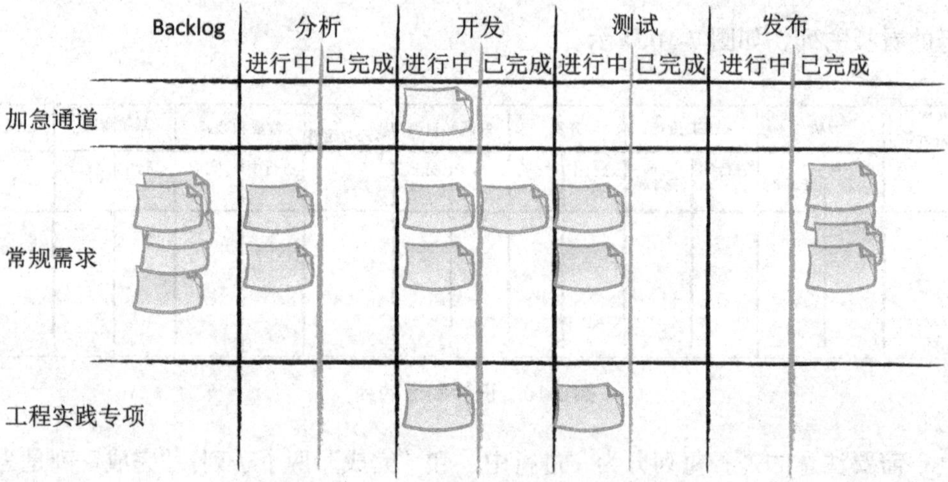

图 7-11 按服务级别划分泳道

图 7-11 是一个团队建立的看板原型，依据服务级别划分为“加急”“常规需求”“工程实践专项”三个泳道。“加急”泳道代表最紧急的工作项，需要立即解决，零等待；“常规需求”泳道代表非紧急类型的产品需求，每个需求依据优先级排序进入看板；“工程实践专项”泳道代表代码重构、补充自动化测试脚本等工程实践工作，这类工作属于投资类服务级别。

7.4.4 看板可视化设计第 4 步：设计看板的工作项卡片

在看板上将工作项用卡片的方式可视化。卡片的设计要遵循“足够好”的原则，即卡片对工作项的状态和风险的呈现有一目了然的效果，足以让团队依据卡片的信息做决策。如图 7-12 所示，工作项卡片可视化的信息一般会包含这些内容。

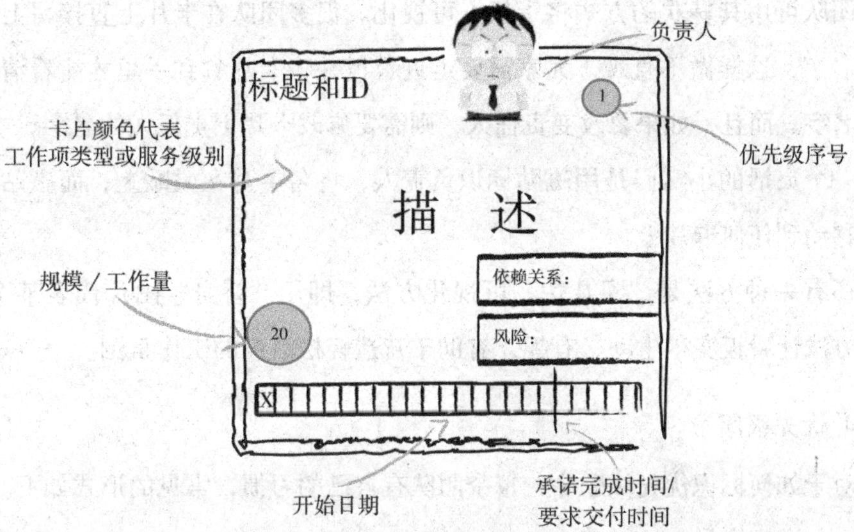

图 7-12 工作项卡片模板

1. 工作项类型或服务级别

不同类型或者不同服务级别的工作项需用不同的颜色标识，以便于区分。要达到的效果是，当团队站在看板前，不需要猜测或询问某个卡片代表的含义。例如，团队在建立看板的时候可以这样约定（如图 7-13 所示）。

图 7-13 工作项的颜色定义

2. 标题与 ID

每个工作项卡片都需要有个标题，用一句话来描述卡片。如果团队用电子系统管理工作项，每个卡片上一般还会有一个 ID 号，作为卡片在电子系统里的唯一编号。

3. 负责人

团队可用其喜欢的方式将责任人可视化。很多团队在卡片上直接写上负责人的名字，这样做不直观，大家需要走近看板并将卡片拿到手里才能看清负责人的名字。而且，如果要改变责任人，则需要修改卡片上责任人的名字。

一个灵活的小窍门是用磁贴标识负责人，将名字写在磁贴上，而磁贴可以自由移动到任何卡片上。

还有一种方法是“阿凡达”可视化方法，即用“替身”图片代表某个人。这种方法让看板变得生动、有趣，有助于营造轻松活泼的工作氛围。

4. 优先级序号

对于如何标识优先级顺序，每个团队有自己的习惯，常见的形式如下。

（1）数字序号 1，2，3，4，5……

（2）没有明显标识，但是在看板队列里从高到低按照优先级的顺序摆放卡片，从而团队明确地知道下一步该做哪张卡片上的工作项。

常踩的坑！

很多团队看板上有大量卡片，甚至所有卡片的优先级写的都是“ASAP”（As Soon As Possible），即越快越好。

优先级的定义是相对的，即 A 相对于 B 更重要，B 相对于 C 更重要。如果大量卡片都是 ASAP，那就说明团队没有真正分析工作项的优先级。如果所有的工作都一样重要，那么可能就没有真正重要的工作项。

常见疑惑

问：优先级顺序与服务级别有什么区别？

答：服务级别是从延期成本的角度对工作项的服务等级进行分类，而优先级顺序是工作项之间相对的关系。比如，有同样固定截止日期的工作项A和B，A的截止日期更近些，同时工作量也更少些，那么工作项A应该比工作项B的优先级顺序更靠前，团队优先拉入A启动。由此可见，对工作项排优先级顺序的时候，应该先按照服务级别分类，然后，对于同一服务级别的工作项再排优先级先后顺序。

5. 描述

不同类型的工作项有不同的描述形式：如果是需求，团队一般会采用用户故事的形式进行描述；如果是缺陷，每个公司一般会有自己定义的描述模板。

6. 规模 / 工作量

在不同的企业，甚至是同一个企业里的不同团队都可能会采用不同的工作量估算方式。常见的工作量估算方式如下。

- 自然天：一个工作项预计需要多少天完成。
- 故事点：一个工作项需要几个点数（点数是虚拟的没有单位的相对度量单位）。
- 小时数：对于将需求拆分为技术实现任务的工作项而言，可以更细粒度地估算到小时。

此外，估算不是必需的，取决于团队的成熟度和工作习惯，以及需求拆分的粒度。需求拆分得越小，估算的必要性就越小。

7. 时间信息

团队根据自己的需要，可以记录以下时间信息。

- 卡片的启动日期，即卡片开始进入看板就绪队列的那一天。打个比方，启动时间相当于我们点完菜后下单的那一刻，我们以此作为计算饭店上菜周期时间的起点。

- 卡片的实际完成日期，即卡片流动到看板最后一列的那一天。实际完成时间相当于饭店服务员将菜端到我们面前的那一刻，我们以此作为计算上菜周期时间的终点。
- 卡片的周期时间，即卡片的实际完成时间减去卡片的实际开始时间。如果团队用电子看板系统，卡片的开始时间和完成时间都是自动记录的，不需要人工记录。此外，很多具有度量统计功能的电子系统可以自动统计出周期时间。
- 卡片的截止日期，或团队的承诺日期。对于固定交付日期类型的卡片而言，团队需要记录卡片要求的交付日期；对于非固定交付日期类型的卡片而言，如果团队已经向利益干系人承诺了交付日期，那么也应该记下这个日期，在每日站会的时候关注对于承诺的达成是否有风险。

常踩的坑！

很多团队喜欢更精细化地管理，在卡片进入看板的队列后就开始详细地计划卡片的开发启动日期、开发截止日期、测试启动日期，测试截止日期。

这样做貌似让计划看起来很靠谱，团队也有了安全感，但其实削弱了团队应对变化的灵活度。很多工作项在开发还未启动的时候，开发过程中会遇到什么困难是未知的。如果这时候就设定开发的截止时间，甚至用这个截止时间来推算测试的启动日期和截止日期，那么这样的测试计划实际上是将开发过程中的不确定因素纳入自己的工作中。这种过早的计划不但不靠谱，反而是一种管理上的浪费。更严重的负面作用是，当特性 A 的开发截止日期临近的时候，如果此时有更高价值的特性 B 流入看板，团队为了确保特性 A 在原来计划的截止日期之前完成开发，会将更高优先级的特性 B 搁置，结果导致团队优先交付的是更低价值的工作项。

8. 风险和依赖

卡片的风险和依赖都需要显性标识，标识的方法有很多种。比较简单的方式是用一张颜色醒目的纸贴，标记这个工作项有什么风险或依赖，并将其贴到工作项纸贴的上面。每日站会上，团队都要跟踪风险或依赖，了解其是否已经解除。

7.5 限制在制品，实现拉动式生产

7.5.1 什么是拉动式生产

严格地说，只做了可视化还不能称为应用了看板方法，只有实现了拉动式生产，才是看板方法。

“拉动式生产”“看板”“精益生产”的概念来源于丰田企业。在生产制造行业，传统的生产方式采用上道工序向下道工序送货，加工过程由第一道工序向最后一道工序推进。这样的生产方式易造成库存积压过多，以及产品的批次性质量问题。精益生产与之相反，遵循“内部客户”原则，即前工序视后工序为自己的内部客户，当后工序需要工件生产的时候向前工序取货，每个工序都以这种拉动式的生产方式工作，一直到第一个工序。从而，整个生产线形成了拉动式系统（如图 7-14 所示）。

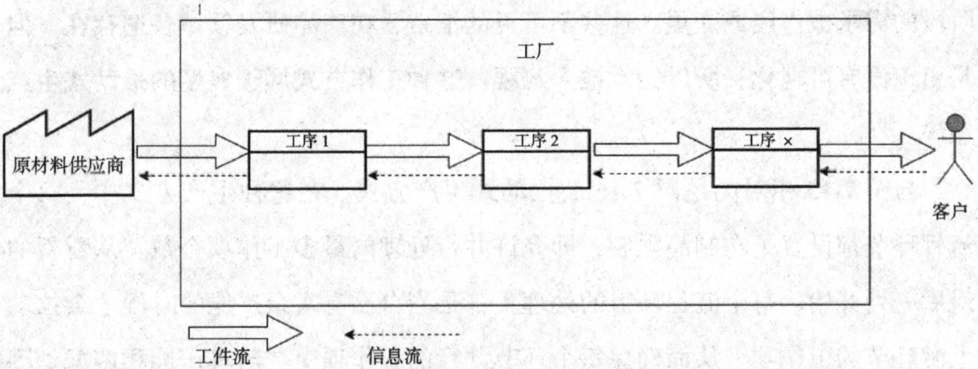

图 7-14　拉动式生产

拉动式生产在我们生活中广泛存在。比如超市，货架上只摆放有限的商品，顾客从货架上拿走商品后，货架上的商品减少，超市工作人员从库房取货填充货架。理想的情况是，企业在接到客户的订单之后再开始生产，这才是把浪费降到最低的生产方式。

“看板”也来源于丰田，“看板”在日语里是指“信号卡”，英文为“Visual Board”。在工厂里，职工用看板作为前后工序沟通的信号，来调节和控制各工序在必要的时间生产出必要的工件，从而实现拉动式生产。

常踩的坑!

“看板”这两个字在字面上给人的直观印象是“一个可以看的板子”，导致很多软件企业把看板当作 Scrum 里的任务板。

那么，在软件企业里如何利用看板实现拉动式生产呢?

图 7-15 展示的流程是一个企业常见的软件项目的工作方式：需求分析完毕后，大批需求被传递给开发团队做开发；开发完毕后，大批需求被传递给测试人员做测试；测试完毕后，大批需求又被整批推给用户验收人员来做用户验收测试（User Acceptance Testing，简称 UAT）。每个环节都堆积了大量的工作项，没有完成的工作项被称为“在制品”。在制品在每个环节滞留的时间越长，反馈就越慢。在这种工作方式下，如果市场业务有变化，会导致大量已经进入研发阶段的需求被作废或变更。这些不可见的浪费，在产品研发领域普遍存在，但是由于没有可视化，所以经常被人忽视。这种工作方式属于典型的推动式生产系统。

与图 7-15 相对的是图 7-16 的拉动式生产方式。在这种生产方式中，每个流程环节都设置了在制品限制，即允许并行处理的最多工作项个数。从看板的最后一列开始，每个流程环节的处理人都是当自己有富余产能的时候才会拉动上游环节的工作项，从而确保每个环节并行的工作项个数与其产能相匹配。因此，在拉动式生产系统里，工作项始终处于流动状态，没有堆积。

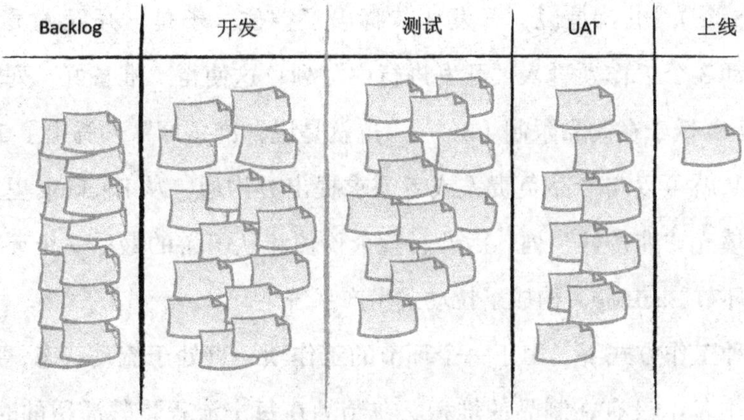

图 7-15　软件项目里的推动式生产

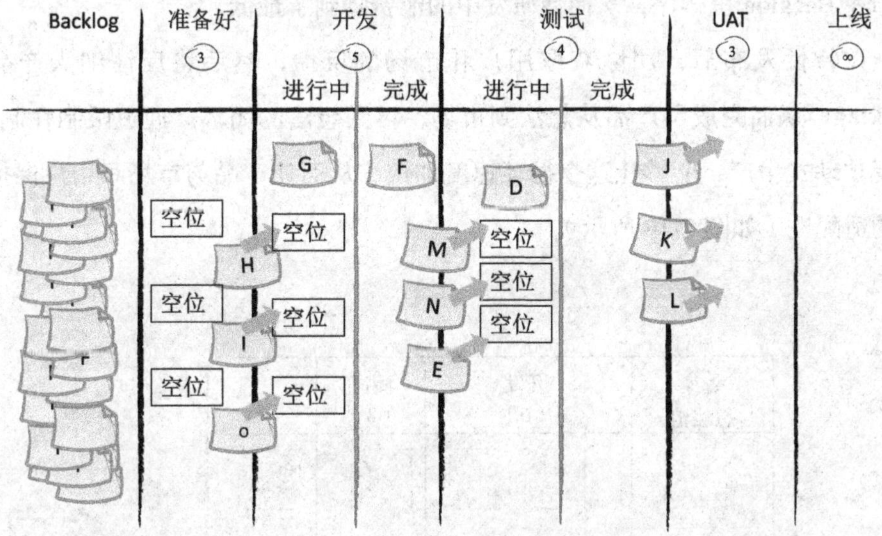

图 7-16　软件项目里的拉动式生产

如图 7-16 所示，当用户验收测试人员完成手中的工作后，从“测试完成”列拉动 3 个工作项到“UAT”列，开展 UAT 测试。这使得“测试”列的在制品个数（1 个）低于“测试”列的在制品限制（4 个），也就是说测试环节腾出了空位。于是，测试人员从“开发完成”列拉动 3 个工作项到“测试进行中”列，开始测试。这又使得“开发”列的在制品个数（2 个）低于“开发”列的在制品限制（5 个），也就是说，开发环节腾出了空位。于是，开发人员从“准备好”列拉动 3 个工作项进入“开发进行中”列；这使得“准备好”列的在制品个数（0 个）低于在制品限制（3 个），也就是说，“准备好”列腾出了 3 个空位。此时，团队就可以与产品负责人或者需求提出方沟通，从 Backlog 里拉动 3 个工作项来填充“准备好”列。因此，整个价值流从下游的最后一个环节到上游的第一个环节 Backlog，构成了拉动式生产系统。

在这种工作方式下，由于每个环节的工作项一直处于流动状态，所以整个研发流程中基本没有在制品的堆积。在制品在每个流程步骤滞留的时间越短，反馈就越快。即使业务需求有了重大变化，但由于需求还没有进入研发流程，仍旧在 Backlog 里排序，从而使研发中的浪费降到了最低。

在特性发布后，团队获取用户和市场的反馈，然后将反馈纳入产品的 Backlog，从而完成了产品从想法到市场，再到想法的闭环。通过限制在制品，实现拉动式生产，能够让这个循环速度加快，从而让产品与市场和用户保持最佳的适配性（如图 7-17 所示）。

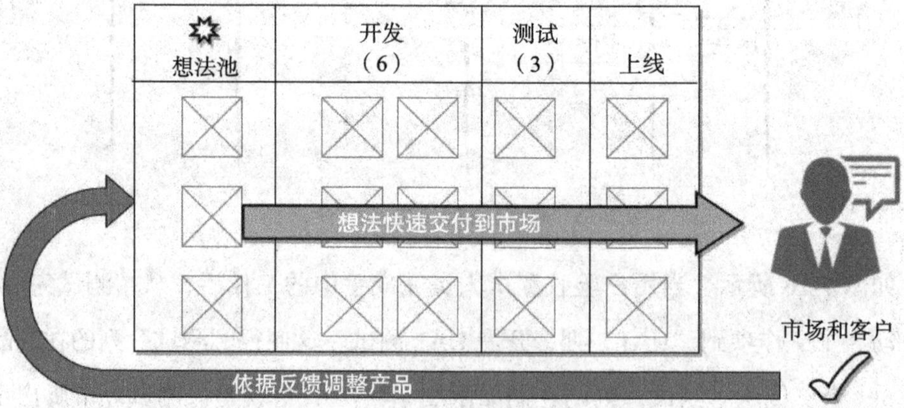

图 7-17　从想法到市场，再到想法的反馈环

在精益生产里，更完整的拉动式生产，是在客户下订单后才开始生产，从而保证生产的产品完全没有被浪费。而在软件行业一般没有“订单→生产”这样的过程，我们只能依据市场和用户对上线的产品特性的反馈来调整 Backlog 的内容及其优先级顺序，从而确保进入看板队列的特性与当下的市场和用户的需求最匹配。

如果团队做的是创新产品，客户和市场都是未知的。如果在我们完全没有订单的情况下，直接启动开发流程，可能最后上市的产品是与市场不匹配的。这时候，团队需要采用精益创业的方法，设计最小可行产品（Minimum Viable Product，简称 MVP）来验证客户群体和市场（详见第 8 章）。

7.5.2 为什么要限制在制品

1. 缩短平均周期时间

排队理论（Little’s Law）是约翰·利特尔（John Little）于 1961 年提出的，是一个有关周期时间与在制品关系的简单数学公式，这一法则为精益生产的改善指明了道路。

Little’s law 的原始公式如下。

吞吐率（Throughput）= 在制品（WIP）÷ 平均周期时间（Average Lead Time）

另一种表达方式如下。

平均周期时间 = 在制品 ÷ 吞吐率

例如，一个团队的交付速率是平均每个月交付 20 个特性，假设你作为产品负责人提出一个新特性，那么团队需要多久能完成这个新特性呢？

假定 Backlog 里有 60 个特性在排队，如果你提的新特性不插队，那么你需要等待的时间是 3 个月（60 个特性 ÷20 个特性 / 月）。

对于客户来说，他们非常期望缩短产品或服务的交付周期时间，也就是说，让他们等待的时间越短越好。遗憾的是，在我们的软件行业，很多组织和团队为了缩短周期时间，采取的方法往往是加班或加人。

迈克尔·科思用自己的项目做过试验。他的团队从第二周迭代开始加班，加班后的这一周产出速率较第一周提高了很多，但是从第三周开始速率下降；到了第四周，速率继续下降；到第五周的时候，速率已经降到低于第一周。如果对于已经有加班习惯的团队来说，在此基础上继续延长工时，也会有同样的结果，即短期内的产出会有所提升，但是长期不会再有效，甚至会降低产出。

早在 1975 年，小弗雷德里克·布鲁克斯（Frederick P. Brooks. Jr.）在其所著的《人月神话》（*The Mythical Man-Month*）中就提出过一个经典观点：给一个已经延期的软件项目增加人力，会让这个项目更延期。不幸的是，大家仍旧将“加人”当作救命稻草。

真正能够从本质上提升效率的方法是投资敏捷技术实践，比如自动化测试、持续集成、加速构建效率、持续交付、自动化运维等技术。这些方法对效率的提升会有很大帮助，但是需要一定的时间和资源成本的投入。

大部分团队习惯在排队理论公式中的“吞吐率”上下功夫，却忽视了在制品限制。如果将在制品数量控制在最低限度，那么即便在吞吐率没有显著提升的情况下，也会对平均周期时间起到立竿见影的效果。

2. 打破在制品堆积的恶性循环

在制品持续堆积会对产品和客户都产生极大的副作用，而且可能会形成一个连锁反应，如图 7-18 所示。

（1）在制品在某个流程环节或所有流程环节堆积，势必造成相应流程环节的周期时间变长，从而导致总的交付周期延长。

（2）某个流程环节的周期时间变长，会导致产品质量反馈慢；产品总的交付周期延长，会导致用户或客户的反馈周期延长。

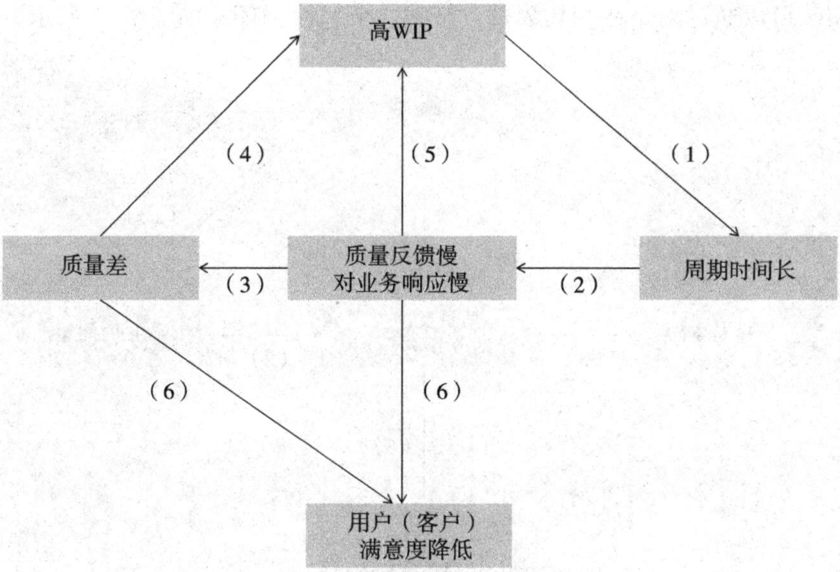

图 7-18　在制品堆积的连锁反应

（3）产品质量反馈慢（例如，开发团队提交了代码后，大量需求等待测试）会造成缺陷堆积。而在批量修复的过程中，开发工作又会引入新的缺陷，进而上线后有成批的缺陷产生，致使产品质量差。

（4）测试工程师将在产品测试中或上线后发现的批量缺陷都返回给开发团队，使其成为产品 Backlog 的一部分，这在无形中又增加了在制品数量，使在制品堆积更加严重。

（5）创新产品得到用户验证前，很多时候团队实际在做自己“假设有价值”的需求。如果那些“假设有价值”的需求长时间得不到用户的反馈，团队就无法调整方向，导致很多未经验证的低价值或无价值的需求源源不断地进入 Backlog，从而进一步增加了在制品的数量。同时，这些需求会与那些对用户真正有价值的需求争夺宝贵的研发资源。

（6）产品质量差，同时业务响应慢，必然导致用户或客户对产品的满意度降低。

团队可以通过限制在制品数量，打破这个恶性循环，如图 7-19 所示。

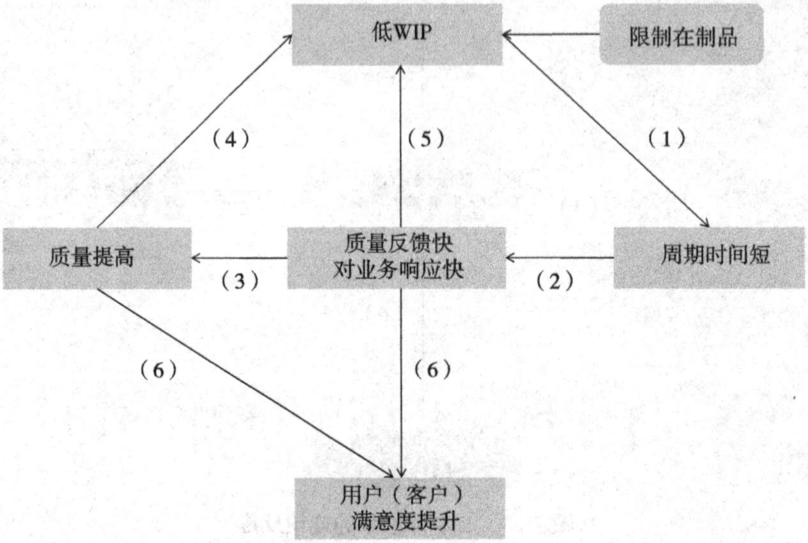

图 7-19　在制品限制产生的正向连锁反应

（1）限制在制品数量，会让产品特性的交付周期缩短。

（2）交付周期缩短，会让产品质量的反馈周期以及用户或客户的反馈周期缩短，从而使团队响应业务的速度变快。

（3）当质量的反馈周期缩短后，从测试和线上返回开发的缺陷会减少，从而产品质量会有所提升。

（4）从测试和线上返回开发的缺陷减少，在团队的 Backlog 里排队的缺陷就会减少，从而使在制品数量降低。

（5）用户或客户的反馈周期缩短后，那些未经验证的无用的或低价值的需求也会减少，从而间接地使在制品的数量降低。

（6）产品质量的提高，同时团队对业务响应的速度变快，必然会提升用户或客户对产品的满意度。

7.5.3 如何限制和调整在制品

1. 将实际的在制品数量作为限制的初始值

从不限制在制品到开始限制在制品是很大的转变。用实际的在制品数量做初始值是一种相对保守的方法，尤其适合那些惧怕变革风险的保守型企业。具体操作步骤如下。

第 1 步：在做完“价值流映射”和“看板可视化”两项工作之后，从看板中去除以下类型的工作项（如图 7-20 所示）。

- 尚未启动的工作项，将其退出看板放回需求池里。
- 已经启动但是处于搁置状态，短期内又不打算继续做的需求，将它们放置到“悬挂”区。

然后，你会发现看板上少了很多工作项。

第 2 步：将看板上余下工作项的个数作为在制品限制的起始值。图 7-20 中，看板上的工作项还剩 15 个，那么可以设置在制品限制的初始值为 15。

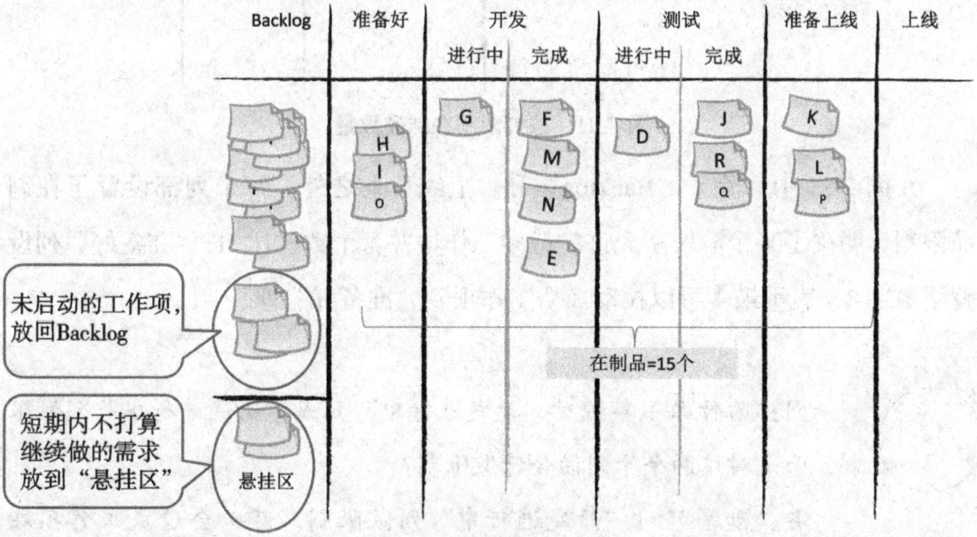

图 7-20 以实际的在制品数量作为限制的初始值

第 3 步： 团队按照这个在制品限制运作 1 个月的时间后，采取渐进式改进的策略降低在制品数量。比如，团队先尝试降低 10%~30% 的在制品，再运作 1 个月的时间，然后在回顾会议上讨论是否需要继续调整在制品限制。

这种设置和调整在制品限制的方法符合看板方法原则里的“从现在的工作方式开始”和“实施渐进式变革”的原则。

2. 按列限制在制品数量

限制看板每个列的在制品数量是最常见的做法，如图 7-21 所示。

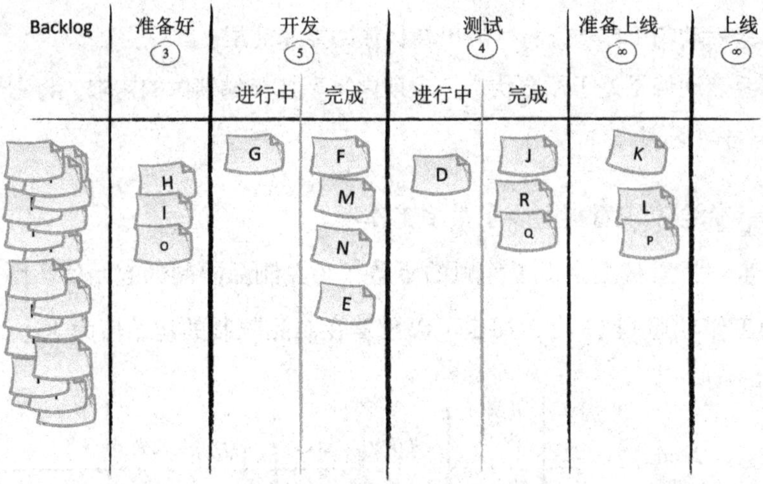

图 7-21 按列限制在制品数量

在图 7-21 中，除了“Backlog”和“上线”列之外，每个列都设置了在制品限制，明确了某个阶段所允许的最多工作项并行个数。比如，“准备好”列设置了数字 3，表示最多可以拉动 3 个工作项到“准备好”列。

常见疑惑

问：为什么不单独对“开发进行中”列或“测试进行中”列做限制，而是对这两个子列的合计做限制？

答：如果只对“开发进行中”列做限制，势必会造成工作项在“开发完成”列堆积，从而导致整个团队没有以工作项的流动为中心，而是各个角色以自己的工作环节为中心。同样道理也适用于其他的列。

常见疑惑

问：如果“开发进行中”的卡片完成后移动到了“开发完成”列，可是由于对整个“开发”列限制了在制品数量，开发工程师就无法从上游的“准备好”列拉动卡片到“开发进行中”列。在这样的情况下，开发工程师要做什么？

答：在这种情况下，如果开发工程师按照习惯的直觉做事，忽略堆积在“开发完成”列的工作项，继续从上游拉动工作项到“开发进行中”列，产生的后果是“开发完成”列的工作项越积越多。这时候，开发工程师应该努力帮助工作项向下游流动，而不是继续从上游拉动新的工作项。

按列设置在制品限制有以下几种方法。

- 在看板可视化后，从看板中去除掉未启动和暂时被搁置的工作项后，明确哪些是在“进行中”的工作项，哪些是上游已完成、等待下游开始的工作项。然后，将每个工作项放入相应的列。再以列为单位，用每列实际的在制品个数，作为限制的初始值。
- 先设置一个值，运行一段时间后，团队在回顾会议上审视是否需要调整。
- 依据不同职能的人的数量来设置。比如，开发工程师主要做“开发”列的工作，测试工程师主要做“测试”列的工作，那么“开发”列的在制品可以以开发工程师的数量作为限制，这样每个工程师不会做多任务切换，也不会过载。比如开发工程师有 5 个人，那么可将“开发”列的在制品限制设为“5”。

7.6 约定看板的工作节奏

看板的工作节奏包括就绪队列填充节奏（即进看板的节奏）和交付节奏

（即出看板的节奏）。

7.6.1 就绪队列填充节奏

看板的就绪队列指的是需求进入 Backlog 之后，团队正式开始启动之前的那个缓冲队列。放入就绪队列里的需求是排在 Backlog 里优先级最高的需求，并且已经准备好随时可以启动后续流程。在看板上可能用不同的名字，比如“已选择”“准备好”或“Next”等。

图 7-22 中看板的“已选择”列就是就绪队列。从“Backlog”列到“已选择”列的交界线，相当于产品负责人或需求的提出方与研发团队的握手线。“Backlog”列是产品负责人全权负责的区域，当一个需求从“Backlog”列被拉动到“已选择”列，表示双方对彼此的承诺。

- 产品负责人对研发团队承诺：需求已经确定，不再改变或删除；
- 研发团队对产品负责人承诺：这个需求已经充分澄清，技术可行，条件具备。

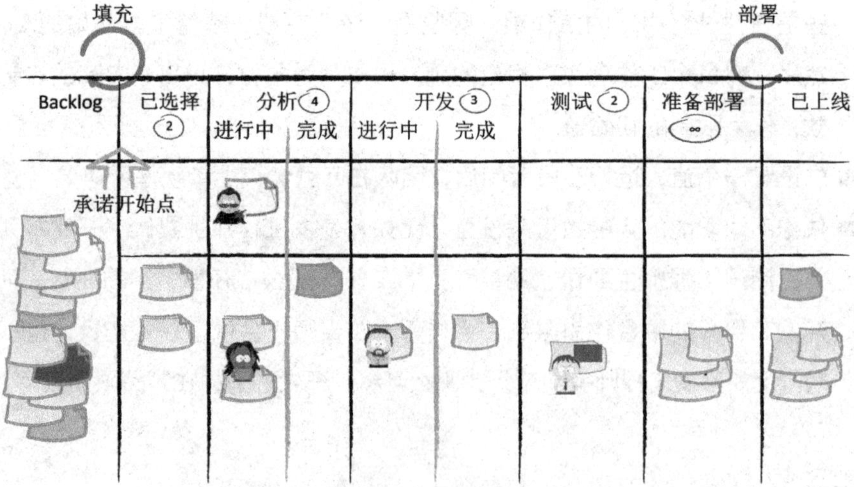

图 7-22 看板的填充和交付节奏

为填充就绪队列设定固定的节奏，有利于大家形成按照固定节奏工作的习惯。

一家互联网企业S的一个团队，其就绪队列中的在制品限制数量为10个。每周一，产品负责人和研发团队召开队列填充会议，会议步骤如下。

1. 团队检视看板上的就绪队列。假设队列里还有3个需求，那么团队需要添加7个需求。

2. 于是，产品负责人从Backlog里取出排在前7位的需求。对于每个需求，团队和产品负责人从以下几个方面逐一进行梳理。

（1）评估需求实现的风险。团队从代码影响范围的角度评估需求实现的风险，产品负责人评估市场风险、不确定性等业务因素。

（2）团队判断每个需求是否具备开发条件。有的需求需要对外依赖，有的需求资源不充分，有的需求需要更大范围的评审会议来决策，如果这些条件还不具备，那么这些需求不能被拉到就绪队列里。

（3）团队估算每个需求的工作量。

（4）拆分需求。对于复合型需求或工作量大的需求，需要团队与产品负责人现场拆分。

3. 产品负责人和团队对梳理后的需求重新排序，将排出的前7个需求拉到就绪队列里。

7.6.2 交付节奏

如图7-22所示，交付节奏指的是需求从“准备部署”到“已上线”的频率，是特性上线的节奏。交付节奏取决于团队的工程能力和业务需要两个方面。从团队的工程能力上看，当团队的持续交付能力达到非常成熟的程度，可以做到按需交付并随时上线的时候，就不需要拘泥于一个固定的交付节奏。从业务需要上看，有些软件的上线涉及用户安装或培训成本，比如移动端软件需要用户下载和安装新版本，对于这种产品来说，即使团队的交付能力达到了每天可以上线多次，也不适合让交付节奏过快。

就绪队列填充节奏与交付节奏有一定的关系。团队的交付节奏越频繁，填充节奏也就相应地频繁些，否则就会造成就绪队列处于“饥饿状态”，团队无需求可做；反之，如果交付节奏落后于填充节奏，就容易造成在制品在看板上堆积。因此，将队列填充节奏与交付节奏保持一致比较容易控制需求在看板上的进出关系。比如，团队在每周五交付一次，每周一填充一次，这样的节奏简单易行。

当就绪队列的填充节奏与交付节奏保持一致时，看板的工作节奏就会变得与 Scrum 里的 Sprint 周期类似。但有一个重要区别是：在 Sprint 周期内，需求范围是不能改变的；而在看板方法里，即使需求被拉入就绪队列，只要团队还未启动就可以改变需求。

7.7 构建三层反馈环

如图 7-23 所示，看板采用三层反馈环，牵引团队和组织持续改进。

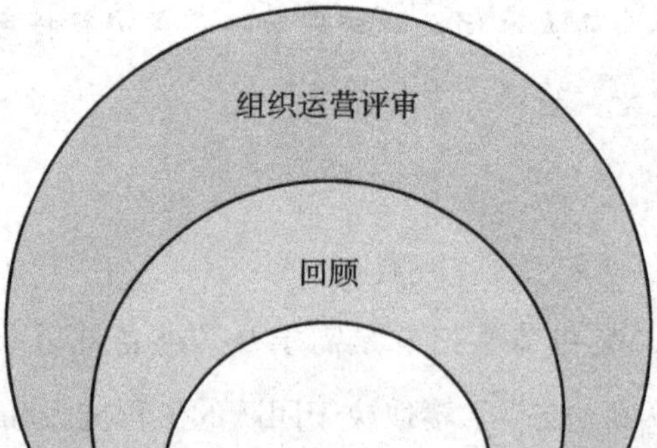

图 7-23 看板的反馈环

7.7.1 奏响站会四部曲

刚开始接触看板方法的团队一般不知道，看板方法的每日站会与 Scrum 流程里的每日站会不完全相同。

Scrum 团队的每日站会是以人为中心，每个人需要回答下面三个问题。

- 我昨天做了什么？
- 我今天要做什么？
- 我遇到了什么阻碍？

团队通过审视项目的状态，对当前的 Sprint 做必要的检查和调整。

而在看板方法里，每日站会以看板为中心，关注工作项的流动，这是与 Scrum 团队每日站会最大的不同。看板方法的每日站会有以下四个步骤。

第一步：走读

每日站会上，团队按照工作项拉动的方向，从下游向上游，即按照从右向左的方向走读看板里的每个工作项状态。

第二步：拉动

走读看板的过程中，按照自右向左的顺序做出拉动某一工作项的决策。拉动哪一个工作项是团队共同做出的决策。总的来说，团队要遵循的原则是：优先让工作项流出，再拉入新的工作项。团队在做出决策时需要综合考虑工作项的服务级别、延期成本、价值、风险、依赖关系、工作量、进入看板的时间和截止日期等因素。

第三步：关注

由于看板上的每个工作项的状态都已经被高度可视化了，所以不需要像 Scrum 团队那样每个人逐一汇报工作项的进展。在走读和拉动的时候，团队应重点关注以下工作项：

- ■ 被阻碍的工作项；
- ■ 有延期风险的工作项；
- ■ 连续多天没有进展的工作项；
- ■ 有严重缺陷的工作项。

第四步：检视

完成上述步骤后，团队需要检视看板的以下几个方面。

- ■ 看板是否遗漏了重要信息？
- ■ 价值流的瓶颈在哪里？
- ■ 是否有没识别出的阻碍？
- ■WIP 上限是否需要调整？
- ■ 是否每个人都清楚当前工作的优先级？

“四步曲”结束后，每日站会的结果是：

- ■ 看板被更新；
- ■ 完成了很久的工作项卡片被拿掉了；
- ■ 可能会触发会后讨论，但不要让讨论占用站会的时间；
- ■ 累计流图被更新。

7.7.2 回顾会议

看板方法里的回顾会议与 Scrum 里的回顾会议类似，步骤相当，只是相较而言，看板方法更加强调对交付数据做分析，并依据数据进行改进。看板的度量数据包括以下几项：

- ■ 累积流图；
- ■ 周期时间分布；
- ■ 周期时间趋势；

- 吞吐率趋势；
- 流动效率趋势。

由于看板方法里没有“Sprint”的概念和流程，因此没有关于回顾应该在什么时候召开的规定。但是，最好将回顾会议安排在一次交付之后召开，因为如果没有交付就没有价值流动效率的数据，也就无法依据数据来改进价值流。如果团队的交付节奏非常频繁，比如一周多次甚至每天都要有新版本上线，可以累积多次交付的数据一起回顾。比较合适的回顾节奏是两周一次，这不仅便于团队及时改进，而且团队在回顾上花费的时间成本也是可以接受的。

7.7.3 组织级运营评审

组织级运营评审是整个组织范围的持续改进工具，组织的单位可以是一个大型项目、一个业务部门，甚至是整个公司。由于组织级的员工数量较多，组织级运营评审以最有效的数据和事实为依据，让大家就现状和问题达成共识。

每个企业都可能制定自己的运营评审方法，一般都围绕以下几个步骤策划。

1. 明确组织级运营评审的目标和范围

组织级运营评审覆盖整个组织的全体员工，结合组织的目标，以数据事实为依据对组织绩效进行回顾。组织级运营评审超越了组织里任何一个项目级的交付评审，具体范畴每个组织自己定义。组织级运营评审一般会包括以下几个方面：

- 组织的商业运营状况；
- 市场和运营数据；
- 项目交付数据；
- 人力资源数据。

2. 确定组织级运营评审的周期和参会人

每个组织视自身的规模设计合适的运营评审周期。那些拥有几百人、上千人的大型组织一般每个季度评审一次，召开为期一天的会议。有些组织发现每个季度评审一次，收集的数据略微滞后，因此喜欢每个月召开一次运营评审。

那么哪些人需要参加运营评审呢？这取决于组织的文化。有些组织倡导开放、透明、互信的文化，并在每天的工作中践行这个文化，因此召集全体员工参加评审，甚至还邀请自己的供应商和客户参加；有些组织视运营数据为商业机密，因此将运营评审作为管理层的内部会议，只召集最高管理者和每个项目、每个部门的主管参加。

3. 收集组织的商业结果数据、市场运营数据、项目交付数据和人力资源数据

商业结果的数据可能包括财务开支和营收数据、用户增长和留存数据、市场订单数据等能够说明组织商业状况的任何数据。

市场运营数据包括市场拓展活动、拓展的有效性及问题、用户或客户对产品的满意度、用户或客户的调研活动，以及调研结论等。

每个项目组收集自己的交付数据，可以从看板收集，包括但不限于以下几个方面。

- 项目交付的整体情况：哪些按期交付，哪些延期交付，哪些项目取消。
- 效率维度：平均周期时间，速率等。
- 质量维度：每个项目的质量数据。
- 用户运营维度：每个产品的获客率、转化率、留存率，活跃用户数量，活跃用户增长速度。
- 问题反馈：有哪些需要管理层解决的关键问题。

人事部负责人可以收集组织的整体人力情况，包括在职人员、每个项目的人数、离职率、入职率等。此外，人事部负责人还可以反馈以下内容：

- 近期的招聘和入职计划；
- 培训和能力提升计划；

■ 有哪些需要管理层解决的问题，有哪些需要其他部门配合或支持的事情。

我曾经在微软设备部做组织运营发展经理，职责之一是策划和组织整个部门的运营评审。我所负责的组织规模600人，跨越3个国家。每个季度我们举行一次运营评审。评审的范围如下。

（1）员工调查意见

我们运营发展小组作为独立的第三方职能部门，对不同角色的员工进行访谈，这些员工的角色能够覆盖整个产品的研发流程。访谈过程中，我们一般从以下方面获取员工的意见。

- 你的角色和职责是否明确？
- 你每天的工作流程是否清晰？
- 如果你是新员工，部门或项目组是否有提供足够的培训和指导？
- 你的工作与其他人、其他部门的协作关系是否清晰？
- 在你需要帮助的时候，你所在的部门或项目组是否及时提供了帮助？
- 公司是否对新战略安排过宣讲？对此，你有什么感受？
- 你是否知道部门最近推进的变革？对此，你有什么感受？
- 关于这个部门，你是否可以列出最不满意和最满意的地方？

为了让员工敢于开诚布公，这个访谈完全是匿名的，通过基层员工的反馈来透视组织的管理问题。我们一般在运营评审前半个月开始启动访谈调研。每个访谈控制在半个小时以内，针对每个角色访谈两名员工，覆盖的角色包括：测试工程师、开发工程师、运维工程师、Scrum Master、产品负责人，版本经理、项目经理、测试经理、架构师、UX设计师、部门主管。访谈后，我们就访谈内容形成报告，在组织运营评审会议上汇报。访谈报告经常让管理层很吃惊，因为他们觉得自己的管理已经很到位了，但是员工却没有感受到，或者员工的感受与管理层的设想有很大偏差。

精益管理倡导现场管理（Gemba Walk），即管理层到一线生产现场去切身实地了解真实情况，而不是坐在办公室里等着下属做 PPT 汇报情况。如果管理层经常做 Gemba Walk，我们作为第三方深入一线生产现场就不会收集到很多让管理层惊讶的反馈。

（2）项目管理办公室汇报的数据。

■ 项目执行。包括项目的准点交付率、延期交付率、项目的效率数据、项目上市交付周期。

■ 过程改进。包括组织开展的效率提升项目以及提升效果、组织开展的运营成本削减的项目以及成果。

（3）质量部收集产品的质量数据，包括净推荐值（Net Promote Score，简称 NPS）数据，以及其他客户声音（Voice of Customer，简称 VOC）调查、产品返修率、返修成本等，并形成报告。

（4）市场部汇报已上市的产品在本季度的不同国家和地区的营收情况。

整个组织的管理层参加评审会议，需要花费一天的时间，上午市场部做汇报，下午管理层制定措施、计划。

第 8 章

用精益的方式做产品

什么是浪费？浪费是指消耗了人力和资源但却无法创造价值的人类活动。

——詹姆斯·P. 沃麦克

8.1 精益创业：创新产品的方法论

8.1.1 浪费的代价

意大利经济学家帕累托于 1897 年提出“二八法则”，即 80% 的财富集中在 20% 的人手里，而 80% 的人只拥有社会财富的 20%。这种不平衡性在社会、经济、生活中无处不在。这条法则同样适用于做产品，即产品中 80% 的功能只被 20% 的用户使用，而 20% 的功能被 80% 的用户使用。

很多人凭直觉以为产品里最大的浪费是 Bug。其实不是，最大的浪费是没有价值的产品，以及产品里那些没有价值的特性。如果产品特性本身就没有价值，那么质量就算好得让你感动，又有什么用呢？

一个没有价值的想法的过程是这样的：想法→评审→BRD[1]→PRD[2]→UX设计→开发→测试→逮住 Bug→修复 Bug→回归测试→更新用户手册→发布→用户很少，甚至没有用户使用或购买→下线。

这个过程不仅使团队消耗了大量的时间和精力，更严重的是，团队把精力放在这些没有价值的想法上，贻误了进入真正有价值的产品的市场窗口期。

案例 case story

一家世界 500 强跨国电信巨头 U，在中国设立研究院，专做创新产品的研究，该研究院由大量博士、博士后构成。他们的创新项目采用图 8-1 的流程，每年年底评审项目的时候，大概有一半以上的项目因为没有效果而被取消。

很多大企业都在采用类似的流程，一个创新项目至少需要等待一年的时间才能真正到达客户手中去验证其价值，其实企业完全可以更早地验证项目是否值得继续投入。

---

① BRD：Business Requirements Document，即商业需求文档，指基于商业目标或价值所描述的产品需求内容文档。

② PRD：Product Requirement Document，即产品需求文档，是产品项目由“概念化”阶段进入“图纸化”阶段的一个最主要的文档。

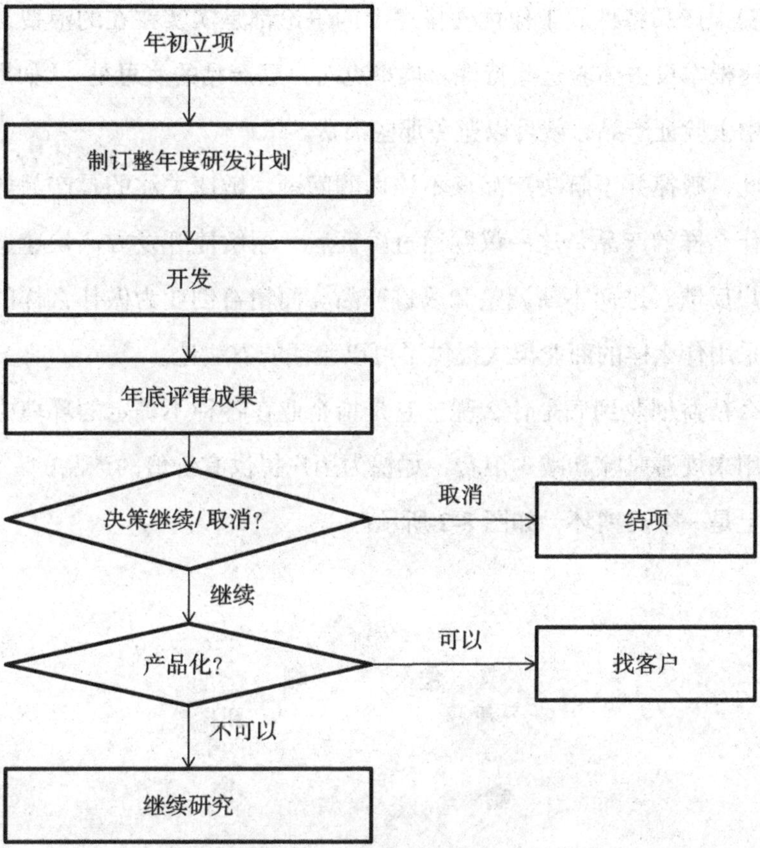

图 8-1 创新项目流程

8.1.2 精益创业的反馈环

精益创业方法论来源于其缔造者埃里克·莱斯（Eric Ries）的著作《精益创业》（*The Lean Startup*）。埃里克在书中介绍了自己花 6 个月时间用敏捷软件开发方式发布了产品“IMVU”的正式版本却没人使用的故事。虽然他是位敏捷软件开发的实践者，但是却犯了最大的错误，即开发了一个顾客拒绝使用的产品。

如果企业要做市场成熟品类的产品，相对来说，其客户群体是明确的，企业对“做什么样的产品”也是基本明确的。但是如果企业要做创新型产品，客户是谁以及客户的需求都是未知的，也是快速变化的。在这样不确定的环境中，所有耗费在产品特性、工作优先排序上的争论都是实实在在的浪费，因为可能顾客最终根本没去体验这些特性。埃里克对自己产品的反思是："如果我们尽早到用户中去验证产品，就可以避免那些浪费。"

因此，敏捷并不解决产品该不该做的问题。敏捷关注的是产品如何做，即在"做什么样的产品"这一议题通过验证后，用敏捷开发方法快速迭代，持续获取用户反馈，进而不断调整和改进产品。而精益创业为做什么样的产品，以及确定采用什么样的商业模式提供了可以验证的方法论。

那么精益创业到底是什么呢？它是指企业在各种不确定的环境中开发新产品时，用来规避风险和减少浪费，尽快为用户提供有价值的产品的一种方法论，其本质上是一个反馈环，如图 8-2 所示。

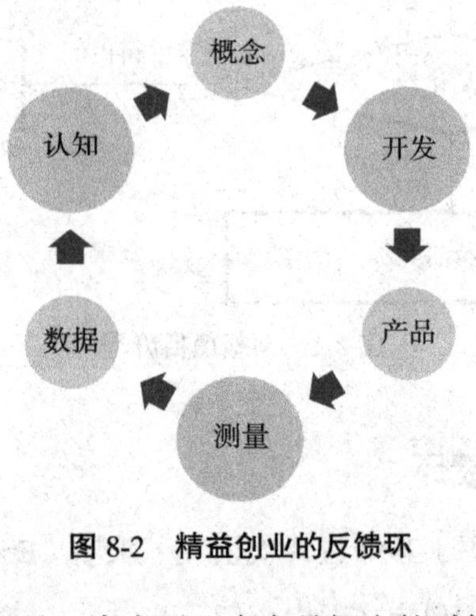

图 8-2　精益创业的反馈环

精益创业的核心思想是，当有了一个产品概念的时候，不要急于投入资源开发产品，而要先开发一个最小可行产品（MVP），将 MVP 带到早期客户中去验证概念的价值。然后依据早期客户的反馈来调整产品概念。MVP 不一定是真实的产品，而是以最快的方式和最少的精力完成的一次"开发——测量——认知"反馈循环的实验品。在验证产品概念的过程中，团队会设计很多个 MVP，经历多次验证循环。

精益创业相较于传统的产品开发流程有本质的不同。传统的产品开发需要企业花很长的时间筹划，还要反复推敲，尽量把产品做到完美。而精益创业则是用 MVP 开启学习认知的流程，在快速验证循环中通过不断的验证和改进，逐步走向完美，而不是在初始规划阶段就预先定义好产品要达到的目标。企业开发 MVP 并非用来解答产品设计或技术方面的问题，而是用来验证基本的商业假设。精益创业是做创新产品和创新项目的方法论，对于任何新产品、新流程、新工具都是通用的，不论是在创业公司还是成熟的大企业。

8.1.3 设计最小可行产品（MVP）

案例 case story

我的一位朋友在创业，他在尝试做一款健康、环保的洗洁精。据他说，该产品健康环保到可以喝到肚子里。围绕着洗洁精，他计划做很多环保产品，甚至是环保生态园区。我问他："你是否验证过市场需求，可以喝的洗洁精是否受消费者欢迎呢？"他很不屑，貌似我问的是一个小儿科问题。他说："我知道，按照你们精益创业的方法，我应该先只做洗洁精，这个洗洁精就是 MVP，然后我再做环保健康洗碗布，完了再做环保健康厨房等其他产品。"

可见，我这个朋友完全错误地理解了 MVP。这也难怪，因为"Minimum"这个"最小"，谁也不知道到底要多小。在他眼里，他的洗洁精产品已经是最小可行产品，可是他首先应该验证的正是这个能喝的洗洁精产品是否与市场需求相匹配。

设计 MVP 的关键是，用最少的资源、最短的时间做试验，以获取早期用户和用户反馈，达到验证假设可行性的目的。常用的 MVP 设计方法有以下几种。

1. 用户访谈

比如，我在动笔写本书之前，先在我的粉丝群里做了个调研，了解我要写的书的内容是否是他们想看的。

2. 产品介绍的视频

最著名的例子是 Dropbox 发布的 MVP 视频。Dropbox 在产品开发之前，发布了一个介绍 Dropbox 核心功能的视频，注册用户一夜之间从 5 000 人暴增到 75 000 人，从而验证了 Dropbox 的核心价值是受用户欢迎的。

3. 众筹

在产品开发之前发起众筹，根据众筹方向来判断大家对产品的态度。此外，众筹还可以帮助你找到产品的早期用户。

4. 仿真

在产品被开发出来之前，企业可以通过人工模拟真实的产品或服务，让消费者感觉他们在体验真实的产品，但实际上产品背后的工作都是手工完成的。因为企业验证的是产品本身的价值，而不是技术解决方案，因此，通过仿真，企业可以达到验证的目的。

案例 case story

网上卖鞋的最大网站 Zappos 的创始人 Nick 想测试人们是否有在网上购买鞋的需求，他没有马上开设公司建立电商平台，而是先到当地的专柜去拍鞋子的照片并将其放到网上，如果有人下了单，他就跑去店里购买。这样，他一开始并没有仓储的压力，也不需要投入成本去搭建一个真正的电商平台。在用户看来，只要产品能使用，他们并不在意其背后的系统，因此没有真正的电商平台并不影响他实现这个验证目的。

5. 原型

实物模型、电子工具制作的原型或纸张原型都可以展示产品的功能，模拟产品实际的使用情况。通过演示这些原型，我们可以获取用户的反馈。

企业在做产品的过程中，原型是必不可少的产出物，但是它不只是给开发工作传递需求和沟通设计的媒介。对于那些需求不确定而工作量又超大的产品特性，企业可以先用原型制作工具做出简单的线框图，然而下一步不是交给团队开发，也不是交给用户来体验设计师做的高保真原型，而是先到粉丝用户群中去演示原型，看看这是不是用户真正想要的东西。

6. 预售页面

预售与众筹类似，能帮你找到潜在客户，甚至在你的产品开发出来之前就能吸引他们购买。

图 8-3 展示的是一个知识付费的移动分享产品 Gitchat 的活动预售页面。Gitchat 的每一次分享都采取了预售的方式，如果分享的预定人数没有达标，会取消活动，用户会获得全部退款。通过预售的方式，该公司自然就验证了分享是否受欢迎，而且这种方式不会产生任何成本。

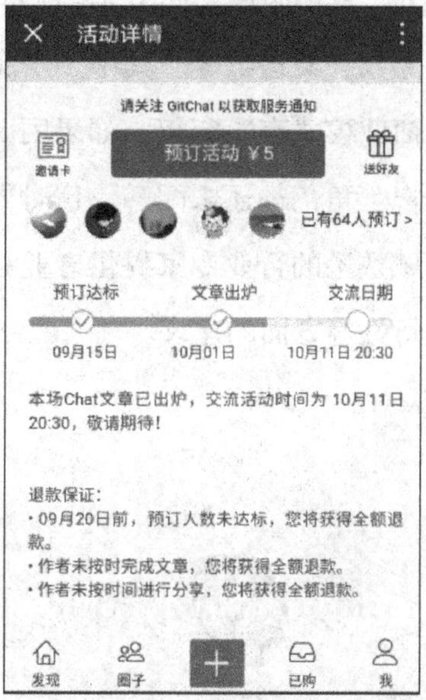

图 8-3　GitChat 的活动预售页面

8.2 建立产品愿景

8.2.1 精益画布：从一个想法开始建立商业模式

在很多企业里，当团队自认为产生了一个伟大的想法之后，一般的流程是，制作一份内容详实的商业计划书，花几周甚至几个月的时间补全所有的信息和数据，写完长达几十页的文档，然后提交评审。而用精益创业的方法，可以将商业计划书的制作流程简化为一张精益画布。

1. Why：为什么要用精益画布

精益画布提供了一种可视化框架，可以帮助团队理清思路，快速识别出项目中的不确定性及风险，进而便于团队一起创建商业模式。

2. Who：谁制作精益画布

具体来说（如图 8-4 所示），制作精益画布的人一般包括产品负责人、行业专家、架构师等。其中，产品负责人在制作精益画布的过程中起主导作用，对商业模式有决定权。如果团队对产品只是有一个想法，而开发团队、市场、销售等角色都还未配备，这时候产品负责人可以邀请对这个想法所涉及的市场领域熟悉的行业专家提供专业指导意见，以及相关技术领域的架构师提供技术可行性等方面的建议。

图 8-4　制作精益画布是共创的活动

3. When：什么时候做精益画布

在对一个产品有了想法后，团队就需要用精益画布梳理商业模式，判断产品是否值得做，并用 MVP 来验证精益画布里那些不确定的地方。在验证产品的过程中，团队需多次更新精益画布。

4. How：怎么做精益画布

如图 8-5 所示，制作精益画布只需 9 个步骤。

<table>
<tr><td rowspan="2">1. 问题：
客户要解决的
三个问题</td><td>4. 解决方案：
产品最重要的
三个功能</td><td rowspan="2">3. 独特卖点：
为什么你的产
品与众不同、
值得购买</td><td>9. 门槛优势：
无法被竞争对手
轻易复制或超越
的优势</td><td rowspan="2">2. 客户群体分类：
目标客户</td></tr>
<tr><td>8. 关键指标：
应该考核哪些
东西</td><td>5. 渠道：
如何找到客户</td></tr>
<tr><td colspan="3">6. 成本分析：
• 获取客户所需费用
• 销售所需费用
• 研制和生产所需费用</td><td colspan="2">7. 收入分析：
• 盈利模式
• 客户终身价值
• 收入
• 毛利</td></tr>
</table>

图 8-5　精益画布模板

第 1 步和第 2 步：问题和客户

待解决的问题与客户群体的匹配是整个画布的核心，而且不可分割，必须同时进行分析。产品是为某一类客户服务，并解决他们的特定问题，这样的产品才有价值。如果这个分析不到位，后面的步骤做得再好也没用。

具体来说，团队可这样操作。首先，针对每个目标客户群体列出他们最需要解决的 1~3 个最重要的问题，即最痛点。如果这些痛点不够痛，那么也许客户并不需要这种产品。

其次，针对要解决的最重要的问题列出备选解决方案，所谓备选解决方案指的是客户在使用你的产品之前，应该怎么解决这些问题。比如，我做过项目管理工具产品，在我的产品推出市场之前，市场上已经有很多项目管理工具，客户可能已经在用这些工具，甚至干脆就用 Excel。那么，我的产品一定要解决一些目前现有解决方案无法解决的问题才有存在的价值。

最后，详细分析目标客户，并注意以下两点。

- 要区分客户和用户，因为客户和用户可能不是同一批人。客户是买单的人，但用户不一定是。例如，拿儿童教育产品来说，客户是家长，用户是孩子。
- 将目标客户群体细分，找出哪些群体是产品要解决的问题领域中的早期客户。

第 3 步：独特的价值主张

用一句话说明你的产品为什么值得关注，为什么值得购买，有什么与众不同的特点。你的产品的独特的卖点要直接契合客户群体的痛点。

第 4 步：解决方案

你要列出产品最重要的三个功能。这里千万不要罗列你能提供很多别人没有的功能，以显示你有多厉害。你需要提供的一定是有限的几个功能，即其他人没有，但是又能解决客户痛点的独特的东西。

第 5 步：渠道

设计了解决方案后，你需要思考通过何种渠道使客户接触到产品。渠道分为内联式渠道和外联式渠道。内联式渠道包括博客、电子书、白皮书、网络讲堂、公众号、论坛等。外联式渠道包括搜索引擎、新媒体 、电话或短信等。

第 6 步和第 7 步：成本和收入分析

当你对产品刚有个想法的时候，尝试做与财务有关的分析会觉得很困难，此时，你不需要做长远的预测，而是脚踏实地地预测眼前就好。通过计算企业要达到收支平衡点所需的时间、资金和人力，来为企业商业模式的确立提供依据。

第 8 步：关键指标

有了收入和成本后，你还需要规划一些关键性的数据指标，以帮助你判断产品是否偏离了方向。适合在产品探索阶段使用的关键指标是戴夫 · 麦克卢尔（Dave McClure）发明的“海盗指标”（AARRR）。

第 9 步：门槛优势

门槛优势是指你的产品有哪些不容易被人复制和超越的优势。例如专有渠道、知识产权、政府关系、既有知名品牌等。

我和一个工具团队曾经为一家世界 500 强企业 Q 做一款精益看板管理工具，目标用户是该企业内部的产品线研发人员，潜在用户数量约 8 万人。这是个全新的产品，该企业没有导入过精益看板方法，不知道什么样的工具适合自己。对此，我们用精益画布的方法设计出相应的商业模式，如图 8-6 所示。

关于目标客户群体，我和团队的考虑是，不是所有人都会拥抱研发模式的变革，也不是所有人都喜欢尝试新型工具，那些对效率提升有迫切诉求的人或者是渴望拥有新型研发能力的人是这款产品的早期客户群体。使用该款产品的用户角色有项目经理、项目组长、研发工程师。其中，项目经理最为重要，因为项目经理是决定是否使用该款工具的决策者。

在分析门槛优势的时候，我和团队被卡住了。因为市场上不缺看板工具，该企业各产品线也不差钱采购所需工具。那么凭什么让用户优先考虑我们的产品呢？经过反复讨论，我和团队认为，我们的优势是提供专业的、贴近公司业务的精益思想和看板方法的辅导服务，这是任何市场上的工具厂商所不具备的。

由于这款产品是专门提供给企业内部产品线免费使用的，所以企业不会有直接的盈利收入，但是这款产品的价值是提升企业的研发效率，因此，我们可以通过估算节省的成本来作为效益产出。

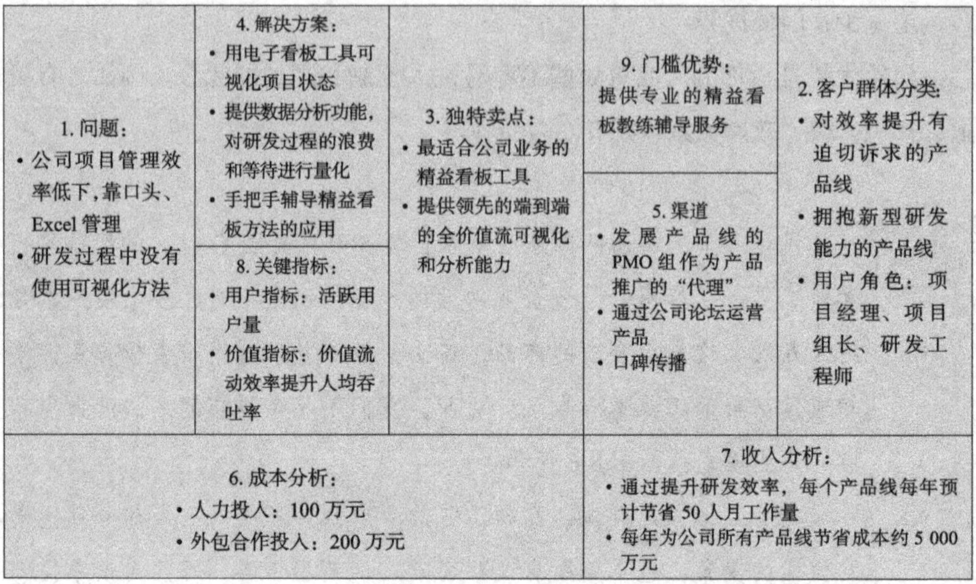

图 8-6　精益看板管理工具的精益画布分析案例

制作精益画布的时候，要注意避免以下几个常见的错误。

（1）精益画布是为了帮助我们思考商业模式的核心要素，而不是做个漂亮的商业计划书汇报给上级。

（2）不要为了填写画布而将所有格子填满，画布可以有空白，空白处正是需要我们去探寻的地方。

（3）当今世界变化很快，做精益画布不是做一个 5~10 年的发展规划，因为那样的规划一般都无法实现，大都只会停留在纸面画布上。从过往经验来看，精益画布应该体现的是三年以内的畅想。

（4）不要对第一个画布细分客户群体，因为这时候客户群体还没有明确。但是很快你就会发现，产品有多个客户群体，到时再针对每一类客户群体做一张精益画布。

在做完精益画布之后，下一步是什么呢？不是按照画布的内容开工做产品，而是采取以下步骤。

（1）淘汰几个画布。有些客户群体，团队可能必须放弃，因为一款产品不可能服务于所有的客户群体。如果团队欲放弃一些的客户群体，那么其相应的商业模式也要放弃，也就是说，这些被淘汰的画布不能作为后续工作的参考。

（2）针对已选出的几个客户群体的商业画布，分别识别出其各自风险最大、最不确定的因素。

（3）就每个画布的最大风险和最不确定的因素设计 MVP，然后深入目标客户群体进行验证。

（4）总结分析验证结果，调整画布。

8.2.2 用户画像：定位目标用户群体

做产品围绕的中心只有一个，即使用产品的用户。如果不了解目标用户，就无法掌握他们的痛点，而掌握不了用户的痛点，也就无法做出对用户有价值的产品。用户画像是用来分析目标用户的一个有效工具。

用户画像是由交互设计之父艾伦·库伯（Alan Cooper）提出，其定义是"真实用户的虚拟代表，是建立在一系列真实数据之上的目标用户模型"。

1. Why：为什么要创建用户画像

每个人对用户都有自己的理解，这些理解很多都是根据个人主观臆断做出的，即每个人心中都有一个"哈姆雷特"。用户画像技术可以让团队统一定义用户，减少主观臆测的干扰，帮助团队理解用户到底真正需要什么，从而使团队设计出真正以用户为中心的解决方案。

用户画像有以下作用。

- 帮助企业设计商业模式。成功的商业模式通常是企业针对某一特定的群体做出的最适合的解决方案，而不是为所有人设计一个普适性的产品。
- 帮助团队与用户产生共鸣。用户画像帮助团队置身于用户的场景中去理解用户的痛点，从而帮助团队有效地挖掘真正的用户需求。

- 帮助团队达成统一意见，提高效率。用户画像帮助团队一起构建一个精确的用户形象。当团队出现意见不一致时，用户画像能让每个人都优先考虑大家已达成共识的用户所面临的问题。比如，在做产品设计的时候，团队可以借助用户画像跳出发散思维式的争论，让大家重新聚焦目标用户，不再讨论这个功能要不要做，而是讨论用户是否需要这个功能，以及用户可能会如何使用这个功能。
- 帮助团队从“以功能为中心”转向“以用户为中心”做产品设计。虽然很多企业都打着“以用户为中心”的口号，但是要将其落实在行动中并不是一件容易的事情。很多企业为了超越竞争对手，争夺大众用户的注意力，仍然把追求做业界领先的产品功能放在首位。用户画像能够帮助团队时刻铭记“我们的用户是谁”，因此设计功能的时候能把自己想象成用户画像所代表的虚拟人物，从而让设计出的功能更贴近用户的实际使用场景。
- 帮助团队聚焦核心场景，优化需求优先级。当团队为产品的需求优先级排序时，可以借助用户画像分析目标用户的使用场景，从而为需求做出优先级排序，解决核心场景问题。

2. Who: 谁负责创建用户画像

用户画像是由产品负责人、UX 设计师、研发团队、运营人员所组成的团队共同创建的成果。

常踩的坑！

在很多企业里，创建用户画像成了 UX 设计师的分内职责，却没有其他角色的参与，这样无法让团队对用户的理解达成共识。

鉴于 UX 设计师掌握专业的用户画像方法和用户调研过程，所以可以由 UX 设计师主导用户画像的创建以及用户调研工作。但是团队要创建高质量的用户画像，必须协同产品负责人、研发团队等同事共同完成用户画像的创建。

3. When：什么时候创建用户画像

企业在创建商业模式的时候，通过客户调查问卷或客户访谈了解客户群体的共性与差异后，汇总成不同的虚拟用户，形成用户画像。

4. How：怎么创建用户画像

如果创建用户画像流程长、代价高，就会导致团队喜欢固守当初创建的用户画像，不愿意再修正这个画像。用户画像是虚拟的，团队花再多的时间、用再多的工具、调研再多的用户所做出的用户画像也不是真实的用户，而是用户群体的假设。团队需要在做产品的过程中通过设计 MVP、频繁发布产品等方式不断地探索和修正其对用户的认知，在这个过程中，很可能当初团队创建的用户画像会被废弃。

我推荐一种高效创建用户画像的流程，如下所述。

（1）收集用户调研的数据和信息。

（2）团队全员聚集在一起，每个人依据用户调研的结果创建自己理解的用户画像。

（3）每个人将自己创建的用户画像贴到墙上，轮流介绍自己的用户画像，团队一起讨论。

（4）团队对每个用户画像进行修正或废除，最终形成由 1~3 个团队达成共识的用户画像。

（5）团队在后续做产品的过程中，依据用户画像继续深入目标用户群体做实地考察，同时通过发布 MVP 获得验证反馈，然后团队对反馈进行总结分析，进而定期修正画像。这是个学习、证伪的多次循环的过程。

因此，用户画像不是静态的，我们需要拿着 MVP 或发布的产品回到之前调研的用户中去验证这个产品是否解决了他们的痛点。这个过程可能需要反复多次。在这个过程中，我们一定会发现用户新的需求或痛点，从而进一步丰富用户画像。

创建用户画像的框架如图 8-7 所示。框架里的内容是最基本的信息，不是所有的用户画像都要完全按照这个框架去做，团队可以根据具体业务需要来丰富用户画像。

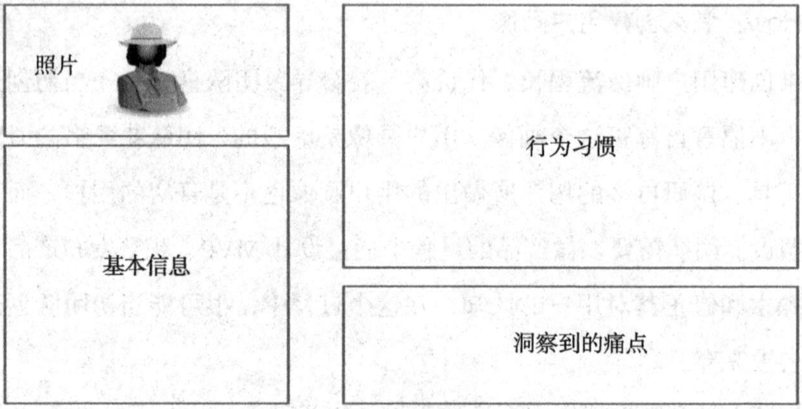

图 8-7　用户画像的基本框架

8.2.3　形成产品愿景

企业在明确了商业模式并确定了目标用户群体后，就可以形成明晰的产品愿景。

1. Why：为什么需要有产品愿景

产品愿景是指引产品发展方向的灯塔，在以下方面起到重要作用。

- 帮助团队聚焦。为团队该做哪些产品特性，不该做哪些产品特性，以及与哪些合作伙伴合作等决策提供方向指引，从而避免漫无边际地做产品，同时减少无谓的争执。
- 激励团队。团队在每日的研发、销售、运营等活动中容易产生“日复一日、年复一年”的枯燥感。而远大的产品愿景，会让团队每个人对未来有所憧憬。
- 便于企业内外利益干系人理解产品。当企业向客户、合作伙伴、各种利益干系人介绍产品的时候，先介绍产品愿景，会帮助大家对产品的定位形成清晰的认识。

2. Who：谁负责创建产品愿景

与创建商业模式和用户画像一样，创建产品愿景是团队共创的活动，主要由产品负责人创建，涉及的人员同制作商业模式的人员。

3. When：什么时候创建产品愿景

在制作商业模式和用户画像的过程中，产品愿景就逐渐被勾勒出来。

4. How：怎么做

好的产品愿景具备以下几个特点。

- 简洁、清晰。团队可以用电梯演讲①来测试，即在电梯从 1 层升到 30 层的 30 秒时间内团队人员把愿景说完，测试听愿景介绍的人是否能够听懂。如果团队人员讲不完，说明愿景不够简洁；如果对方听不懂，说明愿景介绍没有切中要点。
- 定位明确。团队人员要讲清楚目标客户是谁，以及客户为什么要买这个产品，而不是竞争对手的产品。
- 充满激情。产品愿景要能够启发和激励团队参与打造这个产品的热情，也能够鼓舞潜在客户、投资人、利益干系人对产品产生好奇感。

团队可以用图 8-8 的产品愿景模板来制作产品愿景。

例如，乔布斯为 iPad 创建的产品愿景是："iPad 可以满足那些梦想用一个轻便设备完成所有计算需要的技术爱好者们。不像那些传统的笔记本电脑，iPad 是一款极其轻便又酷炫的设备，即将引领整个计算机行业的革命。"

愿景创建完后，团队可将愿景用白板纸书写下来悬挂在团队的工作区域，从而提醒团队不要忘记产品的长远目标。

① 电梯演讲是指短时间内表述清楚产品内容，来源于麦肯锡公司。

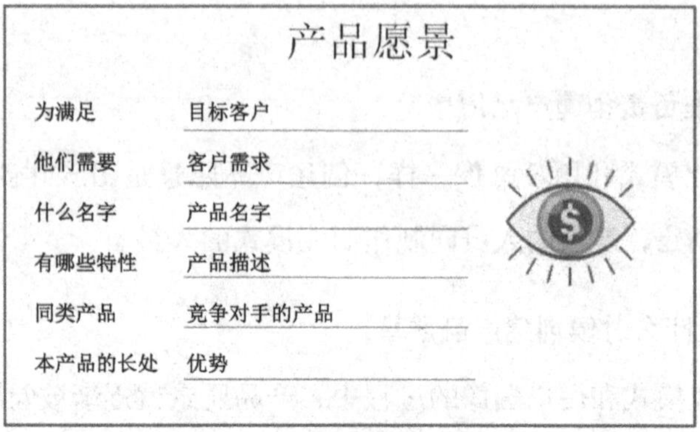

图 8-8　产品愿景的模板示意图

8.3 制订产品规划

8.3.1 创建产品的第一份 Backlog

在明确了产品的商业模式、目标用户和产品愿景后，产品负责人就可以主导相关的利益干系人一起创建产品的第一份 Backlog，如图 8-9 所示。在这个时候，也许企业还没有组建完整的研发团队，UX 设计师可能也没有到位，但是企业需要具备相关技能的人来协助产品负责人创建 Backlog。图 8-9 中的行业专家指的是那些熟悉产品所属行业情况的人，也可能是参与这个产品的同事，或者是来自其他产品领域的专家。

第一份 Backlog 一般会很粗糙，因为团队还没有足够的认知力能将每个需求细化。不要担心，随着产品版本的不断更新与发布，企业会获得越来越多的用户和对市场的认知，进而逐渐细化 Backlog。

图 8-9　创建产品的第一份 Backlog

以我做过的精益看板工具产品来说，我和团队一起创建的第一份 Backlog 如下：

- 项目成员和权限管理；
- 项目维护（包括创建、删除、更改、归档）；
- 看板的基本功能（包括列、工作项）；
- 看板的高级功能（包括限制看板在制品、泳道管理）；
- 精益度量；
- 版本计划；
- 迭代计划；
- 工作项的导入和导出；
- 项目操作日志；
- 向用户提供 API 接口；
- 团队论坛；
- 群组聊天；
- 知识百科；
- 团队论坛；

• 浏览器的支持（IE8 及以上版本）。

这份列表非常粗糙，可是对于第一份 Backlog 来说足矣。那些被团队决定放入第一个版本里的需求，可以进一步被细化拆分。

8.3.2　卡诺模型

卡诺模型也叫作“狩野模型”（Kano Model），由日本品牌管理大师狩野纪昭（Noriaki Kano）博士提出。卡诺模型将产品的属性分为五类（如图 8-10 所示）。

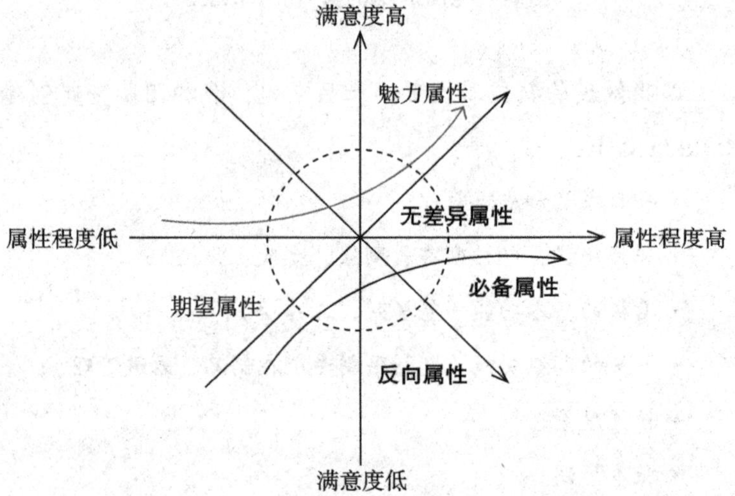

图 8-10　卡诺模型

■ 无差异属性（Indifference）：可有可无的属性。无论提供还是不提供此属性，用户的满意度都不会改变。这种品质的产品是要尽力避免的。

■ 魅力属性（Attractive）：用户想象不到的属性。如果不提供此属性，不会降低用户的满意度；而一旦提供此属性，用户的满意度会大幅提升。这种品质的产品是要极力追求的。

■ 线性属性（One-dimensional）：客户的满意度与产品品质呈线性增长，即产品的品质越好，客户的满意度越高。

- 必备属性（Must-be）：用户对产品的基本需求。如果不提供此属性，用户的满意度会大幅降低。
- 反向属性（Reverse）：用户根本没有此类需求。如果提供此属性，用户的满意度反而会下降。

产品的每个需求都可以被划分到这五类属性中。然后，团队可以按照下面的基本处理策略分别对其进行产品规划。

- 必须做好产品的必备属性和线性属性，这是产品的基础。
- 不要规划那些无差异属性和反向属性的需求。
- 努力做好魅力属性的需求，这些需求能够激发产品的指数级增长。

我与团队基于我们创建的第一份 Backlog，并依据卡诺模型做了产品分析，如表 8-1 所示。

表 8-1　卡诺模型分析示例

卡诺模型里的属性	Backlog
必备属性	• 项目成员和权限管理 • 项目维护：创建、删除、更改、查询、归档 • 看板的基本功能：列、工作项 • 浏览器的支持：IE8 及以上版本
线性属性	• 版本计划 • 迭代计划 • 工作项的导入和导出
魅力属性	• 看板的高级功能：限制看板在制品、泳道管理 • 精益度量
无差异属性	• 项目操作日志 • 团队论坛 • 群组聊天 • 向用户提供 API 接口
反向属性	• 提供绘制产品原型的功能 • 知识百科

由此可见，即使团队迸发的想法很好，但是用卡诺模型分析后，我们会发现有些需求并不适合在产品规划里列出。比如，“知识百科”和“绘制产品原型”这两个功能与产品的核心价值没有一点关系。如果做了反而会让产品更加复杂，使用户对这款产品的定位感到困惑，因此，这两个功能属于反向属性，不该做。再比如，“团队论坛”“群组聊天”这样的功能虽然也很好，能够提升团队的协作效率，与产品的价值貌似有关系，但是这些处于产品边界的功能是否真的受用户欢迎呢？对此，目前我们不知。只有当产品的核心价值得到验证后，我们才会探索这些处于产品边界的功能，因此，以我们当前的认知来判断，这些功能属于无差异属性。

8.3.3 规划最小可发布版本（MMR）

常踩的坑！

在很多企业里，公司流程规定每个产品需要制定 3~5 年的长期战略规划，以及长达 1 年的产品路线图。

对于创新产品而言，如果一个版本都还没有发布，就说明团队没有验证产品是否真正有客户，这时候做的任何长期规划都是臆想。虽然在制作商业模式的阶段已经用 MVP 验证过想法，但是客户还没有见到真正的产品。当用 MVP 验证出客户“愿意买单”的时候，并不代表客户见了产品后真的会买单。因此，团队需要从第一份产品 Backlog 里精心筛选出最有价值的特性并做出一个成本最小的产品版本发布到市场上，而不是畅想未来。

最小可发布版本（Minimum Marketable Release，简称 MMR）是将为客户提供的最小、最有价值的特性集合构成一个产品发布出来，目标是抢占市场窗口，及早获取用户真实的反馈，用真实的产品验证商业模式。最小可发布版本，即第一个版本的市场反馈可以为产品的迭代演进提供参考信息，从而使团队减少不必要的需求开发，减少浪费。MMR与MVP有所区别，MVP是验证假设的试验，MMR是真的可以被用户购买的产品。

团队需要铭记的是：永远都不要期望在第一个版本里做出尽可能多的需求特性，而是要以最少的特性先发布MMR，这个版本要体现产品的独特的价值主张。那么如何决定哪些特性应在第一版MMR里出现呢？

第一，依据核心价值主张和卡诺模型，那些不属于核心价值主张的特性一定不要出现在MMR里；那些不属于产品必备属性的特性，也不应被纳入第一版MMR。

第二，团队对产品的每个特性只需要问一个问题：如果没有它会怎么样？如果没有它并不影响用户的使用需求，那它就不该出现。

案例 case story

腾讯于2011年1月发布了基于安卓平台的微信1.0测试版，当时微信的核心价值主张是“极速轻快的楼层式对话，带给您飞一般的聊天体验”。那时微信的功能仅仅是即时收发消息与拍照分享，而其他功能都是在后续的版本中不断地增量式添加的。

对于产品的每个特性，其最小的、必不可少的、有价值的部分都要被拆分出来。拆分出最小特性的要诀是：将每个特性拆分出子特性，一直拆到不能再拆为止（如果再继续拆，就无法为用户提供独立的价值），然后采用MoSCoW[①]方法来识别每个子特性的优先级。

- Must Have：必须有的特性。如果没有这个特性即无法实现版本发布的目标。比如，对刚才介绍的微信案例来说，由于第一个版本需要向用户体现产品的核心价值主张，因此收发消息是Must Have特性，否则用户就无法使用产品

① MoSCoW：决定优先级的方法，是Must Have、Should Have、Could Have、Won't Have这几个英文单词的缩写。

的核心功能。

- Should Have：不是关键的基本特性，但是对用户仍有较高的价值。在产品具备 Must Have 特性的前提下，团队可以提供增强功能。
- Could Have：在 Must Have 和 Should Have 特性都具备的前提下，团队可以考虑那些添枝加叶的功能，当然，要在其成本和代价不大的情况下才考虑做。在有风险的情况下，团队应首先考虑删掉 Could Have 特性。
- Won't Have：在这个版本里不会发布的特性。

对于第一版 MMR 来说，团队一般只交付 Must Have 的特性，即完成核心价值主张的最基本的功能，如图 8-11 所示。

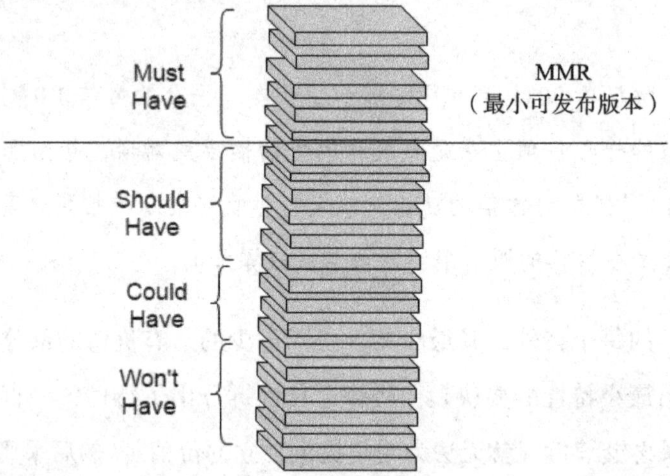

图 8-11 规划 MMR

在创建了我的看板工具产品的第一份 Backlog 后，我和团队讨论后确定的第一版 MMR 只包括下面几个必备属性。

- 项目成员和权限管理。
- 项目维护：创建、删除、更改、查询、归档。

■ 看板的基本功能：列、工作项。

■ 浏览器的支持：IE8 及以上版本。

其他属性一概没有被纳入第一版 MMR。而即使有些特性属于必备属性，我们也将每个需求进行了拆分、细化，因为其可能隐含一些不是团队必须要做的子特性，如表 8-2 所示。

表 8-2 MMR 示例

Backlog（第一级需求）	Backlog（第二级需求）	Backlog（第三级需求）	优先级
项目维护	创建项目	……	Must Have
	删除项目	删除单个项目	Must Have
		批量删除项目	Should Have
		删除到回收站	Could Have
		回收站恢复	Could Have
	更改项目	……	Must Have
	查询项目	……	Should Have
	归档项目	……	Should Have

比如拿“项目维护”来说，实际包含了 5 个功能，我们对每个功能用 MoSCoW 方法识别了其优先级。对于第一版 MMR 来说，“创建项目”“删除项目”“更改项目”属于 Must Have，因为没有这些特性用户便无法使用该产品；而“归档项目”和“查询项目”属于 Should Have，因为即使不做这些特性也不影响用户的基本使用流程。因此，在制作第一版 MMR 过程中，我们没有将“归档项目”和“查询项目”纳入其中。

再比如“删除项目”这个特性，每个子特性的优先级不尽相同，其中只有“删除单个项目”是必备属性，其他都不是，因此我们只做了删除单个项目。

团队在发布第一版 MMR 后，要积极获取用户的反馈，并将采纳的反馈纳入产品的 Backlog 中。团队对产品需求的认知是随着时间以及市场和用户的反馈而变化的，因此，团队在第一个版本中没有做的 Should Have 特性，在后续版本中可能会将其升级为 Must Have，或者降级为 Could Have，甚至放弃不做。因此，团队在第一个版本后的每个版本制作过程中，也需要用 MMR 的思想来重新审视每个特性的优先级，将每个特性拆分到最小单位，并从当前的 Backlog 里取优先级最高的那些特性。

8.3.4 洋葱圈规划法

常踩的坑！

很多团队认为，敏捷的价值观是“拥抱变化胜于执行计划”。那么，既然咱们做敏捷了，那就不用做什么计划了。

这是对敏捷价值观的误解。如果完全没有计划，团队一定会得过且过，没有危机感，致使项目一片混乱。这样的话，前几节介绍的商业模式、产品愿景都将无法落地实现。我在前面介绍的 Sprint 计划和看板填充节奏都是敏捷里的计划活动，但敏捷计划不只是这些。

常踩的坑！

很多敏捷团队非常专注于眼前的工作，只关注当前迭代的交付，或者是那些已经进入看板就绪队列的需求的交付，但是对产品下一步要做什么、未来要做什么都不清楚。

实际上，产品规划是在多个层面上持续进行的活动，我称之为“洋葱圈规划”，如图 8-12 所示。

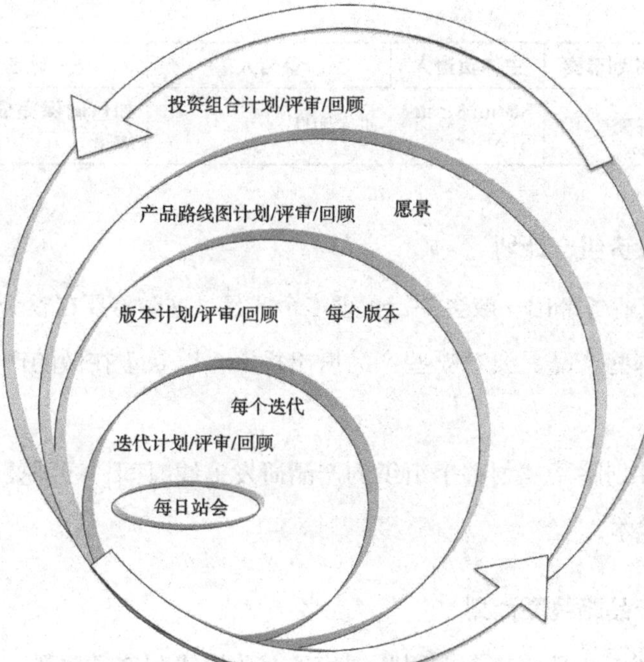

图 8-12 洋葱圈规划示意图

表 8-3 介绍了各层级计划活动的时间节奏、活动参与人和计划的重点内容。

表 8-3 各层级计划内容一览表①

层次	计划节奏	主体负责人	参与人	计划重点
投资组合计划	1 年	业务部门产品总监	各产品负责人、市场主管、销售主管等	管理业务部门有关产品的投资组合
愿景与产品路线图计划	每个季度	产品负责人	行业专家、架构师等	创建产品愿景以及产品长期规划
版本计划	不确定	产品负责人	市场、销售、运营等利益干系人、研发团队	在客户价值、质量与“版本范围—预算—进度”的铁三角之间保持平衡
迭代计划	1~4 周	Scrum Master 引导	产品负责人、研发团队	每个迭代纳入什么样的特性

① 此表改编自肯尼斯 · S. 鲁宾所著的《Scrum 精髓：敏捷转型指南》（*Essential Scrum：A Practical Guide to the Most Popular Agile Progress*）。

（续表）

层次	计划节奏	主体负责人	参与人	计划重点
每日站会	每天	Scrum Master 引导	研发团队	如何确保完成承诺的用户故事

第 1 层：投资组合计划

一个企业或业务部门一般会并行管理多个产品，这时需要在整个组织层面规划好要投资做哪些产品、要对哪些产品撤出投资，以及正在做的产品准备何时上市。

投资组合计划除了规划整个组织的产品研发上线时间，还需要规划产品的预算、人力等成本。

第 2 层：产品路线图计划

对于一个创新产品而言，在团队创建了商业模式和产品愿景，并用第一版 MMR 探索了市场反馈之后，团队对需要做哪些优化心里更加有谱。这时，团队可以规划相对长期的产品路线图。

团队通常产品路线图以季度或月度为单位，来规划即将发布的产品的重大特性。产品路线图包括以下内容：

- 重要版本的发布时间；
- 重要版本的名称；
- 重要版本要实现的目标；
- 重要版本的特性（这些特性不需要做详细拆分）。

产品路线图计划是渐进明晰的，即发布时间越近，产品特性越明确，交付时间越准确；发布时间越远，产品特性越不明晰，启动时间越不明确。当时间节点到的时候，一般团队会召集人员对产品路线图的实施情况进行评审，并对产品路线图进行更新。

第 3 层：版本计划

在产品路线图的每个时间段内都会有一个或多个版本发布。产品路线图规划了某个时间节点上要交付的产品特性；而版本计划则更加详细，团队不仅需要将特性拆分成最小价值单元的用户故事，还要依据团队的速率数据，计划一个版本的完成需要多少个迭代。版本计划也是渐进明晰的，即相对于当前版本计划，越往后的版本计划越粗略，特性拆分的粒度也越粗。

团队交付一个版本后，一般会召开版本评审会议和回顾会议，其流程与 Sprint 评审会议、Sprint 回顾会议相似。所以，团队在版本最后一个迭代的时候，可以将 Sprint 评审会议和回顾会议的范围拓展到对整个版本的评审和回顾。

第 4 层：迭代计划

一个版本可能会经过多个迭代才能完成。每个迭代都要有明确的计划，当迭代结束时，团队要召开评审和回顾会议。

需要说明的是，很多互联网团队的交付能力比较成熟，每个迭代甚至在每天都会发布多个版本。这说明，版本周期小于迭代周期。在这种情况下，团队一般不需要召开评审和回顾会议。

第 5 层：每日站会

每日站会是团队成员每天对项目情况进行审视，并计划当天的工作的活动。因此，每日站会是最小单元的计划活动。

8.4 敏捷需求管理

8.4.1 敏捷需求管理与传统需求管理的差异

敏捷需求管理是对传统需求管理的颠覆。两者的差异如下。

1. 需求所承担的作用不同

在传统的需求管理方式里，需求的作用是为了详尽地描述团队需要完成的产品特性，它经常成为产品和研发之间的契约。产品负责人将需求传递给研发人员，研发人员依据文档的描述进行开发和测试。团队最终交付的是文档中描述的产品特性，但是该描述是客户真正的需求吗？这只有等团队交付给客户之后才能知道答案。

在敏捷开发模式里，“需求”（Requirements）的作用是为了引导团队对客户“诉求”（Needs）进行理解。事实证明，只有产品经理一个人写的需求，并不能使团队真正理解客户的诉求。团队只有通过一起来讨论并分析需求，才能达到真正理解客户诉求的目的。

2. 时限不同

在瀑布开发模式里，需求的生命周期非常漫长，有专门的需求分析阶段，它是产品开发的早期阶段，以后的阶段都是为了交付需求。在需求分析阶段结束后，评审委员会需要对需求冻结的里程碑进行评审，对团队新提出的需求或者对原有需求的变更也要通过评审委员会的评审，走正式的变更流程。

在敏捷的开发模式里，需求的生命周期很短暂，没有专门的需求分析阶段，团队可以随时对记录需求的特性列表进行增加、删除和修改。产品负责人和团队对需求的分析贯穿于整个产品生命周期，他们在每个迭代周期都有讨论和梳理需求的时间。团队不需要针对需求变更走评审流程，团队可以随时在 Backlog 里修改需求（只要需求还没有被纳入当前的迭代计划，或者没有被拉入看板的就绪队列之中，团队就可以修改）。

3. 需求的规模不同

在瀑布模式里，没有明确的需求拆分的概念，因为不管各个需求的规模是大还是小，团队都是到“最后一公里”的时候一起交付。而在敏捷开发模式里，需求必须被拆分到最小粒度，以保证产品特性的持续发布。

4. 参与人不同

在瀑布模式里，一般有专门的产品经理或者业务分析员依据其对客户诉求的理解进行需求分析，形成需求分析文档后传递给研发团队，而研发团队基本不参与需求分析。

在敏捷开发模式里，产品负责人是需求分析的主要责任人，他需要与研发团队一起讨论需求。这样做的必要性在于以下几点。

- 无论需求写得多么具体，实际的需求信息无法通过文字完整地传递出来。
- 产品的需求与其解决方案之间的界限并不是完全清晰的。
- 无论产品负责人的个人能力有多强，单靠其自己的力量无法对需求的场景全面分析。研发团队从解决方案的视角来思考和澄清需求，往往会让产品负责人发现很多其之前没有考虑到的场景。

5. 优先级制定方式不同

在瀑布模式里，需求库里所有的需求通常都必须做。然而，在敏捷开发模式里，团队需要将需求拆分到最小价值单元，最小价值单元须有明确的优先级，只有少量的需求才是版本里不可或缺的。

很多团队做敏捷有很长时间了，但是他们的需求管理方式仍然流露出传统需求管理方式的痕迹。客户对产品的需求是团队工作的中心，也是凝聚团队与产品负责人、客户或用户的核心纽带。如果团队处理需求的思想和工作方式没有转变过来，那么在敏捷的转型的过程中会产生很多问题。

常踩的坑！

很多敏捷团队仍旧在用瀑布方式管理需求，常见的现象如下。

- 所有需求都必须在某个时间点完成。
- 产品负责人将需求扔给团队后就“消失”了，团队很难找到他/她澄清需求。

- 需求完全没有被拆分，或者拆分不到最小价值单元时就进入开发阶段。

当然，还有一些情况是从传统工作方式走向了敏捷的极端，产生了更大的浪费。

- 需求没有被纳入 Backlog，团队通过口头传递就进入了开发阶段。
- 需求表达不清晰，产品负责人将需求分析工作推给了研发团队，研发团队在开发的时候现做需求分析。

8.4.2 保持产品 Backlog 的“深度”

随着第一版 MMR 发布后，团队对产品研发工作越来越明确。产品需具备的功能，会随时被添加到产品的 Backlog 里。Backlog 的来源如下：

- 商业模式（精益画布）；
- 产品愿景；
- 用户画像；
- 产品路线图；
- 客户或用户的反馈；
- 团队自己发现的需求。

Backlog 需要满足以下属性，如果用英文表述，可简写为“DEEP”。

1. D（Detailed Appropriately）：适度详细

如图 8-13 所示，在 Backlog 里，需求的优先级越高，描述得越细致；需求的优先级越低，描述得越粗糙。优先级排在最高的需求，其描述细致到足以马上启动开发。

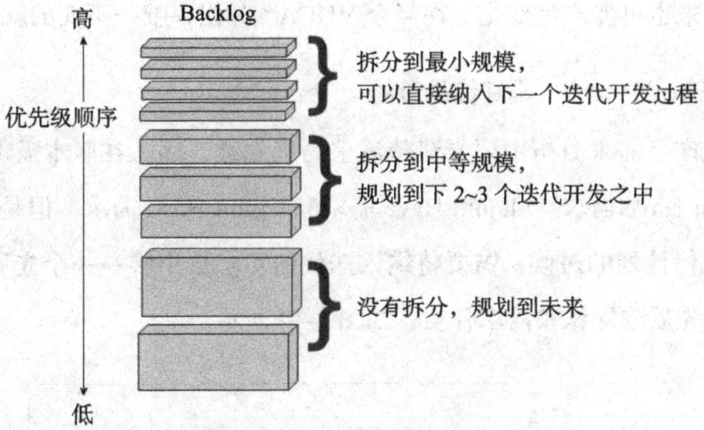

图 8-13 Backlog 条目是适度详细的

2. E（Estimated）：估算好的

团队不需要对 Backlog 里的每个需求都做出估算，但是一定要对下一个版本以及下一个迭代的需求做出估算。估算的意义如下。

- 判断需求的规模。团队需要对超过一个迭代规模的需求做拆分，在拆分需求的过程中，团队可能会发现之前没有想到的需求场景。
- 做版本计划。如果团队不对需求做出估算，就无法判断版本什么时候交付。
- 做迭代计划。如果团队不对需求做出估算，就无法判断每个迭代周期装载多少新的需求。

3. E（Emergent）：涌现的

团队不得不接受这样的现实，即需求不是一开始被写进 Backlog 里的时候，团队就能完全清楚的，而是随着时间的演进，通过逐渐增多的用户和市场的反馈，使团队获得更多的认知后而逐渐明晰的。此外，即使在当下被认为是明确的需求，将来也可能产生变化。在当今 VUCA① 时代，唯一不变的就是变化。

4. P（Prioritized）：排好优先级的

团队在产品需求分析中要弄清楚需求的优先级；团队在版本需求分析中要分清楚 Must Have 需求、Should Have 需求和 Could Have 需求。但是这还不够，团队在做迭代计划的时候，需要将纳入迭代的需求排出唯一一个先后顺序，团队按照这个先后顺序认领需求开发，如图 8-14 所示。

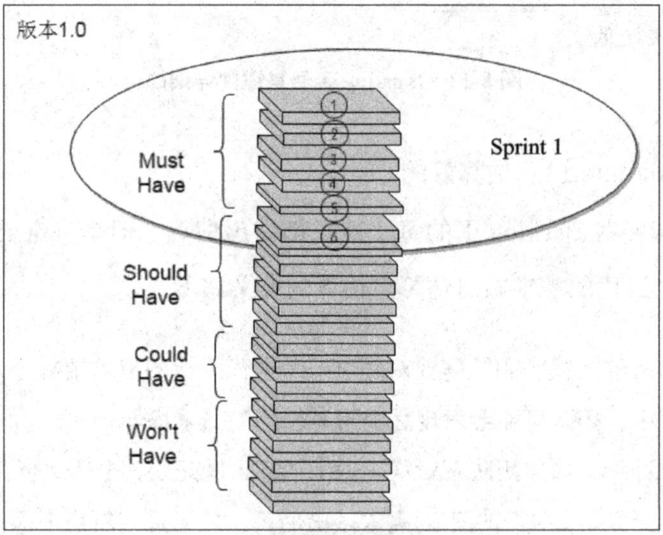

图 8-14　需求优先级排序示意图

在很多敏捷团队的 Backlog 里，需求优先级并没有被标识出来，而是存放在了产品负责人的脑袋里，但这并不代表需求没有优先级。当我问及团队为什么没有标识的时候，产品负责人说："大家都知道，没必要标识。"而当我问及研发工程师的时候，对此，他们表示不清

① VUCA 是易变性（Volatility）、不确定性（Uncertainty）、复杂性（Complexity）、模糊性（Ambiguity）的英文首字母缩写，来源于宝洁公司的首席运营官罗伯特·麦克唐纳（Robert McDonald）借用的一个军事术语所描述的新的商业世界格局："这是一个 VUCA 的世界。"

楚，只是知道这些需求需要做。

为什么需要通过显性标识让全员对需求的优先级有明确的理解呢？因为团队成员是自己认领需求后开展开发或测试工作的，如果没有清晰的优先级标识，大家只能靠口头来沟通优先级，而口头沟通无法确保每个人对信息的准确掌握。另外，对于不知道优先级信息的团队成员来说，他们一般会喜欢认领那些容易实现的需求，而这会导致真正高价值的需求被排在后面。

8.4.3 用户故事：以用户为中心来描述需求

你也许听说过，在敏捷工作方式里，团队一般采用用户故事卡片的形式来描述需求。用户故事是指用户通过系统完成一件有价值目标的事情。

1. Why：为什么要用“用户故事”描述产品需求

采用用户故事卡片的形式来描述需求，可以帮助产品负责人和团队逐渐形成以用户为中心的思考方式，而不是单纯地以功能为中心来思考产品。

2. Who：哪些人创建用户故事

产品负责人创建初始的用户故事，然后将用户故事卡片带到 Backlog 梳理会议上与团队成员一起讨论，再由团队成员来补充和创建新的用户故事。这样做比团队从零开始创建用户故事的效率要高。

对于那些创新型的特性，也许产品负责人对要做什么也没有把握，这个时候可以召集团队一起进行头脑风暴来创建用户故事。

3. When：什么时候创建用户故事

团队的第一个 Backlog 条目就可以以用户故事的形式创建。此外，产品负责人在与团队做 Backlog 梳理和迭代计划的时候，会发现并创建新的用户故事或者修改已有的用户故事。

4. How：怎么创建用户故事

用户故事的模板如图 8-15 所示。一般来说，用户故事包含三个要素。

- 角色：谁要使用这个功能。
- 功能：需要完成什么样的功能。
- 目的：这个功能可以达到什么目的。

用户故事卡片
作为一个〈角色〉 我想要的〈功能〉 以便于达到的〈目的〉

图 8-15　用户故事的模板

图 8-16 是我做过的电子看板工具产品的一个用户故事的例子。

用户故事卡片：看板工作项的订阅
作为一个〈项目经理〉 我想要〈一个工作项订阅功能〉 以便于〈我随时掌握那些重要工作项的进展〉

图 8-16　用户故事示例图

常踩的坑！

很多团队学习了用户故事后，开始僵硬地采用用户故事的形式来描述需求。比如："作为一个开发者，我想要后台给我提供 ××× 接口，以便于我调用相关的素材来完成前台页面的展现。"

这个需求只是从开发者的角度来描述的技术任务，并没有从真实的用户角度来描述，所以它没有体现出产品给用户带来的价值。

常踩的坑！

很多团队区分不出用户的角色，所有用户故事的开头都是"作为一个用户"，导致用户故事流于形式。

如果团队不清楚用户是谁，应该回顾其创建的用户画像，进而明确当前这个用户故事是为哪类用户提供价值需求的。

常见疑惑

问：需求和用户故事是什么关系？敏捷里所有的需求都用用户故事来描述吗？

答：用户故事是从用户使用产品系统的角度对需求进行描述的方式，但不是所有的需求都必须以用户故事的形式来描述。如果需求与用户的使用无关，就不需要采用用户故事的形式来描述。比如，有些产品需要满足某些法律标准、政府规定、行业规范等，这些需求不涉及用户如何使用产品系统，因此不必采用用户故事的形式来描述。

常见疑惑

问：那么对于那些涉及用户使用产品系统的需求，需要永远选择用户故事的方式来描述吗？

答：在团队没有养成以用户为中心的思考习惯之前，最好采用用户故事的方式来帮助团队固化思维方式。但是，在团队形成习惯之后，就不需要每个需求都用用户故事来描述，尤其是那些产品体验优化类的需求，因为团队对目标用户及其使用目的都已经非常清楚。

只用一句话描述用户故事还不够，团队还需要创建验收条件来定义用户故事的边界和范围，相当于用户故事的“完成的定义”。验收条件有如下三个作用：

- 触发团队从用户的角度思考如何使产品满足用户的诉求；
- 作为创建测试用例的输入；
- 把握需求的范围，去除不必要的需求场景。

一个网站产品的用户通过设置邮箱密码完成注册，这个产品的用户故事是：“作为一个新用户，我希望设置邮箱密码，以完成邮箱注册的流程。”

其验收条件如下：

- 密码至少 8 个字符，不超过 12 个字符；
- 密码至少包含一个数字、一个字母，支持数字、字母和特殊字符的组合；
- 区分大小写；
- 支持键盘上可以输入的特殊字符，除了“-”“[ ]”“|”“/”之外。

这几条验收条件非常清晰，可以直接作为测试用例设计的输入。

验收条件是用户故事的重要组成部分。我建议产品负责人为每个用户故事预先准备好自己能够想到的验收条件，并将用户故事带到团队中一起讨论，团队会补充和丰富验收条件，这样做会更高效。通常，团队在讨论验收条件的时候会涌现出新的用户故事。

用户故事需要满足以下原则，如果用一个英文单词来描述，可简写为“INVEST”。

1. I（Independent）：独立的

团队应尽量避免用户故事之间相互依赖，因为团队在对用户故事排优先级或做迭代计划时，用户故事之间的相互依赖会使工作量的估算变得更加困难。

我们可以通过下面两种方法减少用户故事之间的依赖性：

- 将相互依赖的用户故事合并成一个颗粒度大的、独立的用户故事；
- 重新拆分用户故事。

但是，团队是不可能完全避免依赖的，因为团队构建的是一个系统。但是团队可以尽量减少依赖。

2. N（Negotiable）：可协商的

用户故事是对产品功能的简短描述，不是详尽的、面面俱到的细节描述，需求的细节将在团队的讨论过程中涌现出来。用户故事开启了产品负责人与利益干系人、客户以及团队关于需求讨论的对话，但是它并不是需求的全部。

常见疑惑

问：讨论出的细节需要文档化吗？

答：为了便于团队记忆，讨论结束后最好将细节记录下来，附在用户故事的描述里。细节可能包括如下几个方面。

- 需求的业务流程，比如用户操作的第一步、第二步、第三步等。
- 需求的数据边界定义，比如，如何处理数据区间。
- 需求涉及的算法。算法貌似是解决方案的范畴，其实不一定，因为算法决定了用户数据的处理方式和结果。
- 涉及 UI 交互的，需要有低保真原型图。一图胜过千言万语，原型图可以有效地表达需求。但是由于这时还没有开始用户体验设计，所以用一张简单的设计图表达出需求的 UI 以及简单的用户交互即可。

3. V（Valuable）：对用户或客户有价值的

用户故事应该清晰地体现出产品对用户或客户的价值。这也是为什么用户故事要按照“作为一个<角色>，我想要<功能>，以便于<目的>”的格式来书写，而“以便于”正是体现价值的部分。

4. E（Estimable）：可估算的

开发团队需要估算用户故事的规模，以确定优先级、工作量，并安排计划的执行。如果团队发现有些用户故事无法估算，说明团队对需求的理解还不清晰，或者是涉及的技术具有不确定性。

5. S（Small）：小

用户故事的规模要尽量小，至少要确保其在一个 Sprint 内能够完成。用户故事的规模越大，在安排计划执行和工作量估算等方面的风险就会越大。凭经验来看，如果团队采用的估算单位是天，那么对一个用户故事进行拆分，最好在 1~5 天完成；如果团队采用的估算单位是虚拟的故事点，那么一个用户故事最好拆分到 13 个点以内完成。但是，也不能单纯为了追求“小”而导致用户故事不能独立产生价值。

6. T（Testable）可测试的

用户故事必须是可测试的。团队通过以下方法能使用户故事达到可测试的条件。

- 测试人员与开发人员一同参与用户故事的讲解和讨论，从而让测试人员能第一时间理解需求，并从测试的角度提问和思考。通常产品负责人和开发团队思考的是需求的正常场景，而测试人员能够有效地补充需求的异常场景。
- 明确每个用户故事的验收条件，并将其作为测试的输入。

8.4.4 如何决定需求的优先级顺序

决定需求的优先级顺序有两种方法：定性评估法和定量计算法。定性评估法是通过评估影响需求排序的几个要素，然后为需求排出先后顺序；定量计算法是为影响优先级顺序的每个要素赋予一个数值，然后用公式计算并排列出需求的先后顺序。

1. 定性评估法

决定需求的优先级顺序需要考虑以下几个要素。

- 延期成本。对需求进行排序，延期成本是首要考虑的因素。当延期成本无法区分出先后顺序的时候（比如，团队经常会发现很多与其他需求价值相当的需求，在上线时间上团队对其也没有一定的预期），团队可以考虑下面的其他几个要素。
- 实现成本。对于价值相同、时间要求相同的需求来说，团队通常会选择成本低、交付速度快的需求，因为越早完成，越早产生价值，并越早获得用户反馈，从而使团队逐渐提升对用户和市场的认知。
- 风险和不确定性。风险和不确定性是一对“孪生兄弟”，但却是两个不同的因素：不确定性可能蕴藏着风险，不一定会带来风险；但风险却一定是带有不确定性的。如果需求具有不确定性（例如，在一定条件下，这个需求会引爆市场，但是这个条件何时到来还不知道），那么一般采取的方法是推迟决策，同时密切跟踪市场动向，注意避免过早或过晚做出决策。此外，团队还可以设计一个低成本的 MVP，用其对特定用户群体做调研，来验证需求的市场风险，从而为是否进行产品开发提供反馈。

  如果实现需求在技术上有风险（例如，需求会对已有代码模块的实现逻辑甚至架构带来重大冲击），那么尽管这个需求价值很高，团队往往也会推迟到将来再做，这是人们为了逃避风险所做的一个自然反应。但其实这样做是错误的，因为如果现在不做，实现逻辑的代码会继续堆积，以后再做这个需求时，团队付出的代价会更大。因此，对于带有这种风险的需求来说，如果团队决定必须做，就要早做，直面风险。一般应对这种技术风险会采用探针（Spike）的方式，即先做一个小的试验，将风险量化后，依据试验结果来决定是否做该需求。

- 依赖。INVEST 原则中的 I（Independent）指的就是独立性，即拆分用户故事时要尽量避免其相互依赖。但是依赖是不可能完全避免的。如果最后还是发生了用户故事 A 依赖于用户故事 B，那么最好将 A 和 B 错开一个迭代周期后再实现，至少错开一周。尤其是在相互依赖的用户故事由其他团队交付的情况下，由于进度不受团队自己控制，所以团队更需要将它们错开节奏，如图 8-17 所示。

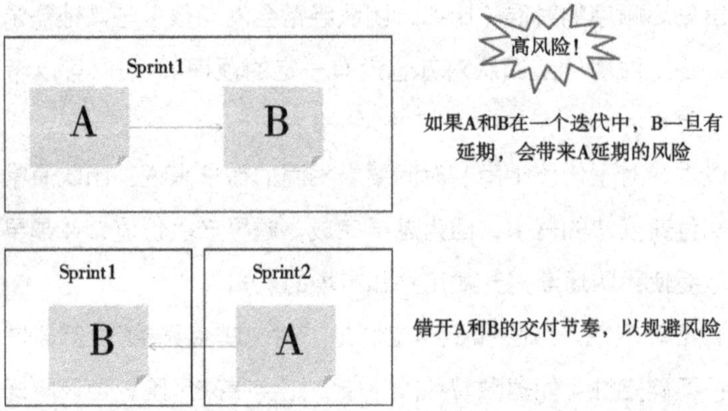

图 8-17 相互依赖的用户故事要错开一个迭代周期

团队针对每个需求均进行了以上这些要素的分析后，就可以排出需求的优先级顺序。

2. 定量计算法

规模化敏捷框架 SAFe（Scaled Agile Framework）采用一种定量计算法来评估需求的优先级，即“加权最短作业优先法”（Weighted Shortest Job First，简称 WSJF）。其计算公式如下：

$$WSJF = \frac{\text{延期成本}}{\text{工作规模}}$$

其中，“工作规模”大家比较熟悉，即需求的估算规模，可以用故事点、理想人天等估算得出。

公式中的“延期成本”包含如下三个因子。

（1）用户和商业价值，指的是需求对客户或商业的相对价值。比如：

- 用户更喜欢哪一个需求；
- 这些需求对这些盈收有什么影响；
- 如果不做这个需求的话会产生什么潜在的负面影响。

（2）时间的关键性，指的是随着时间的推进，延期交付对用户的商业价值产生什么影响。比如：

- 是否是固定交付日期类型的需求；
- 用户是否会愿意等待，还是会选择其他产品；
- 如果在某个时间窗口不上线的话，是否会让用户失望。

（3）减少风险或获取新的商业机会，指的是除了上面的第一个和第二个因子涉及的因素之外，这个需求还能为企业带来哪些价值。比如：

- 是否会降低团队以后交付某些必要的特性的风险；
- 是否会获得团队之前不知道的知识或信息；
- 是否会给企业带来新的商业机会。

由此，WSJF 公式可细化为：

$$WSJF=\frac{\text{用户和商业价值}+\text{时间的关键性}+\text{减少风险或获取新的商业机会}}{\text{工作规模}}$$

那么具体该如何操作呢？我们可将所有特性和 WSJF 公式所涉及的因子列成一个表格，如表 8-4 所示。

表 8-4　WSJF 评估表

项目内容 特性	用户和商业价值	时间的关键性	减少风险或获取新的商业机会	工作规模	WSJF
特性 A					
特性 B					
特性 C					
特性 D					

首先，针对这个表格里所对应的 WSJF 公式中的每个因子，采用故事点相对估算法对需求做出估算。比如，以工作规模最小的特性 A 为基准，将它的工作规模设为 1，如果特性 B 的工作规模是特性 A 的 3 倍，那么特性 B 的工作规模就是 3。

其次，按照故事点相对估算法为 WSJF 公式中的其他因子做同样的估算，即找到一个因子最小的特性，将其作为基准。然后通过其他特性与之相比较，得到估算数值。针对每一个特性，将 WSJF 的每个因子做相对估算后，依据 WSJF 的公式计算出每个特性的 WSJF 值，这样就得到了量化的需求优先级的排序。

最后，排列需求优先级顺序时要注意如下两点。

- 优先级是相对的，不是绝对的。只有将两个需求放在一起，你才能判断出哪个要优先做。
- 虽然 WSJF 公式看起来更科学，但是只能当作参考。需求的排序不是完全靠数学公式计算出来的，而是一个理性评估加艺术直觉的快速决策过程。团队的交付节奏越密集、交付速度越快，花在排序上的时间就可以越少。因为，即使优先级排得不合理，或者不确定，团队也可以马上在下一个版本中发布排名靠后面的需求。

常见疑惑

问：是否应对整个Backlog进行排序？

答：不需要。团队需要做的是将排在Backlog顶部的当前版本的需求以及最近一两个迭代的需求排出唯一的先后顺序；而对于以后版本以及一两个迭代以后的需求，则不需要排出唯一的先后顺序。随着产品特性的持续发布，并通过用户的反馈，团队对需求的优先级认识会有变化。因此，过早排序也是一种浪费。

8.4.5 产品决策：如何决定需求做与不做

在产品开发的过程中，产品的内部、外部利益干系人会提出很多自己的期望；每个产品版本发布后，团队会收到用户的反馈意见。作为产品负责人，你会发现随着产品继续向前推进，收到的需求会越来越多，总有堆积如山的需求等待着团队去做。因此，判断某个需求做与不做，成为产品负责人需要做出的至关重要的决策。

产品决策要以“用户或客户场景驱动”为核心，即面对一个需求，首先，判断这是否是用户或客户真实的需求，以及这个需求是在什么场景下产生的。其次，如果是真实的需求，再进行竞品分析，分析同行竞品是否有这个功能。如果有，它们是如何设计来满足用户需求的？如果没有，它们可能会有什么考虑？如果我们要做这个功能，设计方案是什么，如何确保竞争力？最后，看内部资源是否具备条件，可以使这个功能在合适的市场窗口期推出。

整个过程如图8-18所示。

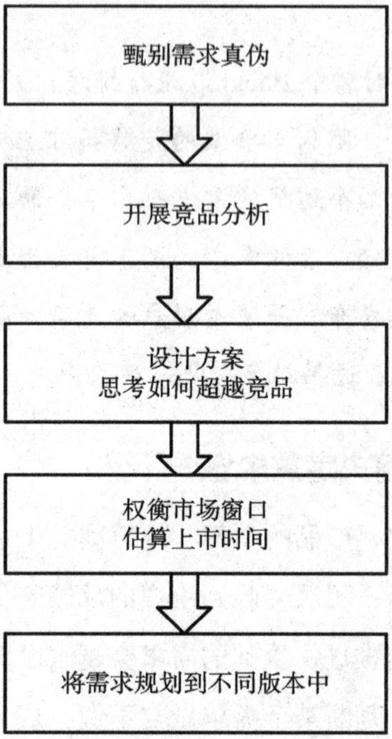

图 8-18　产品需求决策过程示意图

在很多企业里，产品的大量功能不是来自客户或用户的真实需求，而是来自于以下几个方面。

（1）产品负责人自己的假设。产品负责人依据自己的经验和知识来判断某个需求是否应该做。然而，需要注意的是，判断某个需求该做的依据是什么？是有相关的用户场景经历，还是自己单方面的假设？很多时候，产品负责人自己都难以区分那是个需要验证的假设，还是已经被验证的结论。

（2）对市场上竞品的模仿。很多负责人看到竞品有什么功能，自己就急忙做什么功能，这是最大的忌讳。产品要体现的是自己的核心价值主张，而不是别人的核心价值主张。大量地模仿竞品只能说明自己不自信，不知道做什么功能更好；或者说明人家的某个功能设计得太好了，我们无法超越和创新，只能跟风、抄袭。

（3）年度战略规划。很多企业都会做年度战略规划，由于规划要汇报给高层领导，因此要做得高大上才行。然而很多贴近用户的功能没法拿得出手，因为那些不吸引高层的眼球，进而无法争取到这个产品所需的资源。于是，战略规划里的产品成了“航空母舰”，而实际上也许用户只需要一艘“小快艇”，一些用户不需要的设备也被装到了这艘“小快艇”上。

（4）行业竞争。有些企业喜欢用“行业领袖”“业界第一”这样的目标牵引所有产品的发展方向，这使得产品负责人将注意力放到了虚荣的先进性上，而不是扎扎实实地以用户为中心。需要注意的是，先进性与满足甚至超越用户的期望不是一回事。比如，一个社交产品有先进的人工智能技术，可以智能化地向你推荐你有兴趣交往的人。但是如果连像聊天这样的核心基础功能都做得令用户体验感很差，那么即使人工智能技术再好也是白费。

（5）领导指示。很多企业的产品，尤其是在 To B 产品的 Backlog 里，经常有“某总”的一句话需求。诸如在某次汇报上，“某总”提出，应该做……，于是这句话就被录进了产品的 Backlog 里。而且有这样不成文的惯例：领导的职位越高，他提的需求的优先级就越高。

当然，上述渠道的需求并不是一律不该做。不管从什么渠道获得的需求，都要将其带到用户或客户的场景中去分析。即使需求成立，还要考虑档期，以及与其他需求相比，其优先级是否足够高，从客户价值角度分析，是否值得做等。所以，决定不做某项需求比决定做某项需求更困难，也更重要。

即便是用户或客户的原始需求，我们也需要小心甄别。以用户为中心，听取用户的反馈，并不意味着用户提出的所有的需求都要去做。根据经验，用户提出的需求里有 70% 都是不需要做的，但是我们要聆听用户全部的反馈，否则就无法筛选出来那些该做的 30% 的需求。

不管是什么类型的产品，我们都要仔细分析需求，比如，用户或客户要解决什么问题？这个需求在什么场景下发生，是不是刚需？具体来说，当面对一个需求时，我们可以做好以下工作。

1. 还原需求

很多情况下，用户以为自己提的是个需求，其实这是他 / 她脑子里设计的解决方案。所以我们要分析用户需求的本质，思考用户提出的是需求还是解决方案。

我在做电子看板工具产品的时候，一个用户向我提出：“我希望产品有邮件通知功能，每天早上 8 点钟提醒我有哪些事情需要办理。”

这个陈述是个典型的需求解决方案。用户的真实需求是：“我希望有个方法能提醒我有哪些要做的事情，以便于我安排好当天的工作。”至于是采取邮件通知的方式，还是其他方式，提醒时间安排在几点合适，这些都属于解决方案的范畴，需要深度挖掘用户的场景才能设计出合适的解决方案。如果我们直接做个邮件通知，每天早上 8 点钟定时发送邮件，那么这些邮件最终很可能成为垃圾邮件。因此，千万不要把用户提出的所谓“需求”直接收录到 Backlog 里，我们一定要做需求还原的工作。

2. 用场景化甄别出伪需求

用户提的需求会在什么场景下产生？对以下问题进行分析，就可以甄别出其是否为伪需求。

- Who：哪些角色参与。
- When：什么时候、在什么条件下发生。
- Why：要解决什么问题。

■ How Often：以什么频次发生。

■ How：怎么发生。

还是拿我做的电子看板工具为例。曾经有用户向我的团队提出这样的需求："我希望将团队看板的几个不同视图做切换，每天动态轮播。"团队觉得这个主意很好，就放到了 Backlog 里并向我提议。我了解后，与用户做了如下访谈。

我：听说您想要实现看板不同视图的动态轮播功能，请问您想要解决的具体问题是什么？

用户：现在的看板需要手工切换不同的视图，不能自动播放。我们希望自动播放，不用我手工操作。

我：那么您是希望在什么情况下看自动轮播呢？

用户：每当我走过去的时候会看一眼。

我：您每天大概什么时候会去看？

用户：主要是开站会的时候，平时偶尔也会走过去看看。

我：你们开站会的时候，主要看哪些东西？

用户：主要看用户故事的状态，然后看每个人名下的任务状态，最后看看 Backlog 里还有哪些重要的需求没有启动。一共三个视图。

我：现在手动切换这三个视图有什么不方便的吗？

用户：其实也没有，一键就切换了。

我：那么自动轮播能在哪些方面帮助到你们呢？

用户：如果有轮播，平时我路过的时候看一眼感觉会很不错。

通过以上访谈我们可以看出，用户提出的这个需求并不是他真正需要的。这是个典型的伪需求，用户对此并没有察觉。

3. 判断是否是刚需、高频或大客户的需求

排除伪需求后，我们再来分析这个需求是不是刚需，即卡诺模型里的“必备属性”需求。如果是刚需，我们再判断用户对需求的使用频次。如果这个需求是刚需、高频，则应该做；如果这个需求是刚需、低频，则需要判断是否会带来其他方面的价值，比如对于 To B 产品的大客户来说，虽然可能某个需求的使用频次低，但对于客户的商业价值很高，同时也会带来较高的收益，因此我们可能还是会选择接纳。

产品里的那些刚需、高频的特性是需要重点打磨的地方。例如微信的发送消息、发朋友圈等特性是典型的刚需、高频特性。因此，我们一定要重点打磨这类特性，给客户最佳的体验感。

4. 判断是否解决了“更”的问题

与用户现有的解决方案相比，我们完成的这个需求有什么优势？是否带来了副作用？

一个大多数人都看不到的事实是，在绝大多数情况下，用户远没有其自己说的那么“痛”，因为他已经在用一些工具或者方法解决他遇到的问题。在这样的情况下，需求意味着更快、更便宜、更方便等。比如，微信比短信的即时通信方式更便捷。

如果你将需求做进了产品之中，却对用户现有的解决方案没有更大的超越，那么这个需求就白做了。

还是拿我做过的电子看板工具为例。我曾经深入客户中调研，发现一些客户雇用专门统计度量数据的 QA 人员，他们负责从各种工具里导出数据到 Excel 中，生成了大量的度量数据。对此，我迸发出一个想法：如果把一些核心通用的度量数据做到产品里，这些 QA 人员就可以解放了。客户听了我的提议非常高兴，于是我赶紧让团队去做。

这个功能上线后，我兴奋地向这几个客户通知了上线消息，客户点赞，还要求我们给他们的团队做培训，讲解怎么使用。但是过了一段时间，我查看了产品的运营数据，发现客户从没有访问过度量页面。于是，我回访了客户，客户说："大家已经习惯了采用QA人员发布的度量数据报告，那个报告很全面，而且QA人员将报告发到邮箱里，我们只需要看邮件就可以，不用登录你们的工具看数据。"

结果是，这个需求没有达到原来设想的目的。究其原因，这个解决方案并没有更大地超越QA人员的报告。

5. 判断是否是全流程的需求

如果需求只是全流程场景中的一部分，我们就要思考是否可以将其延展到全流程场景，如果不能延展，那么这个需求与用户现有的解决方案衔接起来是否流畅。

在上述案例中，如果我们将需求延展到全流程场景，那么产品不仅能生成度量数据，还可以定制化地生成报告的内容。这样的话，用户从管理需求、跟踪度量数据到接收数据报告的全流程就都实现了。可是如果我们只做了前两个部分，而没有解决第三个部分"接收数据报告"的问题，那么用户自然还是喜欢既有的解决方案。

8.5 让用户体验设计敏捷起来

8.5.1 将用户体验设计纳入敏捷流程

很多企业开展敏捷多年，但是UX部门仍旧是一个独立的部门，没有进入敏捷团队中。UX部门依旧按照自己原有的流程运作，即UX设计师属于每个项目的共享资源，项目的需求功能进入 UX 部门的需求管道后需要排期。在设计过程中，UX 设计师与团队的交流不多，基本上只有在需求沟通会议上澄清一次需求；UX 设计师做的设计，研发团队基本上是无条件接纳。事实上，开发团队敏捷起来了，但是 UX 部门仍旧按照瀑布模式工作，结果导致整个产品团队的敏捷性受到严重拖累，产品设计体验差，UX 部门与敏捷团队之间的摩擦不断，大家都苦不堪言。

某大型互联网企业 U 也面临着上述问题。团队在实践了 Scrum 和微服务架构后，开发和部署上线的能力增强，每周至少能够上线一个版本，但是交付速度经常被 UX 部门拖后腿，原因如下。

- 由于迭代计划受制于 UX 部门，即迭代计划中的需求依赖于 UX 部门的排期计划，所以团队经常无法完成迭代计划。
- 由于 UX 设计师是共享资源，无法只专注于一个产品的设计，加之其对业务理解不深，所以往往导致设计稿不但没有体现出核心场景，还经常被设计师带入自己臆想的需求。也就是说，该满足的需求不仅没有设计到位，反而使需求范围以隐秘的方式扩大。
- 好的设计同需求一样，是随着 UX 设计师对用户场景的理解的深入而逐渐涌现的，不是一成不变的。而该企业的 UX 设计稿的评审周期长达两周，一旦评审通过就很难再更改。
- 因为 UX 设计师不是团队的一部分，所以 UX 设计师与团队的沟通有限，于是 UX 设计稿成为开发的单向输入。
- UX 部门独立于团队以外，有自己的关键绩效指标（Key Performance Indicator，简称 KPI），经常会为了实现创新的 KPI 而画蛇添足地加入与核心需求无关的设计，使用户对核心功能的需求没有被满足，体验差。

由于以上原因，UX 设计师与团队矛盾很深。那么该怎么解决呢？企业可以尝试以下措施。

1. UX 部门派驻全职的设计师进入敏捷团队

如果在组织结构上无法打散 UX 部门，使其进入敏捷团队，至少让 UX 设计师专注做一个项目，以项目成员的身份加入团队之中深入了解业务，而不是同时做多个项目。UX 设计师可将其工位搬到团队的办公区，参与团队的 Backlog 梳理、Scrum 站会、计划会议、回顾会议和评审会议等。

2. 产品负责人、开发团队和 UX 设计师要错开工作节奏

由于设计本身的工作性质，UX 设计师可能需要花几天的时间设计产品的骨架和大的特性，然后与产品负责人、开发团队讨论几个回合。这样一周就过去了，留给开发的时间几乎没有。因此，公司可以尝试将产品负责人的需求规划工作、开发工作和用户体验设计工作的节奏错开，如图 8-19 所示。

我们从图 8-19 可以看出，对于新特性以及大的 UI 改动来说，UX 设计师的工作与开发工作应错开一周甚至两周的时间，这样既能给 UX 设计师足够的时间创作高质量的设计，也能给开发人员足够的时间搞开发设计。当然，如果是对团队已经完成的产品特性的小修小补，将 UX 设计工作与开发工作并行在一周之内也是可行的。

团队在本周的开发过程中可能会发现，在上周 UX 设计师完成的设计中有需要修改的地方，这时候 UX 设计师需要及时更改设计；团队在本周的开发过程中，也会参与 UX 设计师对下周设计稿的讨论。因此，UX 设计师与开发团队、产品负责人之间不是完全地错开工作节奏，有些工作也是相互并行的。

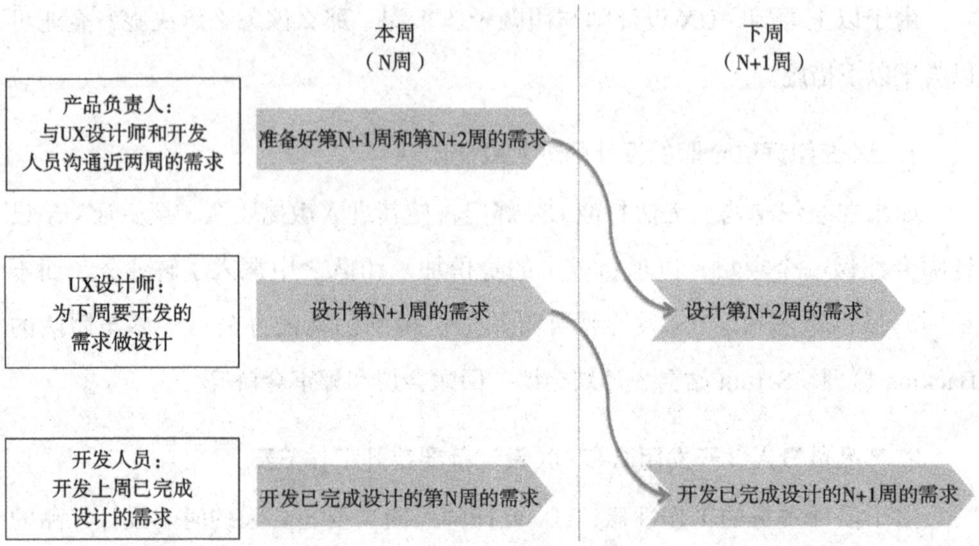

图 8-19 UX 设计师、产品负责人和开发团队的工作节奏示意图

3. 对产品设计的争执是良性的互动过程，产品负责人是最终决策者

UX 设计师每次给出设计稿后会召集团队和产品负责人进行设计评审，产品负责人从业务和用户场景的角度给出意见，团队从技术实现的角度给出反馈。由于不同角色有不同的视角，所以他们有不同的意见甚至发生激烈争执都是正常的。这也是一个良性的互动过程，通过碰撞可以形成更好的设计，因为大家的目标是一致的，都是为了做出更有竞争力的产品。最终的设计应该是 UX 部门与团队一起达成共识的设计，但是当意见分歧到难以达成共识的时候，产品负责人就是最终决策者。

在采取以上措施后，整个 UX 部门就能从人员到工作方式完全融入敏捷流程。

8.5.2 正确发挥原型的作用

1.Why：为什么要做原型

原型可以作为 MVP 的一种，用来验证团队设计出的解决方案是否解决了用户的痛点。我们使用原型深入用户，开展用户访谈，验证这是否是他们想要的解决方案。然后依据用户的反馈，快速修正原型的设计，再次返回到用户之中做验证。这个过程可能需要进行多次。

原型可以作为产品负责人、UX设计师、开发人员对需求达成共识的沟通工具。传统的需求文档用大量的文字描述堆砌，但是，再多的文字描述也抵不过一张图的作用。尤其在互联网领域，产品演进迅速，效率更高的需求沟通方式是通过原型图来勾勒需求，在图上标注文字描述。

原型可以作为开发的直接输入，前端工程师依据原型完成前台页面的开发工作。

2. When：什么时候制作原型

团队在产品的整个生命周期内都可以使用原型这个工具，实现验证用户需求和解决方案、沟通需求、为前端开发提供设计稿等目的。

3. Who：谁负责制作原型

这取决于企业里的职责分工。在很多互联网企业里，产品负责人兼职做了UX设计师的工作，负责完成低保真和高保真原型的全部工作；如果企业有专职的UX设计师，一般由产品负责人制作一个简单的低保真原型来沟通需求，然后UX设计师依据需求制作完整的低保真和高保真原型。

4. How：怎么制作原型

原型分为纸质原型和数字原型。纸质原型用纸、胶水、彩笔、剪刀完成即可。纸质原型属于低保真，在产品负责人与用户和团队澄清需求时使用。

数字原型有很多专业的原型工具，比如Axure RP、墨刀等。用工具做出的原型分为低保真和高保真两种：低保真原型是可点击的线框图；高保真原型在线框图的基础上增加了视觉和交互的细节设计，与真实的产品看起来没有差别，可以直接为研发团队的前端开发提供输入。

常踩的坑！

在很多企业里，UX 设计师花费几周的时间来创建完美的高保真视觉原型，使其作为 MVP 来验证客户需求或用来与产品负责人沟通需求的功能设计。其实，这是很大的浪费，企业完全可以花一天的时间创建低保真原型来达到同样的目的。

近几年，精益创业和敏捷思想也影响了设计界的变革。通过精益创业、设计思维[1]与 UX 设计的相互融合而产生的精益设计（Lean UX）方法论，有效去除了设计流程中大量的浪费，UX 设计师不再用大量的设计做交接工具，只做必要的轻量设计来帮助团队增加认识；团队不再依赖明星设计师，而是采用精益创业的思想通过反复的用户测试，迭代出最好的设计。

---

① 设计思维（Design Thinking）是一种以人为本的创新方法，其结合人们的需求、技术的可行性和商业需要，成为设计师的工具。

第 9 章

敏捷与精益数据分析

如果你不能衡量它，就不能管理它。

——彼得 · 德鲁克

每个企业开启敏捷转型之旅后，企业管理层都会关心以下几个问题。

- 我如何知道敏捷转型的效果？
- 我如何知道组织当前的问题，以及该采取什么措施加以改进？
- 我如何知道组织敏捷转型的程度如何，是成熟了，还是不成熟，以及哪些地方需要提升？

此外，不论是由多个敏捷团队构成的大型项目，还是由单个敏捷团队构成的小项目，团队在实践敏捷方法的过程中，都会关心以下几个问题。

- 开展敏捷后，原来的项目度量方法是否有效？敏捷有哪些特有的度量方法？
- 如何用敏捷度量数据来分析项目当前遇到的问题？该采取什么措施加以改进？
- 如何知道我们开展的敏捷转型做得好不好？

本章着重回答以上这些问题。

9.1 数据分析框架

任何组织都可以用图 9-1 这个框架开展数据分析。

任何企业的业务目标之一都是在财务上实现一定的收益增长。为了实现这个目标，企业需要向客户持续且高效率地提供高质量、有价值的产品或服务，而这一切的原动力是企业里每个团队、每个员工的学习和成长。图 9-1 的数据分析框架包括以下几个维度。

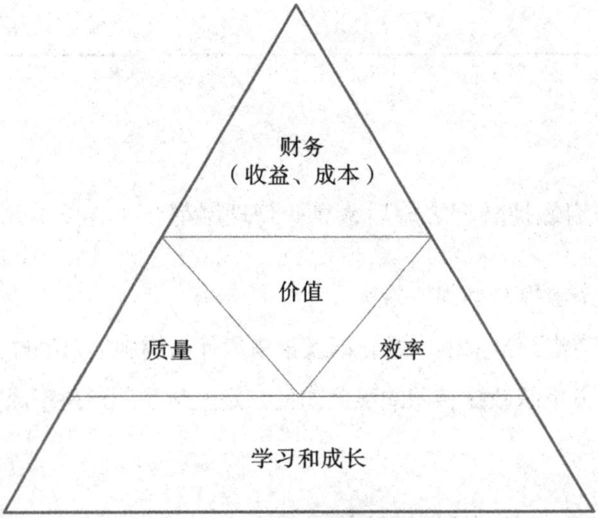

图 9-1　数据分析框架示意图

- 财务。关于财务收益和成本的度量，敏捷没有特殊的方法和理念，企业可以继续沿用原有的度量方法。
- 价值。由于价值的抽象性，关于价值的度量一直是个难题。企业可以从产品运营数据和用户体验数据这两个方面进行。
- 效率。敏捷引入了很多新的度量方式，企业可以从价值交付效率和工程效率两个方面进行。

- 质量。质量分为内部质量和外部质量。在瀑布模式里，企业更关注产品的外部质量。敏捷的核心要素之一是缩短反馈环，将质量内建在开发过程中，因此，企业在关注外部质量的同时，更加强调内部质量。
- 学习和成长。一个企业的核心竞争力，说到底是拥有不断学习和成长的员工。本章介绍的技能地图度量方法，能够帮助企业开展分析组织和团队能力的活动，引导组织和团队持续学习和成长。

9.2 度量价值

度量价值的意义不只是得知结果，还有如下更重要的意义。

- 辅助产品决策：在产品或需求启动前评估价值，以做出“做什么或不做什么”，以及“什么时候做”的决策。
- 形成产品反馈闭环：在产品或需求发布后度量其价值，为调整产品方向或 Backlog 提供输入。

评估价值一直是难以量化的工作。那么产品发布后的价值如何度量呢？不同行业的产品需要定义出适合自身业务领域的度量。本节以互联网产品为例对如何度量产品价值进行深入探讨。互联网产品一般从两个方面度量：产品运营数据和用户体验数据。

9.2.1 产品运营数据

大部分互联网产品都会度量以下几个基本的用户数据指标。

1. 访问用户量

访问用户量即我们平常所说的 UV[①]，也就是登录网站的用户数量，这个数

① UV：unique visitor，即独立访客。

据用于体现产品当前的运营状况。

2. 新用户量

新用户量指的是首次访问或者刚刚注册的用户数量。这个数据用于分析产品的推广效果或者成长空间。

3. 活跃用户量 / 活跃度

不同的产品类型对活跃用户可能有不同的定义，没有统一的标准。一般来说，活跃用户是指有特定行为、达到某个要求的用户。每个企业应该根据自身的产品特点来定义活跃用户。这个数据用于分析产品真正获取了多少有价值的用户。

活跃度是活跃用户量占总用户量的比率。活跃度越高，说明用户对产品的黏性越高。

4. 流失用户量

流失用户数指的是那些曾经使用过某产品或服务，后来不再使用该产品或服务的用户数量。这个数据用于分析产品对用户的保留能力。如果企业设计了大量的拉新活动，但用户不断流失，那么企业需要反思产品本身的问题，为什么留不住用户。

5. 回访用户量

回访用户量指的是那些之前已经流失，但之后又重新访问产品的用户数量。这个数据用于分析产品挽回流失用户的能力。除非企业采取了一些挽留用户的方法，否则正常情况下，用户一旦流失后便很难再回来。

获得这些基本的用户数据只是第一步，企业还需要在产品本身和运营活动两方面下功夫，并应用用户增长的模型和实践，不断测试哪些用户运营活动有效，以及哪些产品设计对用户留存和增长有效。戴夫 · 麦克卢尔受电影《加勒比海盗》

中杰克船长发出的“aarrr”声音的启发，提出了海盗指标模型，如图 9-2 所示。

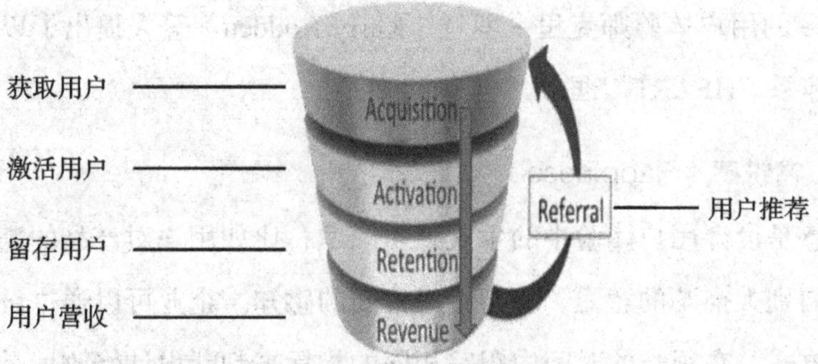

图 9-2　海盗指标模型示意图

海盗指标分别代表用户生命周期的五个阶段：获取用户、激活用户、留存用户、用户营收和用户推荐。这个海盗指标组实质上是一个漏斗模型，每一个阶段都有更少比例的用户走到下一个阶段。在最后一个阶段，被推荐的用户作为企业获取的新用户重新进入漏斗入口。海盗指标可以帮助我们分析用户如何一步步转化，以及产品的用户量如何一步步增长。

- 获取用户。用户从哪些渠道来，如何让他们成为产品的使用者？
- 激活用户。新用户是否感受到了产品的价值？第一次使用的体验如何？
- 留存用户。用户为什么愿意留下来？如何让用户复购产品？
- 用户营收。如何将留存的用户变现？
- 用户推荐。用户是否对产品满意？如何使用户将产品推荐到他的社交圈？

业界已经有很多成熟的用户数据分析工具。利用这些工具，我们可以基于 AARRR 漏斗模型设计自己产品的数据体系，并用增长黑客的方法来使用户持续增长。

9.2.2　用户体验数据

用户体验是一种纯主观的心理感受，存在许多不确定的因素和个体差异，因此企业想要客观地评估用户体验是一件很困难的事。如果没有度量，即使公司日积月累地对产品做了很多用户体验改进，也没有办法客观地知道改进效果。

Google 的用户体验师克里·罗登（Kerry Rodden）等人提出了以用户为中心的度量体系“HEART”框架。

1. H：愉悦感（Happiness）

愉悦感是设计用户体验中的主观感受问题，比如用户对产品的满意度、视觉感受、向别人推荐的意愿、易用性等方面的感知。企业可以通过设计用户调查问卷的方式，在很长的时间内跟踪相同的指标来判断设计修改后是否能提升用户的愉悦感。

2. E：参与度（Engagement）

参与度是用户在一个产品中的参与深度。企业可以通过一段时期内用户访问产品的频次、强度或互动深度等方面综合运用相关数据来判断用户的参与度。比如针对社交类产品，通过度量用户每周的登录次数、每周上传的照片数、每天的对话次数等，比单纯地度量用户访问总量更能体现产品的体验价值。用户对产品使用的频次越高，互动越多，说明对产品的体验越好。

3. A：接受度（Adoption）和 R：留存率（Retention）

企业可以用接受度和留存率这两项指标来区分新用户和老用户。接受度用于监控在特定时期内有多少新用户开始使用产品，比如最近 7 天内新创建的账号。留存率用于监控特定时期过后有多少用户继续使用产品。比如，某一周的“7 天活跃用户”在 3 个月后仍然在“7 天活跃用户”中。

4. T：任务完成率（Task Success）

任务完成率包括一些传统的用户体验行为指标，比如任务完成的时间效率数据、任务完成的百分比，以及任务完成的错误率数据等。

“HEART”框架提供了一个“目标→信号→指标”的简单流程来完成用户

体验指标的设定。首先，明确产品或者功能的目标。然后，定义转化的信号。最后，建立适用的指标，如图 9-3 所示。

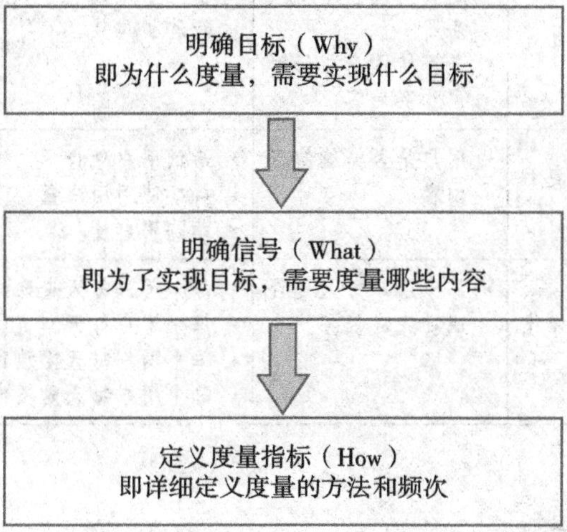

图 9-3　用“HEART”制作用户体验指标的流程

表 9-1 是就一个知识付费类互联网产品所采用的“HEART”框架方法的示例。

表 9-1　“HEART”示例一览表

HEART	目标（Why）	信号（What）	度量指标（How）
愉悦度	让用户感觉产品是独特的	• 用户是否满意 • 是否愿意推荐给其他人	• 满意度评分 • 净推荐值（NPS）[1]
参与度	让用户喜欢并持续发现新内容	• 用户是否持续购买付费的内容	• 平均每个用户每天浏览产品的时间 • 平均每个用户每月收看直播的次数 • 平均每个用户每月收听音频的次数 • 平均每个用户每月打开文章的次数

① NPS（Net Promoter Score）：净推荐值，又称口碑，是一种计量某个客户将会向其他人推荐某个企业或服务的可能性的指数。

（续表）

HEART	目标（Why）	信号（What）	度量指标（How）
接受度	让用户注册产品	• 是否持续有新用户注册 • 是否持续有注册用户购买内容	• 新注册人数 • 新购买人数
留存率	让用户持续使用产品	• 用户是否持续使用内容	• 活跃用户数量 • 持续使用用户量 • 续购用户量
任务完成率	让用户完成操作目标	• 每个用户每天是否成功完成任务	• 每个用户每天查询结果的成功率 • 每个用户每天浏览内容的成功率 • 每个用户每天播放付费内容的成功率 • 每个用户每天购买内容的成功率

9.3 度量效率

效率度量分为价值交付效率度量和工程效率度量。价值交付度量是以交付的价值为单位度量，帮助团队判断价值交付过程中的问题，及时采取管理措施予以纠正。但是，价值交付效率并不能告诉我们团队工程效率有多快。比如，团队在回顾会议上认为，我们这个迭代有两个用户故事没有完成测试，导致无法交付，我们需要提高测试自动化的程度。但是我们现在的自动化效率是多少？我们需要提高到多少？如何判断自动化的投资是否达到预期效果？这些都需要工程效率度量来解决。

9.3.1 价值交付效率

关于影响价值交付效率的因素，我们可以就如下方面进行分析。

1. 速率

速率指的是团队对一个 Sprint 里完成的工作的度量，单位可以是用户故事的点数、理想人天，或者是用户故事的数量。一个 Sprint 结束的时候，团队应该统计实际完成的速率与计划的速率之间的比值，并且对没完成的用户故事做回顾，看看需要采取什么改进措施。

一般来说，速率的统计用柱状图表示，如图 9-4 所示。

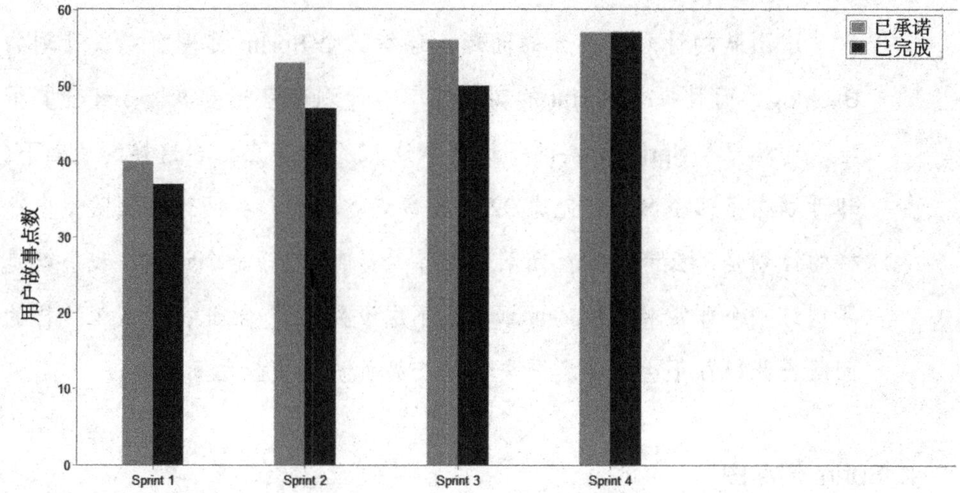

Sprint	已承诺	已完成
Sprint 1	40	37
Sprint 2	53	47
Sprint 3	56	50
Sprint 4	57	57

图 9-4　速率统计示意图

资料来源：电子工具 JIRA Software 绘制的速率统计图

图 9-4 中“已承诺”所代表的柱状图是每个 Sprint 承诺的速率，“已完成”所代表的柱状图是每个 Sprint 实际完成的速率。每个 Sprint 实际完成的速率可作为后续 Sprint 计划的参考。

速率的统计不一定需要电子工具，手工绘制、Excel 都可以。

某 Scrum 团队连续四个 Sprint 的实际速率与计划速率的对比如表 9-2 所示。

表 9-2 速率示例

Sprint/ 速率	Sprint1	Sprint2	Sprint3	Sprint4
计划速率	39 点	47 点	99 点	92 点
实际速率	16 点	32 点	47 点	执行中

该团队的计划有很大的问题：连续三个 Sprint 都没有完成计划的 Backlog，而且每个 Sprint 的实际速率与计划速率相差很大；经计算得出，连续三个 Sprint 的实际平均速率是 32 个故事点，在这样的速率下，却计划在第四个 Sprint 完成 92 个故事点。当时，我问这个团队做出这样的计划是怎么考虑的？团队的回答是："计划只是个计划，我们就是要制订一个非常有挑战的计划，完不成没关系。"对此，我认为这样的团队长此以往下去，会逐渐失去与产品负责人彼此之间的信任。

2. Sprint 燃尽图

燃尽图的全称是"总剩余工时的燃尽图"，指的是当前 Sprint 计划的用户故事被拆分的所有任务，其剩余估算时间总和随着日期的变化而逐日递减的统计图，如图 9-5 所示。

例如，在 Sprint 计划会议结束后，团队统计出所有计划的用户故事被拆分成的任务，其估算时间之和为 50 个小时，于是初始点被打在横坐标 0、纵坐标 50 的位置上。由初始点和 Sprint 的最后一天所连成的线是理想燃尽线，即如果团队每天匀速完成等量时间的任务，那么就应该在 Sprint 的最后一天完成所有任务。需要注意的是，理想燃尽线只是理想情况，实际上没有任何一个团队在任何一个 Sprint 中能够按照理想燃尽线执行。

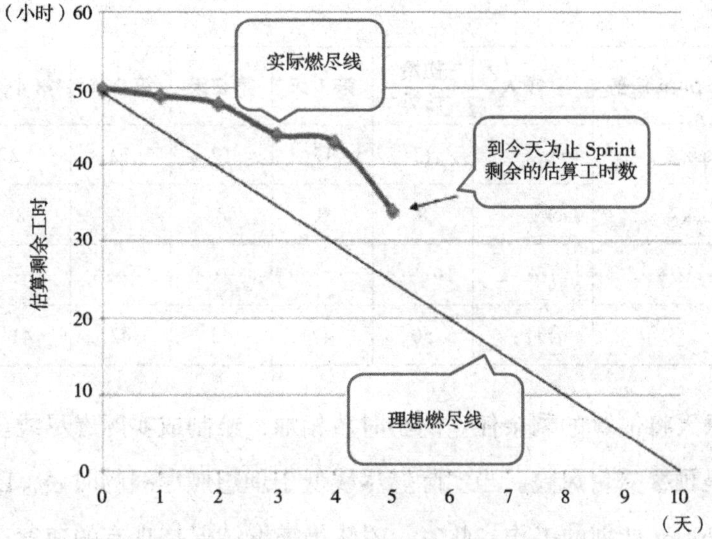

图 9-5　Sprint 燃尽图示例

在每日站会上，团队对已经启动但是未完成的任务要重新估算时间。尤其要注意的是，当团队对每个进行中的任务估算还需要多长时间时，不是用大家直觉的算法，即任务的初始估算时间减去实际花费时间。

举例来说，一个任务原来估算是 8 小时，按理说，一天可以完成，可是，实际情况比想象的要困难很多，团队估算还需要 8 小时。这就是为什么燃尽图不统计团队实际花了多长时间的原因，因为已经花的时间是沉没成本，与还剩多少工作无关。

Scrum 团队每天估算的剩余工时情况如表 9-3 所示。

表 9-3　Scrum 团队每天估算的剩余工时示例　　（单位：天）

用户故事	Sprint 任务	认领人	初始估算	第 1 天	第 2 天	第 3 天	第 4 天	第 5 天
Story1	task 1	Jessica	10	9	9	7	6	0
	task 2	Tommy	10	9	7	7	7	7
	task 3	Henry	5	4	4	3	3	0
	task 4	Henry	5	5	5	5	5	5

（续表）

用户故事	Sprint 任务	认领人	初始估算	第 1 天	第 2 天	第 3 天	第 4 天	第 5 天
Story2	task 5	John	12	12	12	12	12	12
	task 6	Jacky	8	8	8	8	8	8
……	……	……	……	……	……	……	……	……
		合计：	50	47	45	42	41	35

团队每天将估算的剩余任务的小时数相加，绘制成实际燃尽线。燃尽图的最大作用是预警交付风险。当实际燃尽线低于理想燃尽线的时候，团队可能会提前完成 Sprint 计划的工作，此时，团队仍需继续保持现有的速度；当实际燃尽线高于理想燃尽线的时候，团队可能会完不成该 Sprint 的工作，此时，Scrum Master 需要提醒团队加速前进。

常踩的坑！

问：什么样的燃尽线比较好呢？

答：没有好与不好之分。Sprint 燃尽的过程千差万别，但是，只要最终在 Sprint 截止日达到 Sprint 目标，Sprint 就是成功的。燃尽图每天给团队一个进度反馈，用数据告诉团队是否会有达不成 Sprint 目标的风险。

在应用燃尽图的过程中，很多团队发现按照任务剩余工时来指导工作有个缺点，即工时的燃尽不代表价值的交付，即使某一天工时燃了很多，但是团队一个用户故事都没完成，也不能代表价值交付。于是一些团队开始用另一种燃尽图方法，如图 9-6 所示。

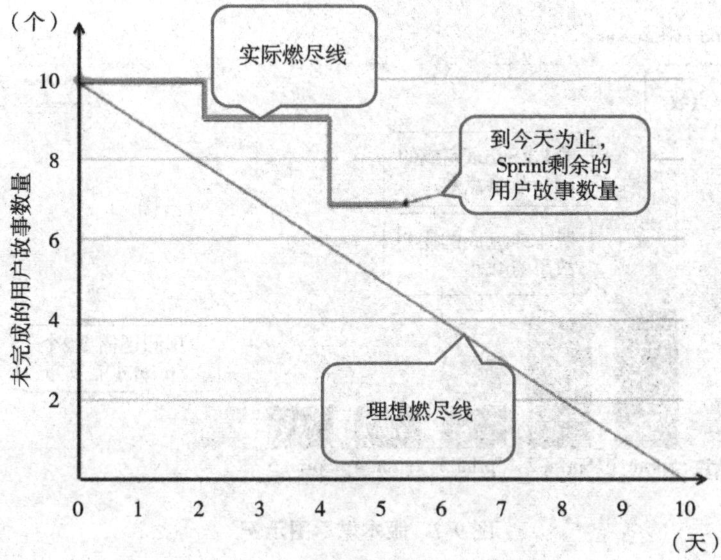

图 9-6　以用户故事为线索的燃尽图示例

用户故事燃尽图的实际燃尽线就像楼梯一样，不是一条斜线。如果团队一天甚至几天都没有完成一个用户故事，那么实际上这段时间内的燃尽线就是平的。

3. 版本燃尽图

Scrum 团队可以用版本燃尽图来预测版本的发布时间，如图 9-7 所示。

- 横轴：Sprint 周期。
- 纵轴：该版本未完成的用户故事点数。

在图 9-7 中，该版本一共有 28 个点。团队在第一个 Sprint 完成了 15 个点，该版本还剩 13 个点。团队在第二个 Sprint 完成了 1 个点，该版本还剩 12 个点。团队在第三个 Sprint 完成了 8 个点，该版本还剩 4 个点。团队在第四个和第五个 Sprint 没有完成任何用户故事，于是该版本还剩 4 个点。最近连续 3 个 Sprint 速率：（8+0+0）/3 ≈ 3 个点。按照这个速率，团队至少还需要 2 个 Sprint（剩余 4 个点 / 速率 3 个点＝ 1.3）才能完成这个版本的交付。

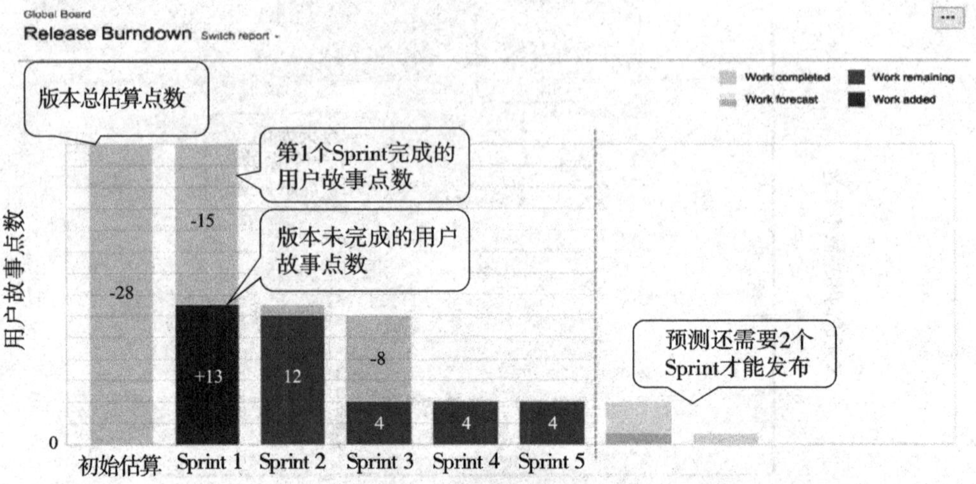

图 9-7　版本燃尽图示例

资料来源：电子工具 JIRA Software 绘制的版本燃尽图

4. 看板累积流图

累积流图是看板方法里的核心度量之一，它可以很好地反映工作项在每个流程环节中的流动问题。但是由于这个度量图表比较抽象，导致很多团队想用但不会用。因此，要想知道怎么用，首先要理解这个图是怎么画出来的。

团队在每天站会的时候，会记录看板上处于各个流程阶段的在制品数量，每个流程阶段用不同的颜色绘制，这样每天连续记录，就绘出了累积流图。举例来说，某团队今天站会上的看板如图 9-8 所示。

累积流图的绘制方法如下。

首先，绘制横轴和纵轴。

■ 横轴：时间（天）。
■ 纵轴：工作项数量（个）。

然后，通过数看板上的工作项数量绘制累积流图，如图 9-9 所示。

（1）今天在“完成”列上有 2 个工作项。于是，在横轴为“今天”、纵轴为

“2”的位置打个绿色的点，表示累计共完成了2个工作项。为简单起见，我们把绿线称为“完成线”。

（2）“测试”列有2个工作项，“完成”列与“测试”列共计4个工作项。于是，在横轴为“今天”、纵轴为“4”的位置打个蓝色的点，表示进入测试环节累计4个工作项，包括正在测试和测试完成的所有工作项。我们把蓝线称为“进入测试线”。

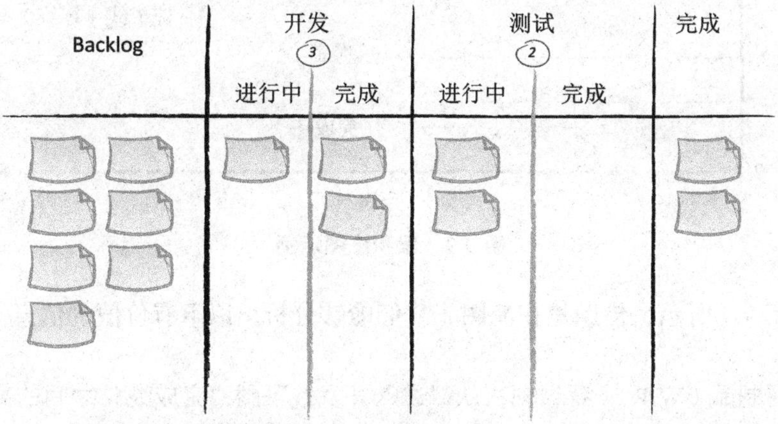

图9-8 看板示例

（3）“开发”列（包括“开发进行中”列和“开发完成”列）共3个在制品，“开发”列、“测试”列与“完成”列合计7个工作项。于是，在横轴为“今天”、纵轴为“7”的位置打个红色的点，表示累计进入开发环节共7个工作项，包括开发进行中、开发完成、测试进行中、测试完成的所有工作项。我们把红线称为“进入开发线”。

（4）“Backlog”列有7个在制品，“Backlog”列、“开发”列、“测试”列与“完成”列合计14个工作项。于是，在横轴为“今天”、纵轴为“14”的位置打个黄色的点，表示累计进入“Backlog”列共14个工作项，包括当前在Backlog中、开发进行中、开发完成、测试进行中、测试完成的所有工作项。我们把黄线称为“进入Backlog线”。

这样在每日站会后打点更新，连续多天就会形成类似图 9-9 的累积流图。

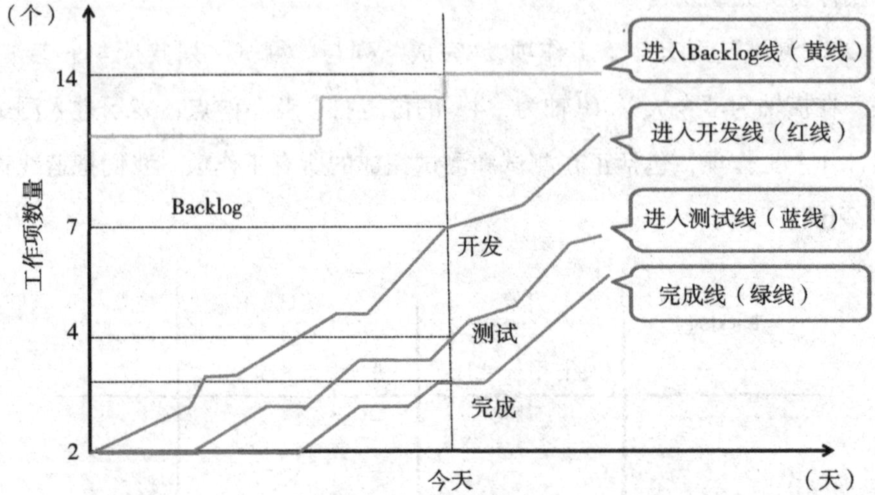

图 9-9　累积流图示例

如图 9-9 所示，借助累积流图，我们能够分析出以下有价值的信息。

- 在制品（WIP）。看纵轴：从“进入开发线”到“完成线”之间的高度，代表了整个看板的在制品数量，因此这个高度的变化反映了在制品数量的变化。如果某个流程环节与下一个流程环节之间的高度差比较高（在累积流图上体现为两条线之间的高度），可能暗示了研发流程在该处有瓶颈或超负载工作等问题，亟须解决。
- 平均周期时间（Average Lead Time）。看横轴：从“进入开发线”到“完成线”之间的长度，代表了从开发启动到完成的周期。这个长度的变化反映了团队交付能力的变化。如果某个流程环节的水平长度较长（在累积流图上体现为两条线之间的水平长度），说明该流程环节的周期长，这往往是由于该环节的在制品堆积造成的。
- 吞吐率（Throughput）。在累积流图中，“完成线”的斜率就是吞吐率。通过观察“完成线”的斜率的变化，就可以直观地看出团队交付效率的变化。
- 需求范围的变化。“进入 Backlog 线”的高度反映了 Backlog 里所有工作项的数量。这条线变高说明有新的需求进入了 Backlog。如果这条线在一段时间内是平的，表示这段时间 Backlog 里没有进入新的需求；如果这条线变低，说明有些需求从 Backlog 里被删除了。

■ 预测交付日期。按照当前的斜率画出“完成线”的延长线，它与“进入 Backlog”线的交点，就是按照当前的吞吐率交付 Backlog 里所有工作项的预计日期。这个预测随着 Backlog 范围的变化以及吞吐率的变化而改变（如图 9-10 所示）。

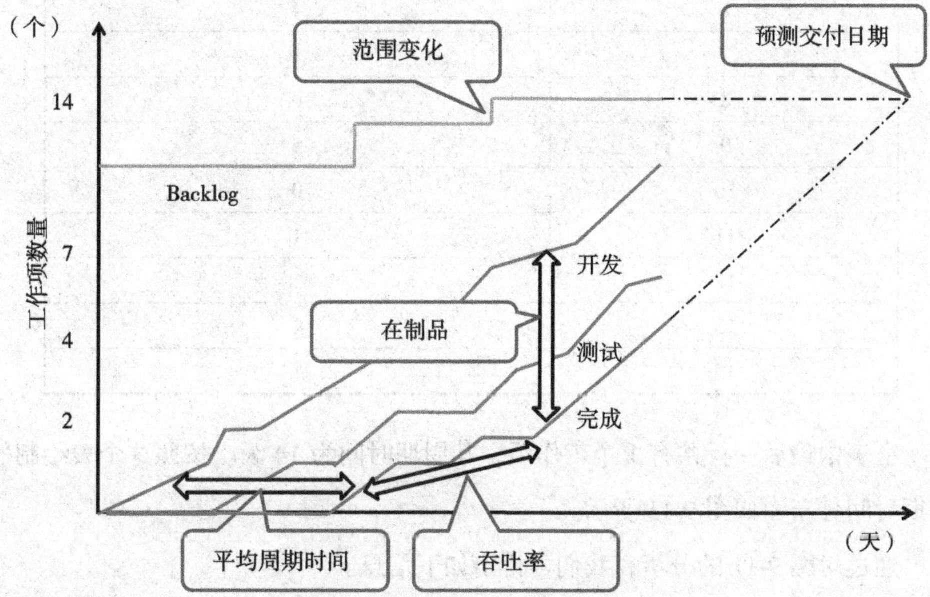

图 9-10　累积流图分析示意图

5. 看板周期时间分布图

工作项的周期时间（Lead Time）指的是工作项从进入看板的就绪队列开始流动，直到流动到看板最后一列所耗费的时间。周期时间分布图是将每一个工作项的周期时间作为统计单位的直方图。举例来说，某团队在回顾会议上统计了本月交付的每个工作项的周期时间（如表 9-4 所示）。

表 9-4　工作项周期时间统计表

周期时间的天数	相应的工作项个数
1	0
2	1
3	1
4	0
5	0
6	4
7	1
8	6
9	5
10	0
11	1
12	1
13	1
14	1

上表中最后一行共有 1 个工作项，其周期时间为 14 天。按照这个表绘制的周期时间分布图如图 9-11 所示。

通过对图 9-11 的分析，我们可得出如下信息。

（1）通过量化的交付能力做出靠谱的预测和承诺。通过表 9-4，我们可以统计出所有工作项的平均交付周期时间为 8 天。按照表中的统计，团队有 85% 的工作项在 11 天以内完成。于是，当有一个新的工作项被拉入看板的就绪队列中时，团队就可以做出如下承诺：基于过去的交付能力，我们有 85% 的信心在 11 天以内完成。当然，还要具体看工作项的规模和复杂程度，但是这个概率水平给了团队基于历史数据对外做出承诺的信心。

（2）每个团队的周期时间分布图都不同，而且会随着时间和团队能力的发展而变化。因此，分布图为团队指明了改进方向。对此，我们可以从这几个方面分析周期时间分布图。

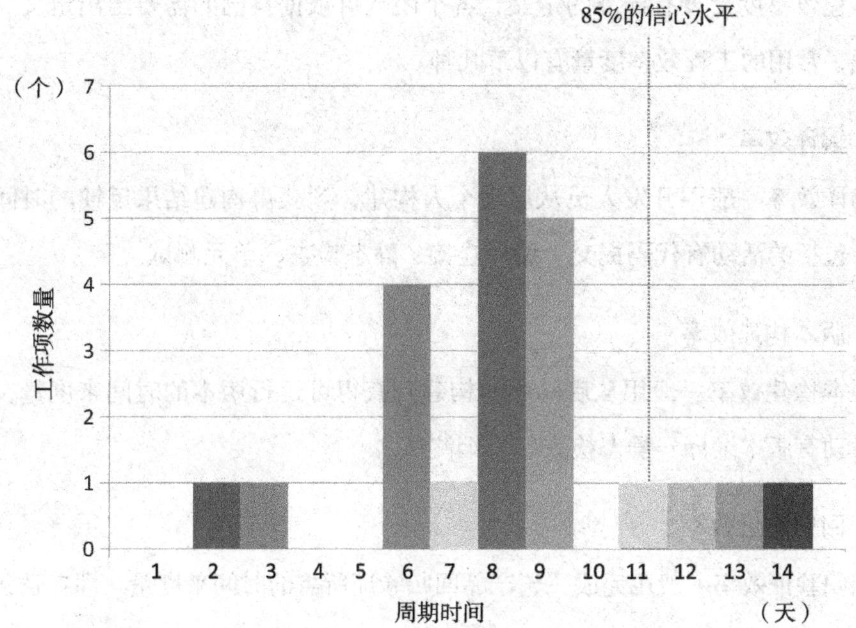

图 9-11 周期时间分布图示例

- 看图的尾巴。如果分布图的尾巴很长，说明团队的交付时间离散，交付能力不稳定。这样的团队，其交付的可预测性偏弱。团队需要回顾处于分布图尾部的那些工作项的价值流动过程，分析是什么原因导致周期时间偏长。
- 波峰的位置。如果分布图中波峰的位置靠右，说明团队的交付周期时间偏长，整体的交付能力薄弱。团队需要反思：为什么每个工作项的交付周期会这么长？工作项是否已经拆分到最小单位？如果已经拆分到最小单位，如何才能缩短交付周期？
- 波峰的高度。分布图中波峰的位置越高，说明分布越集中，从而团队交付周期的可预测性越强。如果分布图扁平，那么一定有大量的离散点，说明团队交付周期的时间跨度很大。团队应该回顾并分析：如何提高可预测性？比如，团队可以尝试将需求粒度拆分得更加均匀，让工作项流动得更加顺畅。

9.3.2 工程效率度量

工程效率度量没有标准的定义，各个团队可依据自己的需要给出定义。一般来说，常用的工程效率度量有以下几种。

1. 编译效率

编译效率一般用开发人员从启动个人构建，到获得构建结果反馈的时间来度量，包括的活动有代码提交、编译连接、静态检查、单元测试。

2. 版本构建效率

版本构建效率一般用从启动版本构建到获得可运行版本的时间来度量，包括的活动有版本编译、静态检查、冒烟测试。

3. 回归验证效率

回归验证效率一般用完成一轮产品回归验证所需的时间来度量，即在迭代周期内修改了旧代码后，重新进入测试环节以确认修改没有引入新的错误，或导致其他代码产生错误的一轮测试时间。回顾验证包括手工和自动化测试，但是应该尽量采用全自动化测试，因为手工的回归验证方法无法满足频繁发布的要求。

4. 全量功能验证效率

一般用覆盖版本所有功能的一轮测试执行时间来度量全量功能验证效率，包括手工测试和自动化测试，自动化测试的程度越高越好。

5. 非功能性验证效率

依据产品的测试计划，有些版本需要开展性能测试、安全测试、压力测试等非功能性测试。这些测试需要用专业的工具完成，这些通常是模拟大数据量、模拟长时间运行的测试，因此，非功能性验证效率是测试效率的重要组成部分。

表 9-5 是互联网企业 Y 定义的研发效率提升的度量项和提升目标。

表 9-5 研发效率目标示例

指标项	目标
开发者编译构建时间	1~3 分钟
版本集成时间	10~15 分钟
回归测试时间	1~2 小时
全量回归测试时间	1 天
特性平均周期时间	3~5 天

该企业为每个指标设定了一个目标，并期望通过敏捷转型在两年内达到该目标。最后一项指标是缩短特性平均周期时间，这是最高的效率提升目标，前面几项指标的效率提升的最终目的都是为了缩短特性平均周期时间。

9.4 度量质量

质量分外部质量和内部质量。外部质量指的是能够被用户或客户感知的质量；内部质量是指不被客户或用户感知，而被开发者感知的质量，即开发和设计的质量。

9.4.1 外部质量

对于外部质量的度量，很多企业做得已经很成熟，敏捷转型后仍旧可以沿用。不同行业、不同产品所定义的外部质量会有所不同，没有统一的标准。下面介绍几个比较常用的度量指标。

1. 用户满意度

很多企业在用户使用产品的过程中用电子调查问卷统计用户对产品的满意度。例如，对于很多互联网产品，当用户选择卸载的时候一般会弹出一个调查卸载原因的窗口，这样一来，企业不仅可以了解用户对产品的哪些方面不满意，还可以最后一次挽留用户。

另一种常见的反馈方法是净推荐值（NPS）方法，这是一种计量某个客户将会向其他人推荐某个企业或服务的可能性的指数，它也可用于海盗指标的“用户推荐”步骤之中。采用 NPS 调查，只需要用户回答一个问题：“你向朋友推荐这个产品的可能性有多大？”请用户从 0~10 分进行打分。

2. 产品的非功能性属性

依据业务需要，企业对每个产品都要定义其可靠性、性能、安全性等非功能性需求，这些非功能性需求需要在产品上线前进行测试以确保能够达到预定目标。

案例 case story

多年前我曾经做过诺基亚手机软件的质量经理，定义产品的质量目标是我的重要工作之一。这里的质量目标纯粹是产品的外部质量，其中的非功能目标包括以下几个维度。

- 可靠性指标 MTBF（Mean Time Between Failure，即平均故障间隔时间）
- 关键使用场景的性能指标。例如，开机时间少于 10 秒钟。
- 电量消耗指标。例如，持续录像长达 5.75 小时。

每个维度展开的指标，合计约 70~100 项质量指标。团队在手机产品上市前必须达到这些质量目标，否则质量部门有权投否决票。

3. 缺陷密度

缺陷密度（Defect Density）以每千行代码的缺陷数来测量，其测量单位是 Defects / KLOC。计算公式为：

$$缺陷密度 = 缺陷数量 \div 代码行数$$

缺陷密度越低，意味着产品的质量越高。用缺陷密度来度量质量的原理是：由于我们无法通过测试发现所有的缺陷，而且在修复缺陷的时候还会引入新的缺陷，因此，在测试中发现的缺陷越多的地方，就会有越多的潜在缺陷将会被发现。

9.4.2 内部质量

精益专注于在缺陷发生的源头将其发现并解决，通过减少价值流中的缺陷向下一个环节流动的可能性，从而减少缺陷带来的成本。如果一切都等到测试人员对产品的外部质量全部测试完成，缺陷的反馈周期将会被不必要地拉长，修复的代价将呈指数级增长。内部质量度量又分为代码质量度量、白盒测试覆盖率度量和持续交付流水线运行的成功率。

1. 代码质量度量

- 圈复杂度。圈复杂度是代码复杂度的衡量标准，用来衡量一个模块结构的复杂程度，数量上表现为独立路径条数，即合理地预防错误发生所需测试的最小路径条数。圈复杂度大，说明程序代码可能质量低且难以测试和维护。程序里可能蕴含的错误与圈复杂度的高低有很大关系。
- 危险函数。危险函数指的是部分函数没有检查目标缓冲区的大小，很容易引入缓冲区的安全漏洞，并且这些函数没有处理掉一些特殊情况（比如内存重叠），可能会导致意想不到的安全问题。
- 静态分析告警。静态分析是指在不运行代码的方式下，通过词法分析、语法分析、控制流分析等技术对程序代码进行扫描，以验证代码是否满足规范性、安全性、可靠性、可维护性等指标的代码分析技术所产生的告警。

此外，代码质量还可以用冗余代码、函数代码行、文件代码行、编译告警、重复文件数、重复代码率等度量。

2. 白盒测试覆盖率度量

白盒测试覆盖率包括单元测试、模块测试、集成测试、API 测试的测试覆盖率。如图 9-12 所示，丽莎·克里斯平（Lisa Crispin）介绍的测试金字塔框架表明，越靠近底层的，其自动化程度越高。

在图 9-12 中，从上层往下层的测试类型，其成本更低、效率更高，而且更贴近代码，因此缺陷更容易定位；反之，从下层往上层的测试类型，其成本更高、效率更低，但更接近真实的业务需求。因此，企业应该尽可能使用大量低成本的测试来构筑安全网，辅之以少量高成本但更接近真实业务需求的测试，而不是采用与之相反的自动化测试策略。

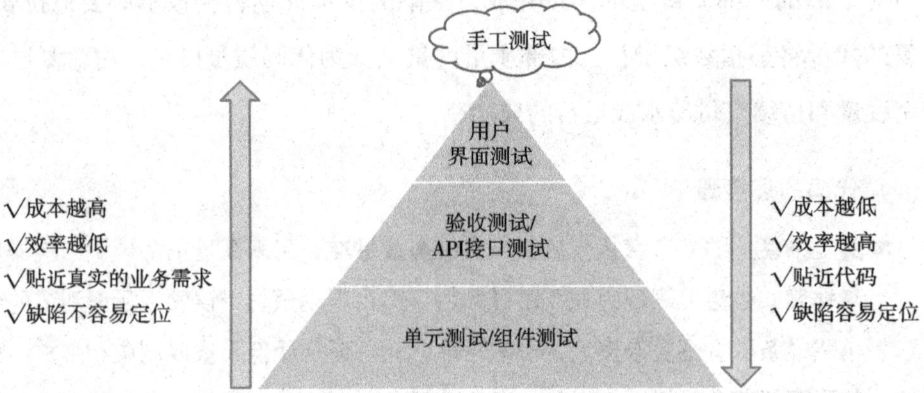

图 9-12　测试金字塔示意图

3. 持续交付流水线运行的成功率

流水线的调度周期可能包含持续交付全过程的各个环节或其中的一些环节。因此，流水线运行的成功率可能有编译通过率、代码静态检查通过率、冒烟测试的执行率和通过率、回归测试的执行率和通过率、全量验证的执行率和通过率等。

业界有很多软件工程工具能够自动度量以上介绍的内部质量，尤其是持续交付和 DevOps 工具，它们一般都可以在流水线运行过程中自动统计运行成功率。

有了关于效率和质量的数据，组织应该设定指标来促使团队提升效率，否则单凭数据本身难以引起团队的关注，除非团队自身有很强的内驱力。

案例 case story

效率和质量是密切相关的。企业 V 定义了研发效率目标，同时也定义了内部质量目标，如表 9-6 所示。

表 9-6　质量目标示例

指标项	效率目标	质量目标
开发者编译构建时间	1~3 分钟	√ 静态检查告警 =0 √ 圈复杂度≤ 10 √ 单元测试用例覆盖率 >80% √ 单元测试用例通过率 100%
版本集成时间	10~15 分钟	√ 静态检查告警 =0 √ 圈复杂度≤ 10 √ 冒烟测试用例 100% 通过 √ 构建频次≥ 11 次 / 天
回归测试时间	1~2 小时	√ 回归用例执行率≥ 80% √ 回归用例通过率≥ 95%
全量回归测试时间	1 天	√ 全量功能用例执行率≥ 90% √ 全量功能用例通过率≥ 95%

效率的提升是无止境的。因此，当组织的效率指标达到了目标后，就需要设定更有挑战的目标，以牵引组织持续改进。

9.5　度量学习和成长

绝大多数企业没有建立组织和团队的能力度量以及提升机制，一旦他们发现能力不够就会加快招聘速度，而不是从培养团队的学习能力入手。这样一来，员工能力的提升就变成了很随意的行为，即将员工分配到项目中，让大家在项目中自己锻炼。其实，团队的能力是组织的根基，在现代技术和商业形态日新月异的时代，只有不断学习、不断提升各方面能力的组织才能在竞争对手面前具有顽强的生命力。

9.5.1　发展组织能力

案例 case story

芬兰汽车电子设备企业 Elektrobit 每半年做一次组织层面的能力评估。该公司在中国设立了软件研发中心，采用的能力框架有五个维度：软件管理、软件开发、软件集成、产品集成与测试、软件维护。其中，每个维度又具体细分出很多评估项，比如软件管理的具体评估子项，如表 9-7 所示。

表 9-7 能力评估子项示例

1.	软件管理
1.1	项目管理
1.1.1	通用项目管理
1.1.2	集成管理
1.1.3	测试管理
1.1.4	风险管理
1.1.5	质量管理
1.2	执行管理
1.2.1	需求管理
1.2.2	缺陷管理
1.2.3	变更管理
1.2.4	质量管理
1.2.5	配置管理
1.3	供应链管理
1.3.1	利益干系人管理
1.3.2	软件采购

从组织的最高领导者到每一个工程师，都可以用这个评估系统自评打分。分值定义如下。

- 0：None ——不具备该项能力。
- 1：Basic ——具备基本能力。
- 2：Competent ——完全具备该项能力。
- 3：Professional ——专家级，可以指导其他人。

每个员工自评后，数据被保存到公司的数据库里，为下述工作提供参考。

1. 分配员工进新项目组

当有新项目立项的时候，管理层可以从数据库里调取具备相应能力的员工进入新项目组，从而确保员工的能力和项目需求相匹配，避免员工不能胜任或过于胜任的情况。

2. 年度发展计划

企业会有员工能力发展计划。部门经理针对每个员工的能力自评，与员工“一对一”地谈话，询问员工的兴趣和职业发展目标，帮助员工规划成长路线，并通过寻找匹配能力发展的项目机会以及制订培训计划等来帮助员工达成个人成长目标。

3. 组织级能力发展计划

经理层将整个部门的能力数据进行汇总，可以形成组织级能力评估，通过这个评估可以宏观地判断出整个组织的能力短板，从而找准组织级能力提升的方向。此外，人事部门会将整个企业的能力数据做汇总统计，进而规划企业级的能力发展计划。

9.5.2 发展团队能力

企业不只在组织级可以通过管理体系和流程来驱动组织的学习和成长，还可以尝试以敏捷团队为单位来发展团队的能力。最好的敏捷团队是T型团队，即每个人都有自己的专长，但也是个通才，在别人需要帮助的时候，可以提供帮助。

陈硕是通信企业W中一个Scrum团队的Scrum Master。在敏捷转型之初，该团队强烈地感受到了技能壁垒的痛苦。由于每个工程师对其他模块都不熟悉，只能做自己熟悉的一个模块，因此在Sprint计划中，每个工程师都只能领取自己熟悉的模块工作。结果，在每个Sprint执行中，团队无法以价值优先的原则为Backlog排序，因为高价值的工作只有一个人有能力做，而他的工作量已经饱和。此外，每个人都孤立工作，互相没有讨论与协作，大家对彼此的模块不熟悉，互相帮不上忙。于是，当有同事遇到困难时，其他人只能唉声叹气。更糟糕的是，每个 Sprint 会有不止一名同事遇到这样的困难，因此陈硕的团队连续五个 Sprint 都失败了。在连续失败的情况下，团队终于决定不能再这样继续下去了，需要打破技能壁垒。但是光说打破容易，具体该怎么操作呢？

在这种情况下，我们可以用技能地图作为工具来解决此类问题，如表 9-8 所示。

表 9-8　团队技能地图示例

分类	姓名 技术	张三	李四	王二	赵六
开发语言	C 语言编程规范	7	8	8	6
	C 语言编码	8	8	8	6
	Pclint	8	8	5	2
	版本编译链接	7	8	8	6
调试技术	VC 仿真环境调试	6	6	6	5
	实际环境调试	8	8	8	6
	故障定位	8	8	8	6
软件基础	操作系统基本原理	8	7	8	5
	数据结构	8	8	8	6
PON 协议	GPON TC 层协议	8	7	3	0
	GPON OMCI 协议	9	9	3	2
	EPON MPCP 协议	3	6	6	2
	EPON 标准 OAM 协议	3	7	8	3
	EPON 扩展 OAM 协议	6	7	8	3

构建技能地图有以下四个步骤。

■ 第一步：团队将产品需要的技能逐一列出。

■ 第二步：自评。每个人对自己的每一项技能水平打分。0~9 分，即从完全不懂到极其精通。

- 第三步：集体评估。每个人自己评估打分后，Scrum Master 召集团队成员一起复评，团队就每个人的自评进行讨论校正。之所以需要校正这一步，是因为每个人对自己能力评估的标准不同。比如，一个很谦虚的同事往往会给自己一个偏低的分数，而一个自信满满的同事可能会给自己一个偏高的分数。
- 第四步：能力基线化。大家将评估结果作为团队的能力基线，团队基于现实能力水平和产品的业务需要制订能力提升计划，即每个人需要花多长时间将某项能力提升到某个层级，尤其需要关注的是那些从 0 到 1 的能力提升。计划定好后，团队结对工作。例如，一个用户故事需要 PON 协议开发技能，而同事 Jenny 没有这方面的技能，她正计划学习这块知识，而 Tony 在这方面的能力很强，评估分数为 7 分，于是这两个人结对开发这个用户故事。

这样的结对开发在短期内会使团队的用户故事效率有所下降，但是在长期范围内团队是非常受益的。拿案例中陈硕的这个团队来说，过了 3 个月后，团队的技能壁垒打破了很多，交付效率迅速上升，Sprint 的成功率极大提高。

当然，团队制订能力计划不能只从自己的兴趣着手，还要参考业务需求。团队可将产品负责人提供的 Backlog 里优先级最高的那些需求以及产品路线图作为技能地图的重要输入，然后依据接下来的几个月内要做的业务内容，分析其所需的业务能力，再结合每个人的兴趣来制订能力提升计划。

技能地图制作完成后，团队需要对其定期更新。比如，每隔 2~3 个月团队就要更新自己的技能评估，并制订下一步能力提升计划。

9.6 评估敏捷转型的效果

前面介绍了用什么样的数据分析框架及原则来帮助组织和团队改进工作。那么团队或组织如何知道敏捷转型的效果呢？这是每一个开展敏捷转型的企业都会问到的问题。

敏捷转型效果的评估可以从两个方面开展：面向结果的评估和面向过程的评估。

9.6.1 面向结果的评估

1. 定量评估

企业可以应用本章前面介绍的数据分析框架，从价值、效率、质量、学习和成长这五个维度，通过数据来量化评估组织敏捷转型的效果。

2. 定性评估

结合定量评估，企业还可以发放调查问卷，让敏捷转型中担任各种角色的员工来反馈敏捷转型的效果。

一家金融科技型企业 Z 采用以下问卷，调查了几个试点团队成员对敏捷的反馈。

问题 1：自开展敏捷后，您认为团队在哪些方面有所收益？

（a）帮助团队应对业务变化

（b）团队交付效率有所提高

（c）项目的状态更加透明

（d）产品质量更好

（e）团队士气有所提升

（f）没有明显收益

（g）其他方面____________

问题 2：您认为在敏捷转型过程中，哪些方面最需要改进？______

在企业内部开展类似这样的问卷调查可以调研出人们对敏捷转型的体会。敏捷转型是以人为中心的变革，因此，相比冷冰冰、数字化的度量结果，人们对敏捷转型的感受同样重要。

常见疑惑

问：人们填写的反馈是主观感受，这些主观感受具有说服力吗？

答：如果在企业内大范围地开展问卷调查，再汇总统计出大家的真实反馈数据，就具有客观的说服力。比如，80%的员工认为，通过敏捷转型自己在某些方面受益，那么敏捷转型的效果是毋庸置疑的，再结合数据分析，我们便会知道敏捷在哪些方面产生了效果，而哪些方面还需要继续提升。反之亦然，如果50%的员工认为敏捷转型没有给自己带来明显收益，说明企业的敏捷转型可能有很多问题。

9.6.2 面向过程的评估

很多企业在敏捷转型过程中会有这样的困惑：敏捷有这么多实践，我们怎么知道团队做到什么程度才算是好的呢？这是很难回答的问题。因为敏捷与CMMI不同，敏捷不是过程的集合，因此业界没有统一的敏捷成熟度模型。一些咨询公司发布过代表自己公司的敏捷成熟度模型，定义了1-5级敏捷成熟度，然而这样的成熟度模型实际上违背了敏捷的思想。

即便如此，很多企业在敏捷转型之初仍旧希望有一个能够评估团队实践敏捷的工具，用于牵引组织持续地夯实敏捷实践。我推荐大家参考规模化敏捷框架SAFe的敏捷自评表来设计适合自己的评估工具。SAFe的自评表分为团队级自评（Team Self-assessment）、敏捷发布火车自评（Agile Release Train Self-assessment）、投资组合自评（Portfolio Self-assessment）。

拿团队级自评来说，SAFe的自评表定义了五个维度的实践：

- 产品管理健康度（Product Ownership Health）；
- 技术健康度（Technical Health）；
- 潜在产品增量/版本健康度（Potentially Shippable Increment Health）；
- 团队健康度（Team Health）；
- 迭代健康度（Sprint Health）。

每个维度都有一些评估项，团队就每一项自评打分。比如，关于团队健康度的一个评估项是："团队在每个迭代结束后举行回顾会议，并且增量式地做出改变以持续提升团队绩效。"

团队对这条评估项自评打分（0~5 分）。

- 0：Never ——从不。
- 1：Rarely ——很少。
- 2：Occasionally ——偶尔。
- 3：Often ——经常。
- 4：Very Often ——非常频繁。
- 5：Always ——总是。

每个维度的自评分汇总后，生成一个雷达图，如图 9-13 所示。

SAFe 提供的评估表比较简单，企业可以依据自己的需要定制。需要注意的是，过程做得再好也未必能够产生所期望的结果。因此，面向过程的评估不能单独应用，需要结合面向结果的评估方法一起应用，这样才能客观地反映出团队转型的进展，进而找到下一步改进团队工作的方向。

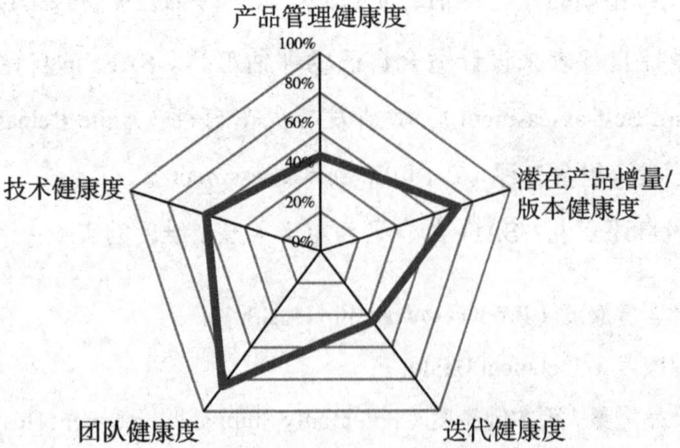

图 9-13　SAFe Scrum/XP 团队自评雷达示意图

第 10 章

敏捷领导力

知识工作者的特点是，他们比老板更了解自己的工作。

——彼得·德鲁克

10.1 敏捷领导力框架

在很多组织里，敏捷转型中途失败的根本原因是管理者的领导方式没有随之改变。除了管理者之外，很多人虽然没有处在管理者（Manager）的位置上，但是在实际工作中起到了领导别人的作用，即领导者（Leader）。比如，Scrum 团队的关键角色 Scrum Master 虽然不是一个管理者，但他 / 她是团队的服务型领导。那么，管理者需要在领导方式上做出哪些转变呢？那些不在管理者位置上的领导者又需要具备什么样的领导力呢？本章将对此予以解答。

对于敏捷领导力这个概念，业界并没有一个统一的定义和框架。本书采纳尤尔根·阿佩罗（Jurgen Appelo）在《管理 3.0：培养和提升敏捷领导力》（*Managemet* 3.0：*Leading Agile Developers*，*Developing Agile Leaders*）中提出的敏捷领导力模型，如图 10-1 所示。

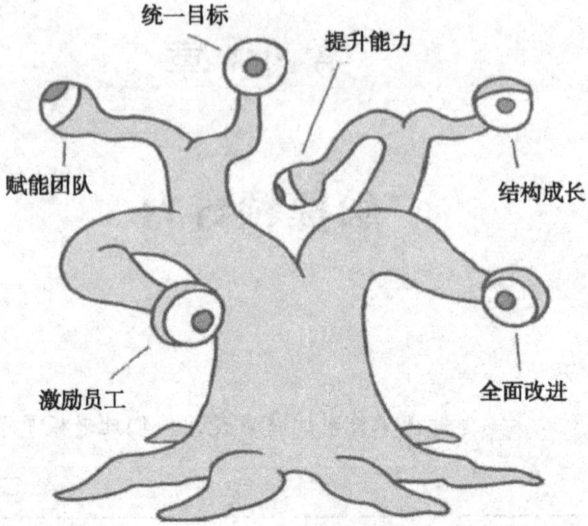

图 10-1　管理 3.0 模型

在这个模型里，敏捷领导力包括以下六个方面的内容：激励员工、赋能团队、统一目标、提升能力、结构成长和全面改进。本书不再重复《管理 3.0：培养和提升敏捷领导力》的理论体系，而是着重分享一些关于敏捷领导力的落地实践方法。

10.2　激励员工：让每个人积极主动起来

每个领导者都希望团队的每个成员每天自我驱动、饱含能量地工作。但现实往往相反，你可能犯愁怎么解决这个问题，却不知解药就在你身上。领导者的责任之一，就是要创造一种良好的土壤和环境，使团队成员在这个环境中感觉受到激励，开心地工作。但是，如果连你自己都没有感觉受到激励，也就不可能为你的团队创造这样的环境。

如果你所在企业的薪酬制度决定了其根本无法给员工提供业界最高的薪酬水平，企业是否就无法激励员工了呢？当然不是。

依据马斯洛的需求层次理论（如图 10-2 所示），每个人都潜藏着五种不同层次的需求，而且在不同时期表现出来的对各种需求的迫切程度也不尽相同。人们在当下最迫切的需求才是激励他 / 她采取行动的主要原因和动力。当低层次的需求基本得到满足以后，它的激励作用就会降低，其优势地位将不再保持，高层次的需求会取代它成为推动行为发生的主要原因。长久的热情是由高层次的需求激发出来的。人的最高层次的需求是自我实现。

作为领导者，你的激励体系里最好包含这五个层级的全部内容。

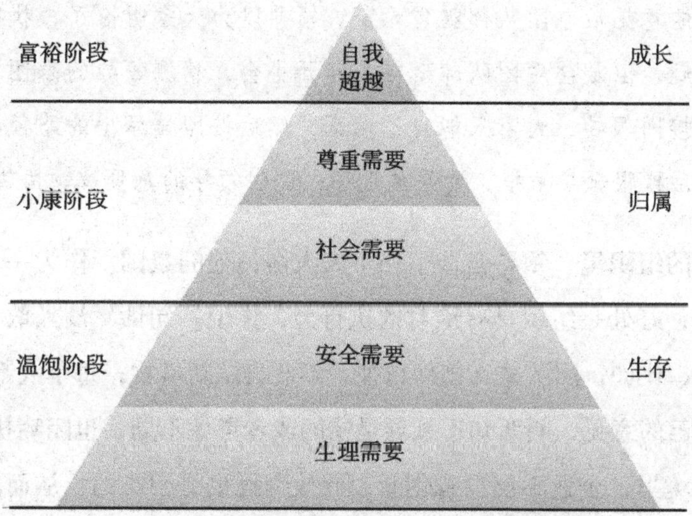

图 10-2　马斯洛的需求层次理论示意图

1. 生理需要

企业应尽量多考虑设计一些让人工作愉悦的场景，比如令人舒心的茶水间、洗手间、办公位、会议室等。

案例 case story

我曾经在一家企业做顾问，他们的会议室设备总是发生各种问题。团队每次进到会议室开会，不是椅子坏了，就是投影仪打不开，或者是连不上网络，至少折腾十几分钟才能搞好。这种事如果频频发生，不仅会降低员工的工作效率，而且会让员工产生烦躁感。

2. 安全需要

安全感包括人身安全、信息安全和心理安全。这里我们主要讲心理安全。

在你的企业里，员工是否能轻松自如地表达自己的观点？大家对不懂的事情是否敢于提问？这些虽然貌似简单，但遗憾的是，很多企业都做不到。

一家银行的 IT 部门，在各种会议上，不管是哪位上级领导讲了自己的意见后，团队都鸦雀无声。领导以为大家听懂了，执行起来不会问题，但是会后团队却凑在一起开小会，猜测领导的意图。没有人敢直接问领导，大家只能自己揣摩，然后按照揣摩出的路径去执行；执行后再跟领导汇报，如果被批评，说明领导的意见被领悟错了。

在这样的组织里，领导营造了一个人人惧怕他的氛围。作为一个领导，让大家惧怕你，好处是组织具有绝对的执行力，你说一句话，没人敢不执行。但是坏处更多，比如，团队缺乏创新精神，不敢尝试新事物；每个人都唯唯诺诺，不敢发表自己的意见，明明知道领导是错的或者考虑不周，也闭嘴执行。因此，在这样的环境里，企业不仅没有创新，有效沟通也是困难的，从而间接产生大量的浪费。

3. 社会需要

团队的每个成员都需要在团队中找到自己明确的位置，从而产生存在感。每个成员也都有与其他人沟通和协作的需求，因为孤立无援是一种很痛苦的感觉。企业可以从如下几个方面着手来满足员工的社会需要。

- 团队成员的角色定义要明确。如果有的成员不清楚自己的角色，他 / 她就无法放开手脚开展自己的工作。
- 在物理空间上尽量让团队坐在一起。如果同事彼此坐在不同的区域，他们之间的关系也是疏远的。

■ 定期举行茶话会等团队建设活动，增强团队的凝聚力。

■ 在工作之余，领导者需要花些时间与团队在一起，以此拉近与成员间的距离。

一家世界 500 强企业，其技术研发部门在深圳，而高端专家组在北京。每个专家指导一个前沿项目的研发。由于技术研发团队在深圳，所以远在北京的专家们通过在线会议与自己的研发团队沟通协作，每年与团队也见不了几次面。

该企业在北京成立了专家组后，其技术研发部门的领导没有召集过小组例会，没有跟专家开展过“一对一”的谈话，也没有关心过新入职的专家是否适应公司的环境、科研条件是否具备等。一年内，专家组人才大量流失，离职率高达 20%。技术研发部门的领导看到这个结果后才意识到自己需要采取一些措施留住人才，而不是寄希望于把人招进来就可以使其自动发挥作用。

在这个案例中，管理层显然没有满足专家组社会交往的需要，而使每个人都感觉自己在孤单地工作。

4. 尊重的需要

每个人都有被尊重的需求。如果这个需要被满求，他 / 她就会更加喜欢其所在的环境。遗憾的是，对人的不尊重是很多企业里的常见病。你可能经常见到领导对下属咆哮、谩骂、羞辱式的批评，这会让领导者在其他方面所做的一切激励员工的努力付诸东流。

很多领导者虽然没有这些恶劣言行，但是在尊重员工方面也不知道该做些什么，以下措施可供参考。

（1）感谢信。我比较喜欢在回顾会议中插入感谢信的环节。在回顾会议开始前，主持人给每个人准备一个信封和一张 A4 纸，让每个人回顾这个迭代的历程，给心中想表达感谢的同事写一封信。信写好后，由身旁的同事读信，并将其交给被感谢的同事。每次收到感谢信的同事都有些小激动甚至感到意外，因为我们经常觉得团队里互相帮助是应该的，没什么好感谢的。但是感谢信是团队有效的黏合剂，能够凝聚团队成员，激励大家为了达成团队的目标而互帮互助。当然，不需要在每次回顾会议上都写感谢信，因为做多了大家就厌倦了，反而起不到激励的效果。

除了回顾会议上写感谢信的这种方式，一些公司还设立了咖啡角感谢墙，当大家想对公司里任何一位同事表达感谢时，就可以用一张 A4 纸或便笺纸，写上想要感谢的人的名字，以及感谢的原因。

（2）“敞开门”（Open Door）政策。很多外企都有“Open Door”政策，即企业里所有管理者的办公室的门都保持敞开的状态，任何一名员工都可以走进管理者的办公室，与其交流工作上的问题和想法。

我曾经在一家欧洲企业工作，该企业严格实施“Open Door”政策，从基层领导到公司 CEO 的办公室的门都是敞开的，以此鼓励员工走进他们的办公室与管理层交流。管理层不介意员工越级反馈问题。在这家企业里工作的员工，其精神状态是自由放松的，即使薪资水平与世界 500 强有差距，但离职率却保持在业界很低的水平。

（3）参与式决策。事实表明，如果管理层在各种会议上聆听大家的发言，并且有时候采纳了员工的意见，那么员工会感到自己受到了尊重，工作动力会得到提升。因此，在各种会议场合，让员工一起参与决策，既能够提升决策质量，也会激励员工的积极性与主动性。

5. 自我超越的需要

如果员工认为其所在的企业、部门或者项目组是个很好的学习平台，与自己的职业发展目标一致，那么员工工作的内在动力会更强。现如今，人们在职场上普遍感到焦虑。如果领导者依托自己企业的业务，让员工看到公司的发展前景，并且在人事的帮助下，为员工设定相对明晰的职业发展路线，让每个人看到自己的未来成长之路，就会缓解大家的焦虑，让大家更加安心地工作。

一家企业开发工程师的离职率高达 22%。人事统计出员工离职的原因，即薪资没有竞争力、地理位置偏远、员工看不到职业发展前景，而最后一个原因占比最高。每个开发工程师入职后就沉浸在无穷无尽的编程中，没有人告诉他们，每天这样工作会让他们发展成什么样子。一般来说，资深工程师没有任职两年以上的，所以没有一个榜样可以让大家看到自己的职业发展前景。

10.3 赋能团队：让团队自组织

10.3.1 如何管理知识工作者

每一个软件团队的成员都是知识工作者。管理大师彼得 · 德鲁克提出，对于如何管理知识工作者要掌握以下几个原则：

- 员工自己是对其工作如何开展的最佳决策人；
- 如果想高效地领导员工，必须聆听和尊重员工；
- 知识工作者必须自我管理，他们必须有自主权；
- 持续创新必须成为知识工作者工作、任务和责任的一部分。

德鲁克虽然不是敏捷专家，但是他的观点与敏捷团队的“自组织”理论有异曲同工之妙。Scrum Guide 提到 Scrum 团队的自组织的特点是：“Scrum 团队是自组织且跨功能的。自组织团队决定如何最好地完成他们的工作，而不是由团队外的其他人来指使他们。”敏捷宣言的 12 条原则里关于自组织也有一条：“最好的架构、需求和设计出自自组织团队。”那么究竟什么是自组织团队呢？

尤尔根·阿佩罗对自组织的定义是：在没有施加任何有意计划的管理或外部元素控制的情况下，系统里的结构或模式有其默认的过程和方式。因此，自组织是任何动态系统的默认行为，不论它们是原子、生物、业务系统，还是软件工程师团队。不管你如何管理团队，团队本身都存在一定的自组织性。

很多管理者一听到自组织，他们的第一反应是惧怕，因为担心自组织会造成团队混乱无序，更担心团队会失控。但其实人类自原始社会开始就已经存在自组织性了，管理只是后来为了实现一定的目标而人为地有意设计和施加的。但这是否代表自组织团队可以不受约束呢？答案是否定的。自组织团队还是需要一些规则来约束大家的行为，并且需要制定基本的管理流程来支持整个团队的工作运转。

因此，自组织团队不是完全无组织。完全无组织势必会导致团队混乱、无序和失控。敏捷团队的自组织不是让大家为所欲为，而是领导者授予团队成员一定的空间权限，自己决定如何工作；团队成员是自发地沟通协作，而不是一切都由某一个人下达指令，并依靠这个人来协调团队成员之间的协作。

图 10-4 的权力矩阵是理查德·哈克曼（Richard Hackman）介绍的有关团队自组织的四个等级。

图 10-4　权力矩阵示意图

资料来源：《领导团队》(*Leading Teams*)，2002 年

1. 被管理

被管理指的是团队成员只有执行任务的权力，由管理者负责指定方向、监督工作进展、管理工作流程、设计组织结构。一般来说，在传统项目管理中，项目经理决定项目的一切，包括需求、计划、资源、团队成员、预算等，并负责定义项目流程、监督项目进度和质量。项目经理将任务分配到每个团队成员头上，每个团队成员的职责是完成自己名下的任务。

2. 自管理

自管理指的是团队成员不只是执行任务，还拥有自我管理工作进展的权力，包括收集和解读数据，当发现偏差的时候主动采取行动予以纠正。对于敏捷团队来说，管理层至少应该赋予团队自管理的权力，管理者也可以参与工作的监控，但是监控的职责主要由团队自己承担。

3. 自设计

自设计指的是团队有权力重新设计他们所在的组织结构、角色和分工。在大部分企业里这是管理者承担的职责，而如果员工参与到决策中，会让组织与团队的设计更加合理。

4. 自治

自治指的是团队有权力设计组织的目标、使命，并将目标拆解为可执行的任务。虽然这个权力主要由管理层承担，但如果有员工参与会提高团队的执行力。

依据这个权力矩阵，作为一名管理者，你需要清晰地划分自己与团队的权力，即哪些是你的权力范围，哪些是团队的权力范围，它们的边界在哪里。划清楚边界后，你就知道应该给予团队多大的自组织的空间。

10.3.2 采取什么风格的领导力

Scrum Master 属于服务型领导，那么作为一个领导者，需要在所有情况下都保持服务型的领导风格吗？并非如此。每位员工对于任何一个工作领域都可能处于四种不同的发展水平，如图 10-5 所示。

- D1：能力弱，意愿高。
- D2：能力弱至一般，意愿低。
- D3：能力中等至强，意愿不定。
- D4：能力强，意愿高。

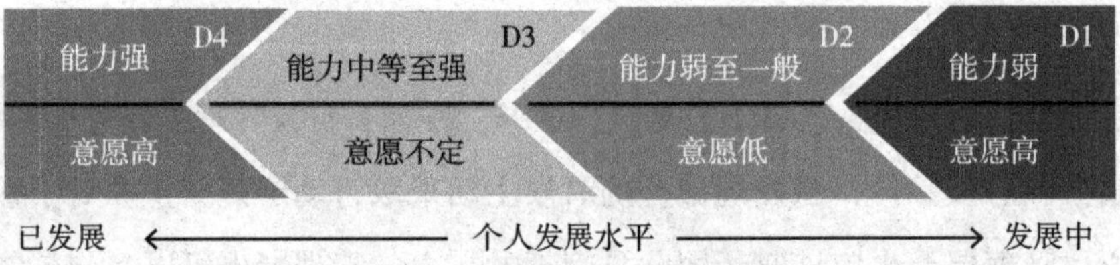

图 10-5　被领导者的发展水平

根据被领导者所处的不同发展水平，领导者应该采取不同的领导风格（如图 10-6 所示）。

1. S1：指令型

当员工处于能力弱、意愿高的阶段，领导者适合采用“高指导、低支持”的策略，与员工交互的方式更多是告诉员工做什么、怎样做、何时做。

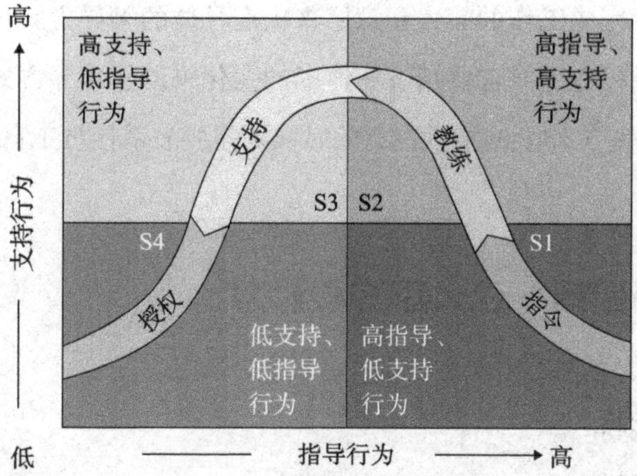

图 10-6　情境领导力模型

2. S2：教练型

当员工处于能力弱至一般、意愿低的阶段，领导者适合采用"高指导、高支持"策略，不仅要告诉员工做什么、怎样做，而且要在调动员工的积极性上多下功夫。

3. S3：支持型

当员工处于能力中等至强、意愿不稳定的阶段，领导者适合采用"高支持、低指导"策略，注意多支持员工的工作，稳固员工的积极性。如果员工持续保持内在动力，那么当他们遇到问题时就会自动自发地寻找答案，而不是被动地等待领导告诉他们该怎样做。

4. S4：授权型

当员工处于能力强、意愿也强的阶段，领导者适合采用"低指导、低支持"策略。对于这样的员工，你可以大胆地放权让其工作。如果每个员工都处于这个阶段，领导者的工作与生活就会变得非常轻松。

由情境领导力模型可以看出，没有哪种领导风格永远是最佳的，领导者需要根据被领导者完成工作的能力和意愿来决定具体的领导方式。并且，这是一个不断变化的过程，领导者要视下属情况的变化来调整领导方式，即有的时候需要多给员工一些工作上的指示，有的时候则需要放手让员工自己干。

10.4 统一目标：让大家齐心协力

10.4.1 设立目标

完成了激励员工、赋能团队两步后，团队成员能够自动自发地进行自组织工作。但是如果没有统一的目标，大家力气不往一处使也不行。如图 10-7 所示的团队自治与统一目标之间的关系，如果团队目标不统一会产生很大的问题。

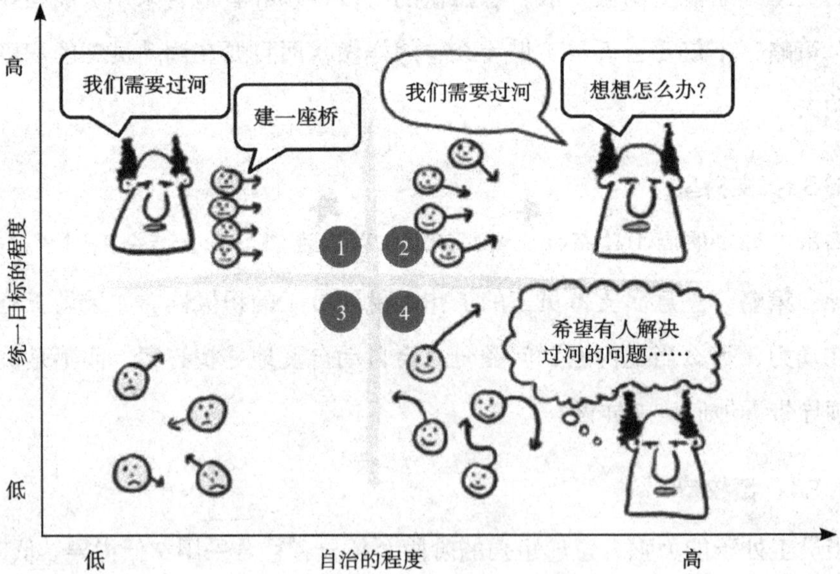

图 10-7 团队自治与统一目标的关系

资料来源：亨里克·克里伯格的博客

■ 第一象限：领导设定了目标，又规定了怎么执行。在这种情况下，团队自组织的权力被剥夺。虽然目标统一，但是实现目标的方法未必是最好的方法，因为团队的工作状态是被动地执行领导的指令。

- 第二象限：领导设定了目标，让团队决定怎么实现目标。在这种情况下，团队能够群策群力找到最好的方法，自动自发地实现目标。
- 第三象限：领导没有设定目标，却对团队如何做事做了规定。在这种情况下，团队只能听从领导指挥，但是不知道为什么要做这些事情，其意义是什么。这样的团队是最不开心的。实际上没有人在真正领导这个团队。
- 第四象限：领导自己有目标，但是没有和团队有效地沟通目标，也没有制定规则来约束团队该如何做。在这种情况下，每个人都在为自己所理解的目标而努力，但是均徒劳无功，因为大家各自努力的方向不一样。

因此，领导者需要统一组织的目标，这个目标需要具备以下特点。

1. 要有高度

企业的目标要高于任何一个部门的目标，一个部门的目标要高于任何子部门的目标，而一个团队的目标要高于团队里任何个人的目标。企业能做到这一点的关键是，要以客户为中心设立目标，而不是以自己为中心设立目标。以客户为中心的目标会牵引整个组织将注意力转向外部，胜过将注意力放在内部的优化，以及部门之间、团队之间的利益争夺上。即使是组织内部需要优化，也是从外部目标分解而来。

2. 要足够远大

企业目标不应是短期内很容易实现的目标，而应是足够远大的目标，这样才可以激发团队的斗志。

3. 要现实

企业目标要足够远大，但不能大得上了天，要让团队有信心实现，否则就成了摆设。使企业目标既远大又能够让团队有信心实现的办法是设计一个实现目标的路线图。比如："我们的目标是 3 年内在同类产品中实现用户量第一。为了达到这个目标，我们计划第一年达到用户量过百万，第二年突破 3 000 万，第三年破亿。"

企业在设立目标时要注意以下几个问题。

■ 不要设立太多目标。企业可以采用"1 个愿景 +3 个目标"的结构，即设立 1 个伟大的愿景，以及为了实现这个愿景，需要实现的 3 个量化目标。

■ 不要用目标恐吓团队。有些领导者试图用恐吓团队的方法来打造高效的执行力，号称"达不到目标你们就要降职、降薪失去工作等"。如果企业让团队担惊受怕地工作，就会迫使团队将注意力转向对自己的工作的担忧上，而不是琢磨如何把工作做得更好。因此切记，不要让团队在担惊受怕中工作。现在人们不缺工作机会，恐吓团队只会促使团队成员离开这个集体。

■ 不要频繁更换目标。有些领导者想法多，今天要求团队达到一个伟大的目标，过了一段时间，又提出一个新的目标，团队无奈地跟着领导者一会跑到东，一会又跑到西。如果领导者的目标更换频繁，说明企业愿景不清晰。领导者应该重新思考：我们到底要成为什么样的组织？

10.4.2 实现目标

目标设定后，怎么确保整个组织拧成一股绳，朝着一个目标努力呢？业界比较流行的方法是目标与关键结果（Objective & Key Results，简称 OKR）方法。为了确保团队高效地达成目标，管理者需要注意以下几个实操点。

1. 保持团队稳定，不要将团队拆来拆去

如图 10-8 所示，任何一个团队都会经历以下四个阶段[①]：形成期、震荡期、

① 最初的团队成长四阶段理论是由布鲁斯·塔克曼（Bruce Tuckman）于 1965 年创立并发表。他的"塔克曼阶段"理论建立在对团队的动态研究上。他相信（今天已普遍公认），一个团队若要成长到能有效合作并产出高质量的成果，这些阶段是必须经历的。在 1977 年，塔克曼与玛丽安·詹森（Mary Ann Jensen）将"解散"作为第五个阶段。

规范期、成熟期。因此，每个团队从组建到成熟都是需要时间打磨的。如果一个团队被拆散并重新组建，势必重新经历这四个阶段。

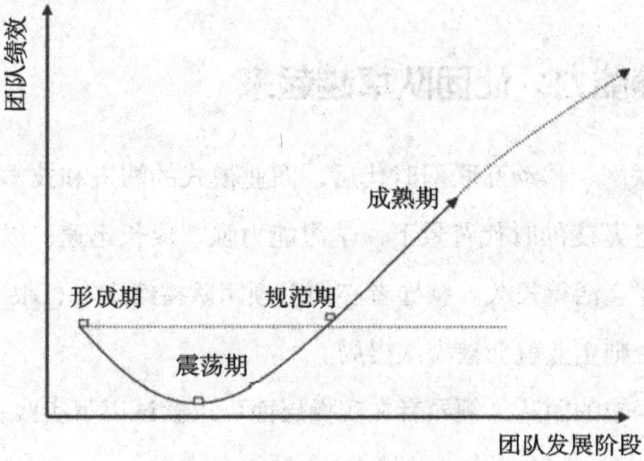

图 10-8　团队发展阶段示意图

2. 保护团队不受打扰、不被中断

只有团队里的每个人将时间和精力集中在团队的共同目标上，才有可能高效地实现目标。Scrum Master 具有“牧羊犬”的职责，负责保护团队不受外界干扰。对于组织的领导者，他们同样承担了整个组织的“牧羊犬”的职责，负责保护整个组织不受与目标不相关的事情的干扰。这个说起来容易，但做起来难，因为每个组织都有很多利益干系人，组织的领导者也有他的上级和同事，这些人都会间接地对团队产生影响。组织的领导者就像整个组织的 Scrum Master 兼产品负责人，为组织设立明确的目标，在执行目标的过程中保护组织内的每个团队，使其聚焦目标，精力不被分散。

3. 实施基于数据的透明、量化的管理

实现组织的目标是长期而又艰巨的过程，在这个过程中，组织需要掌握实现目标的进展，从而及时采取措施予以调整。如果没有透明的可量化的数据，

就无法知道当前团队走到了哪一步，下一步该怎么做。本书第 9 章的内容，可以有效地辅助领导者做决策，并帮助组织在目标实现的过程中少走弯路。

10.5 培养能力：让团队卓越起来

在进入互联网、移动互联网时代后，商业模式的演进和技术的更新换代速度飞快。在瞬息万变的时代背景下，学习能力强、成长迅速，以及能够快速调整业务的企业才会活得长久。领导者必须引领团队持续学习，跟上最新的理念、技术和方法，否则企业就会被淘汰出局。

为了打造卓越的团队，领导者在实操层面可以尝试以下实践。

1. 向团队明确责任

领导者要向团队明确一个道理，即团队成员的能力提升是个人的责任，不是公司的责任。领导者的责任是为员工创造一个利于员工学习和成长的环境与平台，从而帮助团队成员走出自己的舒适区，实现自我提升的目标。

2. 招聘时把好关

企业在招聘的时候，尽量招那些进取型的员工。对于没有进取心的员工，无论怎样好的平台，他 / 她都是以倦怠的态度对待工作，成长缓慢。因此，我建议企业，宁可录用那些能力偏弱一些，但是有学习热情的人，也不要录用那些能力强却没有学习动力的人。

3. 与员工制定“一对一”的个人成长计划

每个组织的基本构成单元都是员工，因此，员工的工作能力是组织的核心竞争力。最差的员工能力培养方式就是让员工自己摸索学习。如果领导者为员工制订“一对一”的个人成长计划，不仅会让员工迅速成长，还会让员工更愿意留下来工作，因为这满足了马斯洛需求理论的最高层级的需求——自我超越。

4. 制订组织的整体能力发展计划和衡量体系

作为领导者，如果你手上没有一个数据库帮助你查到组织里有多少人具备某项技能、水平如何，你就无法为一个新项目快速分配人力，也无法为一个正在进行的项目快速调配人力，更无法为以后储备什么样的人才做准备。第 9 章介绍的能力度量的方法，可以帮助你达到这个目的。

5. 让员工感受到来自同行的压力

如果某位员工是其所在部门的佼佼者，那么他 / 她自然会产生优越感；如果其他部门里有比他 / 她更强的牛人，那么他 / 她会容易产生自我成长的内在动力。因此，领导者要采取一些措施让团队看到榜样的力量。而这个榜样不一定只限于公司内部，还可以来自公司外部，从而牵引团队不断向业界一流水平努力迈进。

世界 500 强企业华为，经常邀请各个技术领域的世界级大师到公司给员工做培训指导。这种安排不仅提高了公司员工的眼界，而且也让员工知道，山外有山，人外有人，我们还需要向世界级大师学习。

10.6 结构成长：建立敏捷型的组织结构

在瞬息万变的环境里，企业需要建立快速交付产品价值、容易适配业务变化的组织结构。什么样的组织结构可以满足这个需求呢？遗憾的是，这个问题并没有固定的答案。每个公司的组织结构可能有相似性，但是又都不尽相同。敏捷型组织结构需满足以下四个条件。

1. 以客户和市场为中心

什么样的业务决定了企业搭建什么样的组织结构。企业所设立的组织结构一定是要能够迅速响应客户需求和市场变化，而且是能够随着业务的变化而动态调整的。

2. 围绕产品价值流，搭建跨职能团队

对于一个从零起步开展敏捷转型的企业，一步就做到完全跨职能并不是一件容易的事，那么企业该怎么做呢？

案例 case story

一家世界 500 强企业，其业务形态多样，包括终端、通信、云、互联网产品等多种类型。每个产品规模庞大，涉及数十个团队协作交付，而产品的组织结构多为职能部门，完全没有跨职能团队的组织架构。为此，该企业依据产品形态做出了跨职能团队的三种阵型（如图 10-9 所示）。

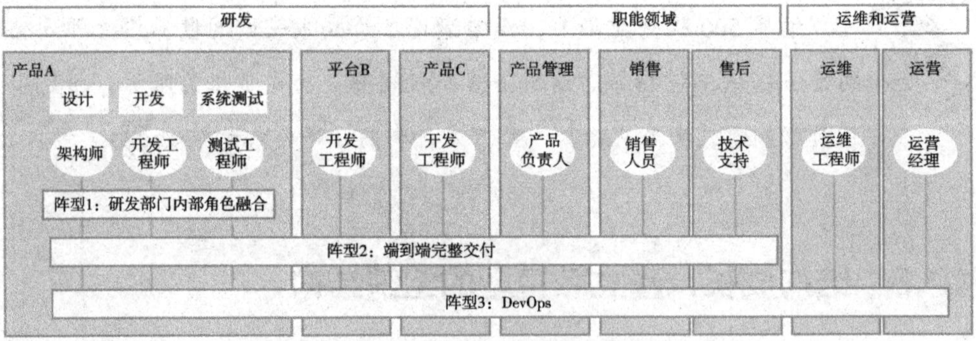

图 10-9　跨职能团队阵型示意图

- 阵型 1：研发部门内部角色融合，打破了设计、开发、测试部门之间的壁垒，组建了研发部门内部的跨职能团队。
- 阵型 2：将研发、产品、市场等角色融合，组建了跨职能团队。
- 阵型 3：针对互联网产品，实施产品自运营、自运维，打破了研发、市场、运维部门之间的壁垒，从而组建了跨职能团队。

阵型 1 的组织努力向阵型 2 发展，而阵型 2 的组织的发展目标是阵型 3，从而逐步实现所有的业务线都以跨职能团队为最小组织单元。

3. 及时调整组织结构，不拖延

很多领导者对组织结构的调整的态度是能不变就不变，不到万不得已就别折腾。基于图 10-8 中团队发展的四个阶段，企业应尽量保持组织结构的稳定性。但是，随着组织规模的扩大，领导者需要定时审视现有的组织结构，再对组织结构是否需要调整做出决定。一般来说，当组织里的人数增长了 50% 以上的时候，领导者应考虑调整组织结构，让组织不因人数的增长而降低了沟通效率。

4. 不让沟通效率因组织规模的扩大而降低

随着组织的规模越来越大，如何继续保持高效的沟通与协作呢？这是让很多领导者头疼的问题。具体来说，以下实操经验可供参考。

- 将信息透明化。第 6 章、第 7 章分别介绍了 Scrum 方法和看板方法，这些实践都有助于将项目的信息、价值流动过程、项目的状态高度透明化。第 9 章介绍了数据分析的框架，以量化的方式让团队掌握产品质量、工程效率等信息。除此之外，在整个部门或公司层面，领导者可以通过定期举行信息分享会，让每个人对组织的目标和发展现状等有所的了解。
- 建立知识共享机制。随着组织规模的扩大，领导者需要搭建一个知识和经验共享平台，让每个人及时获取他们工作中所需的技术和知识，而不是自己花精力去挖掘，或到处找人索要，甚至经常重复造轮子。理论上说，一个高效的 IT 信息化知识平台能够基本满足这个需求，但不能满足全部需求，这还需要公司建立共享的企业文化氛围。

一家大型通信企业 X，虽然有强大的信息化 IT 系统，但是整个公司形成了极不透明的企业文化：每个项目组不知道自己项目以外的信息；每个部门不知道自己部门以外的信息。在公司的 IT 信息化平台上，团队找不到公司前人已经趟过路径的技术成果和经验，而要完全靠自己摸索，甚至经常出现这样的情况，即团队做了半天产品，忽然发现前几年公司就有人做过了，只是没人知道，这才使自己又重做了一遍。

这么大的企业不是没有技术手段来搭建这样的知识经验库，而是该公司长期以来形成了鼓励竞争的文化，项目组之间都可能存在竞争关系。如果你分享了自己的经验，就很容易被其他项目组获取，结果人家可能做得比你更好，最后你的项目就死了。但是这种恶性竞争的后果是团队在每个项目中都要重新学习、重复造轮子，以时间为代价的同时，也给整个企业造成了巨大的浪费。

- 去中心化。以下这些场景你是否熟悉：项目经理发起一个采购申请，需要多级审核，耗时三个月才能完成审批；部门经理招聘一个工程师，需要等待两个月，人事部门才能发出 Offer；项目要做一个需求，需要等两周才能到需求评审委员会上讨论决策；团队做好了设计方案，需要再等两周到架构委员会上审核通过后才能动手开发；工程师提交了一段代码，需等待两位以上的架构师审核代码后才能提交到代码库里；团队要发布一个版本，需要等待三天，版本质量评审通过后才能上线……这些审核都是必要的吗？能不能将权力下放，让团队自己决定呢？如果有的审核是必需的，一定需要耗时那么久吗？当组织规模越来越大的时候，领导者便会习惯性地通过更严格的控制与审核机制来控制过程。但是需要领导者审视的是，这种控制会使效率下降，那么这些控制是否是必需的？是否可以轻量化？

10.7 全面改进：持续提升组织能力

作为一个领导者，如果做到了以上本章各节所述的各个方面，不要满足，还要使组织能力得到持续提升。这一步的核心是建立组织的 Kaizen 机制。各级领导者需要在组织里建立多层 Kaizen 环，全方位地拉动组织全员持续改进工作方式。

下面用一个典型案例来解释如何建立多层 Kaizen 环。

我为一家互联网企业研发中心实施敏捷后，帮助管理层建立了 Kaizen 体系（如图 10-10 所示）。

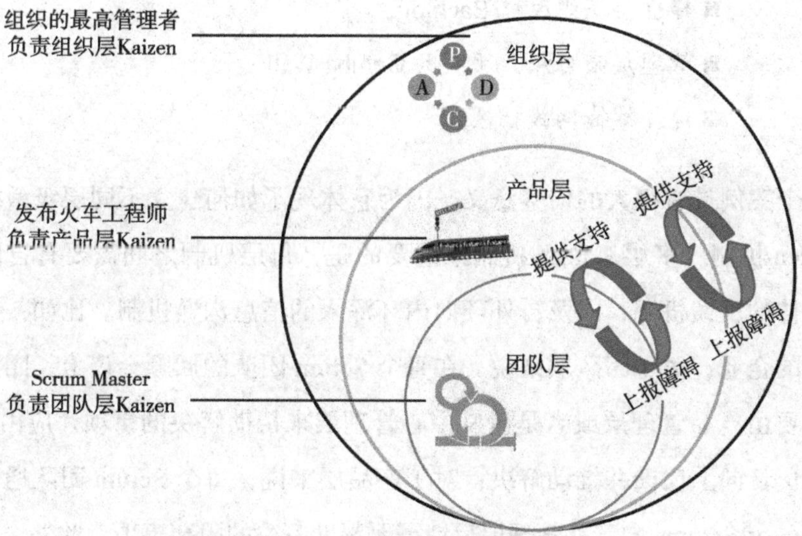

图 10-10　多层 Kaizen 机制示意图

第一层 Kaizen：团队层。每个 Scrum 团队是整个组织的 Kaizen 内核。Scrum Master 负责其所在 Scrum 团队的工作方式的持续改进，采用 Scrum 框架自带的改进环机制，促使团队能力持续提升。具体的实践方法在第 6 章中已经阐述。

第二层 Kaizen：产品层。在该企业里，很多产品由多个 Scrum 团队共同协作交付，交付产品的组织是项目群（Program）。该组织采用的是规模化敏捷框架 SAFe，Program 管理采用的是 SAFe 里的敏捷发布火车模型。该企业有多个敏捷发布火车，每个敏捷发布火车由一位发布火车工程师负责整个 Program 的持续改进，且采用敏捷发布火车自带的改进环机制，帮助整个 Program 持续提升组织能力。

第三层 Kaizen：组织层。在整个研发中心层面，也建立了 Kaizen 机制。由研发中心的最高领导 CTO 带领的管理团队负责整个中心层面的持续改进，运用 PDCA[①] 的思想，并采取第 4 章介绍的组织级改进措施：

- 成立敏捷转型委员会；
- 建立组织级改进 Backlog；
- 管理层亲自深入团队做 Gemba Walk；
- 建立敏捷实践社区。

这个案例具有很大的借鉴意义，因为它体现了如何建立不同层级敏捷转型的 Kaizen 机制。多层 Kaizen 机制最重要的是，每层机制之间需要有自内环向外环延伸的反馈机制，以及自外环向内环深入的信息沟通机制。比如，在这个案例中的企业，对于团队层来说，在每个 Scrum 团队的回顾会议上，团队成员提出需要由产品管理层或者是研发中心管理层来帮助解决的事项，应由 Scrum Master 负责向上反馈并推动解决；对于产品层来说，每个 Scrum 团队通过每日的 Scrum of Scrums 向产品管理层反馈需要帮助解决的阻塞事项。此外，在产品层的项目群增量（Program Increment，简称 PI）回顾会议上，项目组成员提出的需要由研发中心管理层帮助解决的事项，应由发布火车工程师负责向上反馈

① PDCA 循环是美国质量管理专家休哈特博士提出的，它是指将质量管理分为四个阶段，即计划、执行、检查、调整。

并推动。

除了多层 Kaizen 环机制以外，组织里的任何团队、任何产品、任何部门都可以采用以下实践方法来持续改进工作方式：

- 举行定期回顾会议；
- 建立组织需要改进的 Backlog，并定期跟踪改进事项的进展；
- 映射价值流，并持续优化价值流；
- 成立敏捷实践社区；
- 定期举行组织级运营评审会议。

参考文献

1. [美]玻朋蒂克.敏捷软件开发工具：精益开发方法[M].北京：清华大学出版社，2004.
2. [美]恩·金，凯文·贝尔，乔治·斯帕福德.凤凰项目：一个IT运维的传奇故事[M].北京：人民邮电出版社，2015.
3. [美]迈克·科恩.Scrum敏捷软件开发[M].北京：清华大学出版社，2010.
4. [荷]尤尔根·阿佩罗.管理3.0：培养和提升敏捷领导力[M].北京：清华大学出版社，2012.
5. [美]玛丽莲·曼斯，琳达·瑞欣.拥抱变革：从优秀走向卓越的48个组织转型模式[M].北京：清华大学出版社，2014.
6. [英]瑞秋·戴维斯，利兹·塞得利.敏捷教练：如何打造优秀的敏捷团队[M].北京：清华大学出版社，2013.
7. [美]丽萨·阿金斯.如何构建敏捷项目管理团队：Scrum Master、敏捷教练与项目经理的实用指南[M].北京：电子工业出版社，2012.
8. [美]E.M.罗杰斯.创新的扩散[M].北京：电子工业出版社，2016.
9. [美]约翰P.科特.领导变革[M].北京：机械工业出版社，2014.
10. Kniberg H. Kanban and Scrum - making the most of both[J]. 2009.
11. [美]大卫·J.安德森.看板方法：科技企业渐进变革成功之道[M].武汉：华中科技大学出版社，2014.
12. Takeuchi H，Nonaka I. The new new product development game[J]. Harvard Business Review，1986，64(1):205–206.
13. [美]肯尼斯·S.鲁宾.Scrum精髓：敏捷转型指南[M].北京：清华大学出版社，2014.
14. [加]克雷格·拉尔曼，[荷]巴斯·沃代.精益和敏捷开发大型应用实战[M].北京：机械工业出版社，2010.

15. [瑞典] 亨里克·克里伯格. 硝烟中的 Scrum 和 XP [M]. 北京：清华大学出版社，2011.
16. [美] 埃斯特·德比，戴安娜·拉森. 敏捷回顾：团队从优秀到卓越之道 [M]. 北京：电子工业出版社，2012.
17. Norman L. Kerth. *Project retrospectives: a handbook for team reviews* [M]. Dorset House Publishing Co. Inc. 2000.
18. [美] 小弗雷德里克·布鲁克斯. 人月神话 [M]. 北京：清华大学出版社，2002.
19. [美] 詹姆斯 P. 沃麦克，[英] 丹尼尔 T. 琼斯. 精益思想 [M]. 北京：机械工业出版社，2011.
20. [美] 埃里克·莱斯. 精益创业：新创企业的成长思维 [M]. 北京：中信出版社，2012.
21. [美] 阿什·莫瑞亚. 精益创业实战 [M]. 北京：人民邮电出版社，2013.
22. [美] 杰夫·戈塞尔夫. 精益设计：设计团队如何改善用户体验 [M]. 北京：人民邮电出版社，2013.
23. [美] 迪恩·莱芬韦尔. SAFe 4.0 参考指南：精益软件与系统工程的规模化敏捷框架 [M]. 北京：机械工业出版社，2017.
24. 范冰. 增长黑客 [M]. 北京：电子工业出版社，2015.
25. [美] 克里斯平，格雷戈里. 敏捷软件测试：测试人员与敏捷团队的实践指南 [M]. 北京：清华大学出版社，2010.
26. J. Richard Hackman. *Leading Teams: Setting the Stage for Great Performances* [M]. Harvard Business Review Press 1 edition，2002.
27. [美] 保罗·赫塞. 情境领导者 [M]. 北京：中国财政经济出版社，2003.